UN ÉVANGILE

PRÉ-JOHANNIQUE

Vol. II : Jean 2,13-4,54

Tome I

ÉTUDES BIBLIQUES

(Nouvelle série. N° 24)

UN ÉVANGILE PRÉ-JOHANNIQUE

PAR

M.-É. BOISMARD

VOL. II : JEAN 2,13-4,54

TOME I

PARIS

LIBRAIRIE LECOFFRE

J. GABALDA ET Cie, Éditeurs

RUE PIERRE ET MARIE CURIE, 18

1994

ISSN 0760-3541
ISBN 2-85021-070-6

AVANT-PROPOS

Comme dans le vol. I, ce premier tome donne le texte des traités de Chrysostome (traités xxiii B à xxxv). Le second tome contient: les analyses littéraires permettant de séparer les divers niveaux de rédaction, puis la reconstitution du texte de l'évangile pré-johannique suivi dans le commentaire exégétique; les conclusions provisoires auxquelles nous étions arrivés à la fin du vol. I seront précisées et développées.

Rappelons que le but de ce tome n'est pas de donner une édition critique des homélies de Chrysostome, mais simplement de présenter le texte de ces homélies de façon à pouvoir y retrouver le commentaire exégétique, de Diodore de Tarse, qui y est "caché". Le texte que l'on trouvera dans les pages suivantes est fondé sur les deux manuscrits de la recension courte que nous possédons: le Palatinus 32 de la Bibliothèque Vaticane (= B) et le Koutloumos 32 du Mont Athos (= M) (cf. les explications données dans le Vol. I, Tome I, pp. 19-22, avec les caractéristiques de ces manuscrits). Quand ces deux témoins sont d'accord, nous les suivons, sauf lorsqu'ils présentent une erreur manifeste due probablement à l'archétype qu'ils suivaient. Lorsqu'ils sont en désaccord, nous donnons, sauf exception, la priorité à celui des deux qui offre une leçon originale par rapport au texte de Migne et des autres manuscrits; ceci en raison des influences qui se sont produites d'une recension sur l'autre. Assez rarement, nous avons adopté une leçon attestée dans la chaîne de Cramer, lorsqu'elle nous semblait s'imposer contre le témoignage de B et de M.

Nous n'avons pas signalé les variantes purement orthographiques, ou les confusions entre certaines voyelles.

Contrairement à ce que nous avions fait pour le Vol. I, nous avons renoncé à collationer les manuscrits de la recension longue. Nous ne donnerons donc dans l'apparat critique que les variantes de l'édition de Migne, et celles qui sont propres à B ou à M (même lorsqu'il s'agit d'erreurs manifestes). Il existe quelques cas où un texte, ignoré de B et de M, nous donne un passage authentique du commentaire ou des homélies (réinséré par le Réviseur); nous avons alors vérifié le texte donnné par Migne sur celui du manuscrit A (ixe). Nous indiquerons lorsque nous suivrons ce manuscrit plutôt que le texte de Migne.

Nous avons aussi vérifé si, lorsqu'il s'agit de citations du texte préjohannique faites dans le commentaire exégétique, la traduction syriaque n'aurait pas gardé seule quelque variante authentique. Malheureusement, elle est lacuneuse à partir du milieu du traité xxix et jusqu'au traité xxxvi, là où son témoignage aurait pu revêtir un certain intérêt.

Suivant l'exemple d'Alfred Rahlfs pour son édition de la Septante, nous avons imprimé les textes grecs sans reproduire les trémas sur certains *iota* et *hupsilon*. Ils ne sont d'ailleurs pas reproduits dans les manuscrits que nous avons utilisés.

Pour les abréviations courantes, voir Vol. I, Tome I, p. 25.

ΛΟΓΟΣ ΚΓ

Ἀνελθὼν δὲ εἰς τὰ¹ Ἱεροσόλυμα, τί ποιεῖ; Πρᾶγμα
πολλῆς αὐθεντίας γέμον. Τοὺς γὰρ καπήλους ἐκείνους [ ]²
ἐκεῖ διατριβόντας ἐξέβαλε.

Καὶ ἕτερος μὲν εὐαγγελιστής φησιν³ ὅτι ἐκβάλλων ἔλεγεν·
5 μὴ ποιεῖτε τὸν οἶκον τοῦ Πατρός μου σπήλαιον λῃστῶν· οὗτος δέ
φησιν· οἶκον ἐμπορίου. ἐνταῦθα δὲ ἄξιον ζητῆσαι εἰ⁴ κατὰ τὸν
αὐτὸν καιρὸν ἀμφότερα γέγονεν. ἀλλ' οὐκ ἔστιν. ἐκεῖ μὲν γὰρ⁵
πρὸς αὐτὸ τὸ πάθος ἐλθὼν τοῦτο ποιεῖ, διὸ καὶ σφοδρότερον τοῖς
λόγοις χρησάμενος σπήλαιον ἐκάλεσεν. ἐνταῦθα δὲ ἐν τοῖς
10 προοιμίοις⁶ τῶν σημείων, διὸ καὶ ὑφειμένως⁷ τῇ ἐπιτιμήσει κέ–
χρηται. ὅθεν εἰκὸς δεύτερον τοῦτο γεγενῆσθαι⁸.

Ἐνταῦθα δὲ ἄξιον ἐπιζητῆσαι⁹ τίνος ἕνεκεν [ ]¹⁰ αὐτὸ τοῦτο
πεποίηκεν ὁ Χριστός καὶ τοσαύτῃ σφοδρότητι κέχρηται κατ'
αὐτῶν, ὅπερ οὐδαμοῦ φαίνεται ποιῶν, [ ]¹¹ καὶ Σαμαρείτης καὶ
15 *δαιμόνιον¹²* κληθεὶς παρ' αὐτῶν. οὐδὲ γὰρ ἠρκέσθη τοῖς λόγοις
μόνον ἀλλὰ καὶ φραγγέλιον, *φησίν¹³*, λαβὼν οὕτως [ ]¹⁴
ἐξέβαλεν. οἱ δὲ Ἰουδαῖοι ἑτέρων μὲν εὐεργετουμένων ἐγκαλοῦσι

---

1. = B Cr Migne. - *Om.*: M.
2. = B M (Cr). - *Add.* τοὺς τραπεζίτας τοὺς τὰς περιστερὰς πωλοῦντας καὶ
βόας καὶ πρόβατα καὶ διὰ τοῦτο: Migne.
3. = B Migne. - *Om.*: M.
4. = B M (*om.* δέ: M). - οὐκ ἐναντίως ἀλλήλοις λέγοντες ἀλλὰ δεικνύντες ὅτι
ἐκ δευτέρου τοῦτο ἐποίησε καὶ ὅτι οὐ: Migne.
5. = B M Cr. - ἀλλὰ νῦν μὲν ἐν προοιμίοις νῦν δέ: Migne.
6. = B M (Cr). - ἐν δὲ ἀρχῇ: Migne.
7. = B M. - [ ] ὑφειμένως: Cr. - οὐχ οὕτως ἀλλ' ὑφειμένη μᾶλλον: Migne.
8. = B M Cr. - πεποιηκέναι: Migne.
9. = B M (Cr) - καί: Migne.
10. = B M Cr. - *Add.* φησίν: Migne.
11. = B M. - *Add.* καὶ ταῦτα ὑβριζόμενος λοιδορούμενος: Migne.
12. = B M. - δαιμονῶν: Migne.
13. = B M. - *Om.*: Migne.
14. = B M. - *Add.* αὐτούς: Migne.

Une fois monté à Jérusalem, que fait-il? Une action de très grande autorité: il chassa les\ marchands qui y étaient installés.

Un autre évangéliste déclare qu'il disait en les chassant: "Ne faites pas de la maison de mon Père une caverne de voleurs" (Mt 21,13). Mais celui-ci déclare: "Une maison de commerce." Il convient ici de se demander si les deux événements eurent lieu à la même époque. Mais ce n'est pas le cas. Là en effet, c'est en allant à sa passion qu'il le fait; aussi emploie-t-il des paroles plus dures et parle-t-il de "caverne". Mais ici, c'est dans les débuts des signes; aussi emploie-t-il un reproche plus modéré. Il est probable alors que celui-là s'est produit en second.

Mais ici il convient de se demander pourquoi le Christ a-t-il fait cela et a-t-il montré tant de dureté contre eux, ce qu'il ne semble faire nulle part ailleurs, même après avoir été traité par eux de samaritain et de démon? Et même, en effet, il ne s'est pas contenté de paroles, mais ayant pris un fouet, dit (l'évangéliste), il les chassa ainsi. Mais les Juifs,   ...

xxiii καὶ ἀγριαίνουσιν· ὅτε δὲ εἰκὸς ἦν ἐκθηριωθῆναι ἐπιτιμωμένους οὐ
τοιούτῳ κέχρηνται πρὸς αὐτὸν τῷ¹ τρόπῳ. οὐ γὰρ ἐπετίμησαν
20   οὐδὲ ὕβρισαν, ἀλλὰ τί φασι²; τί σημεῖον δεικνύεις [ ]³ ὅτι ταῦτα
ποιεῖς; ὁρᾷς ὅτι αἱ τῶν ἄλλων εὐεργεσίαι μᾶλλον αὐτοὺς
παρώξυνον. ποτὲ μὲν οὖν σπήλαιον λῃστῶν τὸν ναὸν γενέσθαι
ἔλεγεν ὑπ᾽αὐτῶν,⁴ δεικνὺς ὅτι καὶ⁵ τὰ πωλούμενα ἀπὸ κλοπῆς
ἦν καὶ ἁρπαγῆς καὶ πλεονεξίας καὶ ἐκ τῶν ἀλλοτρίων ἐπλού-
25   τουν συμφορῶν. ποτὲ δὲ οἶκον ἐμπορίου, τὰς ἀναισχύντους αὐτῶν καπηλείας ἐνδεικνύμενος.

**Τίνος οὖν⁶ ἕνεκεν τοῦτο πεποίηκεν; ἐπειδὴ ἔμελλεν ἐν
σαββάτῳ θεραπεύειν [ ] δ⁷ ἐδόκει [ ]⁸ τοῦ νόμου παράβασις
εἶναι, ἵνα μὴ δόξῃ ὡς ἀντίθεός τις καὶ ἐξ ἐναντίας τῷ Πατρὶ
30   ταῦτα ποιῶν⁹, ἐντεῦθεν τῆς τοιαύτης ὑπονοίας [ ]¹⁰ ποιεῖται τὴν διόρθωσιν. οὐ γὰρ ἂν ὁ τοσοῦτον ζῆλον ἐπιδειξά-
μενος ὑπὲρ τοῦ οἴκου τούτου¹¹ τὸν τοῦ οἴκου Δεσπότην
ἠθέτησεν¹²;**

³Ἦν μὲν οὖν ἱκανὰ καὶ τὰ πρότερα ἔτη ἐν οἷς κατὰ τὸν νό-
35   μον ἐβίου¹³ δεῖξαι τὴν πρὸς νομοτέθην αἰδὼ καὶ ὅτι οὐκ ἀντι-
νομοτεθῶν ἦλθεν. ἐπειδὴ δὲ εἰκὸς ἦν ἐκεῖνα¹⁴ λήθῃ παραδοθῆναι
τῷ χρόνῳ, ἅτε οὐ πᾶσιν ὄντα γνώριμα, διὰ τὸ ἐν οἰκίᾳ τρέφεσθαι

---

1. = Β Μ. - *Om.*: Migne.
2. = Migne. - φησι: Β Μ.
3. = Β. - *Add.* ἡμῖν: Μ Migne.
4. = Β Μ. - 3 4 2 1: Migne.
5. = Β Μ. - *Om.*: Migne.
6. = Β Μ. - ἀλλὰ τίνος: Migne.
7. = Β Μ. - [ ] ἅ: Cr - καὶ πολλὰ τοιαῦτα ποιεῖν ἅ: Migne.
8. = Β Μ Cr. - *Add.* παρ᾽ αὐτοῖς: Migne.
9. = Μ. - ποιεῖν: Β Cr Migne.
10. = Β Μ Cr. - *Add.* αὐτῶν: Migne.
11. = Β Μ. - *Om.*: Cr Migne.
12. = Β Μ Cr. - τῷ... Δεσπότῃ καὶ ἐν αὐτῷ θεραπευομένῳ ἔμελλεν ἐναντι-
    οῦσθαι: Migne.
13. = Β Μ. - ἐβίω: Migne.
14. = Β Migne. - ἐκεῖ: Μ.

lorsque l'on fait du bien à d'autres, accusent et sont irrités. Tandis que, lorsqu'il semblait normal que le châtiment les rendît furieux, ils n'agissent pas de la même façon envers lui: ils ne lui firent aucun reproche, aucune violence. Mais que disent-ils? Quel signe montres-tu pour agir ainsi? Tu vois que les bienfaits accordés à d'autres les ont mis davantage en colère! Tantôt donc, il disait qu'ils avaient fait du temple une caverne de voleurs, (Mt 21,13) montrant ainsi que même les marchandises étaient le produit de vols et de rapines et de cupidité, et qu'ils s'enrichissaient aux dépends des autres. Tantôt, une maison de commerce (Jn 2,16), dénonçant ainsi leur honteux trafic.

Pourquoi donc a-t-il fait cela? Puisqu'il allait effectuer des guérisons durant le sabbat, ce qui semblait être une transgression de la Loi, afin qu'il ne paraîsse pas le faire comme quelqu'un qui s'oppose à Dieu et qui agit contre le Père, il redresse ici une telle suspicion. En effet, celui qui avait montré tant de zèle pour cette maison, ne se serait pas opposé au Maître de la maison.

Il y avait bien des années passées, durant lesquelles il avait vécu selon la Loi, pour prouver le respect qu'il avait du Législateur, et qu'il n'était pas venu pour s'opposer à la Loi. Mais puisqu'il était vraisemblable que le temps les avait fait tomber dans l'oubli du fait qu'elles n'étaient pas connues de tous puisqu'il vivait dans une maison ...

xxiii πτωχῇ καὶ εὐτελῇ¹, παρόντων <u>ἁπάντων</u>² λοιπὸν – πολλοὶ καὶ
γὰρ παρῆσαν ἅτε ἑορτῆς οὔσης – τοῦτο ποιεῖ, καὶ παρακεκινδυ-
40 νευμένως. οὐδὲ γὰρ ἁπλῶς ἐξέβαλεν ἀλλὰ καὶ τραπέζας ἀν-
έτρεψε καὶ τὸ ἀργύριον ἐξέχεε [ ],³ οὐκ ἂν <u>δὲ</u>⁴ ὁ εἰς κινδύνους
ῥίπτων ἑαυτὸν ὑπὲρ τῆς εὐκοσμίας τοῦ οἴκου, τοῦ Δεσπότου του
οἴκου κατεφρόνησεν [ ].⁵ εἰ γὰρ ὑποκρινόμενος ταῦτα ἐποιεῖ,
παραινέσαι ἐχρῆν μόνον· τὸ δὲ καὶ εἰς κινδύνους καταστῆσαι
45 [ ] <u>τοῦτο</u>⁶ τυχὸν ἦν, καὶ θυμῷ <u>τοσούτων</u>⁷ ἀγοραίων ἑαυτὸν ἐκ-
δοῦναι, καὶ δῆμον πολλῆς γέμοντα ἀλογίας καπήλων ἀνθρώπων
καθ᾽ ἑαυτοῦ παροξῦναι ὑβρίζοντα, ζημιοῦντα. οὐχ <u>ὑποκρίσει</u>
<u>τοῦτο ποιοῦντος</u>⁸ ἦν, ἀλλὰ πάντα αἱρουμένου <u>παθεῖν</u>⁹ ὑπὲρ τῆς
εὐκοσμίας τοῦ οἴκου.
50   Διὰ τοῦτο <u>οὐχ ἁπλῶς</u>¹⁰ εἶπε· τὸν οἶκον τὸν ἅγιον,
ἀλλὰ τὸν οἶκον τοῦ Πατρός μου. ἰδοὺ καὶ Πατέρα καλεῖ καὶ
οὐκ ὀργίζονται. ᾤοντο γὰρ ἁπλῶς αὐτὸν λέγειν. ἐπειδὴ δὲ
προϊὼν τρανότερον ἐφθέγγετο <u>ὥστε</u>¹¹ ἐκείνην παραστῆσαι
τὴν διάνοιαν τὴν¹² τῆς ἰσότητος, τότε ἀγριαίνουσιν.
55   Τί οὖν ἐκεῖνοι; Τί σημεῖον¹³ δεικνύεις; [ ]¹⁴, φησίν. ὦ
τῆς ἐσχάτης <u>ἀνοίας</u>¹⁵· σημείου γὰρ χρεία ἦν ὥστε τὰ κακῶς
γινόμενα παῦσαι καὶ τὸν σηκὸν ἀπαλλάξαι τοσαύτης αἰσχύνης;
τὸ δὲ ζῆλον <u>τοσοῦτον</u>¹⁶ λαβεῖν ὑπὲρ τοῦ οἴκου τοῦ θεοῦ, οὐ μέ-

---

1. = B M. - εὐτελεῖ: Migne.
2. = M. - πάντων: B Migne.
3. = B M Cr. - *Add.* διδοὺς αὐτοῖς ἐκ τούτων λογίσασθαι ὅτι: Migne.
4. = B M. - *Om.*: Cr Migne.
5. = B M Cr. - *Add.* ἄν: Migne.
6. = B M. - πάνυ τολμηρὸν οὐδὲ γὰρ τό: Migne.
7. = B M. - τοσούτῳ: Migne.
8. = B M. - ὑποκρινομένου: Migne.
9. = B M. - πάθῃ: Migne.
10. = B M. - οὐδὲ δι᾽ ὧν ποιεῖ μόνον ἀλλὰ καὶ δι᾽ ὧν λέγει δείκνυσι τὴν πρὸς
    αὐτὸν συμφωνίαν οὐδὲ γάρ: Migne.
11. = B M. - ὡς: Migne.
12. *Om.*: M.
13. = M Migne. - *Add.* ἡμῖν: B.
14. = M. - *Add.* ἡμῖν ὅτι ταῦτα ποιεῖς: B Cr Migne.
15. = B M (Cr). - μανίας: Migne.
16. = B M Cr. - τοιοῦτον: Migne.

pauvre et simple, il agit ainsi alors que tous sont là – car beaucoup de gens étaient là du fait de la proximité de la fête – *et d'une façon dangereuse. En effet, il ne les a pas simplement chassés, mais encore il a renversé les tables et répandu l'argent. Celui qui s'était jeté au devant des dangers pour rétablir le bon ordre de la maison, comment aurait-il pu mépriser le Maître de la maison? En effet, s'il avait fait cela par hypocrisie, il fallait seulement le mettre en garde: ce n'était pas une petite chose que de s'exposer aux dangers et d'affronter la colère de tant de commerçants et d'exciter contre soi une foule de marchands pleine de déraison, en lui faisant violence, en lui causant du tort. Il ne faisait pas cela par hypocrisie, mais il avait choisi de tout souffrir pour le bon ordre de la maison.*

C'est pourquoi il n'a pas dit simplement "la maison sainte", mais "la maison de mon Père". Voilà qu'il invoque le Père et ils ne se mettent pas en colère! Ils pensaient qu'il le disait sans arrière pensée. Mais après qu'il se sera exprimé plus clairement pour mettre en évidence cette idée d'égalité (avec le Père), alors ils se mettront en colère.

Que (disent) donc ceux-ci? «Quel signe montres-tu?» dit (l'évangéliste). Oh, sottise extrême! Un signe était-il nécessaire pour faire cesser le mal et débarasser l'enceinte sacrée d'une telle ignominie? Montrer un tel zèle pour la maison de Dieu,   ...

xxiii γιστον σημεῖον ἀρέτης ἦν; οἱ γοῦν εὐγνώμονες καὶ ἐντεῦθεν ἐδεί-
60 κνυντο. καὶ γὰρ ἐμνήσθησαν [ ],[1] φησίν, ὅτι ἔστι γεγραμμένον ὅτι[2]
ὁ ζῆλος τοῦ οἴκου σου καταφάγεταί[3] με. ἀλλ᾽ οὐκ ἐκεῖνοι τῆς
προφητείας ἐμνήσθησαν, ἀλλά· τί σημεῖον δεικνύεις ἡμῖν; ἔλεγον,
ἅμα τε[4] [ ][5] ἐγκαλέσασθαι αὐτὸν[6] εἰς θαῦμα βουλόμενοι καὶ
ἐπισκῆψαι τοῖς γινομένοις.

65   Διὰ τοῦτο οὐδὲ δίδωσιν αὐτοῖς σημεῖον. ἐπεὶ καὶ πρότερον
προσελθοῦσι καὶ αἰτοῦσι τὸ αὐτὸ ἀπεκρίνατο· γενεὰ πονηρὰ καὶ
μοιχαλὶς σημεῖον ἐπιζητεῖ καὶ σημεῖον οὐ δοθήσεται αὐτῇ εἰ μὴ τὸ
σημεῖον Ἰωνᾶ. ἀλλὰ τότε μὲν σαφέστερον, νῦν[7] δὲ αἰνιγματω-
δέστερον. ποιεῖ δὲ τοῦτο διὰ τὴν ἐσχάτην αὐτῶν ἀναισθησίαν. ὁ
70 γὰρ τοὺς[8] μὴ αἰτοῦντας προλαμβάνων καὶ σημεῖα διδούς,
τούτους[9] αἰτοῦντας πῶς[10] ἂν ἀπεστράφη εἰ μὴ τὴν διάνοιαν [ ][11]
εἶδε πονηρὰν οὖσαν καὶ δοληρὰν[12] καὶ ὕπουλον αὐτῶν τὴν προ-
αίρεσιν; αὐτὸ γὰρ εὐθέως τὸ ἐρώτημα ἐννόησον ὅσης κακίας
μεστὸν ἦν· δέον γὰρ αὐτὸν ἀποδέξασθαι τῆς σπουδῆς καὶ τοῦ ζή-
75 λου, δέον ἐκπλαγῆναι ὅτι τοσαύτην τοῦ οἴκου ποιεῖται πρόνοιαν,
οἱ δὲ ἐγκαλοῦσι, καπηλεύειν ἐξεῖναι λέγοντες, λύειν δὲ τὴν
καπηλείαν οὐκ ἐξὸν εἶναι ἂν μὴ σημεῖόν τι ἐπιδείξηται.

    Τί οὖν ὁ Χριστός; λύσατε τὸν ναὸν τοῦτον καὶ ἐν
τρισὶν ἡμέραις ἐγερῶ αὐτόν. Πολλὰ τοιαῦτα φθέγγεται, τοῖς
80 μὲν τότε ἀκούουσιν οὐκ ὄντα δῆλα, τοῖς δὲ μέτα ταῦτα
δῆλα[13] ἐσόμενα. τίνος οὖν[14] ἕνεκεν τοῦτο ποιεῖ; ἵνα δειχθῇ

---

1. = B M. - Add. οἱ μαθηταὶ αὐτοῦ τότε: Migne.
2. = B M. - Om.: Migne.
3. = B M Cr. - κατεφάγησε: Migne.
4. = B M. - μέν: Migne.
5. = B M. - Add. ὑπὲρ τῆς αἰσχροκερδείας τῆς ἑαυτῶν ἀλγοῦντες
ἐκκοπτομένης καὶ προσδοκῶντες ταύτῃ κώλυειν αὐτὸν καί: Migne.
6. = B M. - Om.: Migne.
7. = B M. - νυνί: Migne.
8. = B M. - οὐ γὰρ ἂν ὁ: Migne.
9. = B M. - οὗτος
10. = M. - Om.: B Migne.
11. = B M. - Add. αὐτῶν: Migne.
12. Om. οὖσαν καὶ δολήράν: M (même au même).
13. = B M. - Om.: Migne.
14. = B M. - δέ: Migne.

n'était-ce pas le plus grand signe de noblesse? C'est bien ce que reconnaissaient les gens sensés, car, comme dit (l'évangéliste), ils se souvinrent qu'il est écrit: «Le zèle de ta maison me dévore» (Ps 69,10). Mais eux ne se souvinrent pas de la prophétie, mais ils disaient: «Quel signe nous montres-tu?», voulant à la fois[1] exiger de lui un prodige et lui reprocher ce qui s'était passé.

C'est pourquoi il ne leur donne pas de signe. De fait, tandis qu'auparavant ils s'approchaient pour en demander un, il leur fit la même réponse: «Cette race mauvaise et pervertie demande un signe et il ne lui en sera pas donné, sinon le signe de Jonas» (Mt 16,4). Mais alors il parla très clairement tandis que maintenant, c'est d'une façon très énigmatique. Il le fait en raison de leur extrême stupidité. Et en effet, lui qui prévenait ceux qui ne demandaient pas et leur donnait des signes, aurait-il repoussé ceux qui en demandaient s'il n'avait vu que leur pensée était mauvaise et perfide et que leur intention était trompeuse? Considère en effet combien leur demande était pleine de malice. Il fallait approuver son empressement et son zèle, il fallait s'émerveiller de ce qu'il se souciât tellement de la Maison; mais eux, ils accusent, disant qu'il est permis de faire du commerce mais qu'il n'est pas permis de faire cesser le commerce à moins de montrer un signe.

Que (dit) le Christ? «Détruisez ce Temple et en trois jours je le relèverai.» Il prononce souvent de telles paroles qui, sur le moment, ne sont pas claires pour ceux qui les entendent mais qui plus tard deviendront claires. Pourquoi le fait-il? Afin de prouver   ...

---

[1] *Add.*: souffrant de la perte de leurs gains honteux et espérant par là empêcher (le Christ).

xxiii προειδὼς ἄνωθεν τὰ μετὰ ταῦτα [ ]¹ τότε <u>γάρ φησιν</u>²· ἐμνήσθησαν [ ]³ καὶ ἐπίστευσαν [ ]⁴ τῷ λόγῳ <u>αὐτοῦ</u>⁵.

῞Οτε δὲ ἐλέγετο, οἱ μὲν <u>ἠποροῦν</u>⁶ [ ]⁷, οἱ δὲ ἀμφέβαλλον λέ-
85 γοντες· τεσσαράκοντα καὶ ἓξ ἔτεσιν ᾠκοδομήθη ὁ ναὸς οὗτος καὶ σὺ ἐν τρισὶν ἡμέραις ἐγερεῖς αὐτόν; [ ]⁸ τὴν ὑστέραν οἰκοδομὴν δηλοῦντες, ἡ γὰρ προτέρα εἰς <u>εἴκοσα ἐτῆ</u>⁹ ἀπηρτίσθη.

Τίνος οὖν ἕνεκεν οὐκ ἔλυσε τὸ αἴνιγμα καὶ εἶπεν ὅτι οὐ περὶ τοῦ ναοῦ λέγω τούτου ἀλλὰ περὶ τῆς σαρκὸς τῆς ἐμῆς; [ ]¹⁰ ὅτι
90 *οὐκ ἂν τὸν λόγον ἐδέξαντο. εἰ γὰρ μηδὲ οἱ μαθηταὶ ἱκανοὶ <u>πρὸς</u> <u>τὸ</u>¹¹ συνιέναι τὸ λεχθὲν ἦσαν, πολλῷ μᾶλλον οἱ ὄχλοι. ὅτε γάρ, φησίν, ἀνέστη [ ]¹² ἐκ [ ]¹³νεκρῶν, τότε ἐμνήσθησαν καὶ ἐπίσ- τευσαν τῷ λόγῳ <u>αὐτοῦ</u>¹⁴ καὶ τῇ γραφῇ.*

Δύο γὰρ <u>αὐτοῖς ἦν</u>¹⁵ τὰ προιστάμενα τέως· ἕν μὲν τὸ τῆς
95 ἀναστάσεως, ἕτερον δὲ [ ]¹⁶ τούτου μεῖζον, εἰ θεὸς ἦν ὁ ἔνδον οἰκῶν· ἅπερ ἀμφότερα ἠνίξατο εἰπών· λύσατε [ ] καὶ [ ] ἐγερῶ [ ]¹⁷. ὅπερ καὶ ὁ Παῦλος οὐ μικρὸν εἶναι σημεῖόν φησι θεόθητος οὕτω λέγων· τοῦ ὁρισθέντος Υἱοῦ Θεοῦ ἐν δυνάμει κατὰ πνεῦμα ἁγιωσύνης ἐξ ἀναστάσεως νεκρῶν Ἰησοῦ Χριστοῦ. διατί δὲ καὶ

---

1. = B M. - *Add.* ὅταν ἐξέλθῃ καὶ τῆς προρρήσεως τὸ τέλος ὃ δὴ καὶ ἐπὶ τῆς προφητείας ταύτης γέγονεν ὅτε γάρ, φησίν, ἠγέρθη ἐκ νεκρῶν: Migne.
2. = B M. - *Om.*: Migne.
3. = B M. - *Add.* οἱ μαθηταὶ αὐτοῦ ὅτι τοῦτο ἔλεγε: Migne.
4. = B M. - *Add.* τῇ γραφῇ καί: Migne.
5. = B M. - ᾧ εἶπεν ὁ Ἰσοῦς: Migne.
6. = B M. - ἠποροῦντο: Migne.
7. = B M. - *Add.* τί ποτ᾽ ἂν εἴη τὸ εἰρημένον: Migne.
8. = B M. - *Add.* τεσσαράκοντα δὲ καὶ ἓξ ἔτη ἔλεγον: Migne.
9. = B M. - εἴκοσιν ἐτῶν: Cr Migne.
10. = B M. - *Add.* ἀλλ᾽ ὁ μὲν εὐαγγελιστὴς ὕστερον γράφων τὸ εὐαγγέλιον ἑρμηνεύει τὸ εἰρημένον αὐτὸς δὲ ἐσίγησε τότε τίνος οὖν ἕνεκεν ἐσίγησεν: Migne.
11. = B M. - πῶς: Migne.
12. = B M. - *Add.* ὁ Ἰησοῦς: Migne.
13. = B M. - *Add.* τῶν: Migne.
14. = M. - *Om.* B Migne.
15. = B M. - 2 1: Cr Migne.
16. = B M. - *Add.* τό: Cr Migne.
17. = B M Cr. - *Cf.* Jn 2,19b: Migne.

qu'il connaissait à l'avance de qui arrivera plus tard. **Alors en effet, dit** (l'évangéliste, **ils se souvinrent et ils crurent à sa parole.**

Mais lorsqu'il prononçait cette parole, les uns étaient dans l'embarras, les autres faisaient cette objection: «Ce sanctuaire a été bâti en quarante-six ans, et toi, tu le relèveras en trois jours?» Ils faisaient allusion à la dernière construction (du Temple) puisque la première avait été achevée en vingt ans.

Pourquoi n'a-t-il pas donné la solution de l'énigme en disant: «Je ne parle pas de ce sanctuaire, mais de ma chair»? Parce qu'ils n'auraient pas compris ce qu'il disait. Si en effet les disciples eux-mêmes n'étaient pas capables de comprendre ce qui était dit, à plus forte raison les foules. Car lorsque, dit (l'évangéliste), il fut ressuscité des morts, alors ils se souvinrent et ils crurent à la parole et à l'Écriture.

Deux choses en effet leur étaient proposées: d'une part le fait de la résurrection, d'autre part, mystère plus grand encore, que c'était Dieu qui habitait en lui. Ce sont ces deux choses qu'il a insinuées en disant: «Détruisez et je relèverai.» Ce que Paul déclare être un signe non négligeable de divinité lorsqu'il dit: «De celui qui a été établi Fils de Dieu en puissance, selon un Esprit de sainteté, en suite de la résurrection des morts, Jésus Christ» (Rm 1,4). Mais pourquoi,   ...

xxiii ἐκεῖ καὶ ἐνταῦθα τοῦτο δίδωσι σημεῖον καὶ πανταχοῦ τοῦτο[1] λέγων· [ ][2] ὅταν ὑψώσηθε τὸν υἱὸν τοῦ ἀνθρώπου, τότε γνώσεσθε ὅτι ἐγώ εἰμι. [ ][3] ὅτι τοῦτο μάλιστα ἦν τό δεικνύον αὐτὸν οὐκ ὄντα ἄνθρωπον ψιλόν, τὸ δυνηθῆναι κατὰ τοῦ θανάτου στῆσαι τρόπαιον, τὸ τὴν τυραννίδα αὐτοῦ τὴν μακράν, καὶ τὸν 105 χαλεπὸν καταλῦσαι πόλεμον οὕτω ταχέως. [ ][4] τότε γὰρ[5] εἴσεσθε, φησίν[6], ὅτι καὶ ταῦτα ὡς Θεὸς καὶ Θεοῦ Υἱὸς[7] γνήσιος ἐποίουν, ἐκδικῶν τὴν εἰς τὸν Πατέρα ὕβριν.

Τί δήποτε δὲ[8] οὐκ εἶπε καὶ ποίων σημείων χρεία πρὸς τὸ παῦσαι τὸ γινόμενον κακῶς ἀλλ᾽ ἐπηγγείλατο δώσειν ση-110 μεῖον; ὅτι ἐκείνῳ μὲν [ ][9] αὐτοὺς πλέον παρώξυνε, ταύτῃ δὲ μᾶλλον κατέπληξεν[10]. ἀλλ᾽ ὅμως οὐδὲ[11] πρὸς τοῦτο εἶπον. καὶ γὰρ ἔδοξεν αὐτοῖς ἄπιστον λέγειν καὶ οὐδὲ ἐρωτῆσαι ἤθελον[12] ἀλλ᾽ ὡς ἀδύνατον [ ][13] παρέδραμον.

Εἰ δὲ νοῦν εἶχον, εἰ καὶ τότε ἔδοξεν αὐτοῖς ἄπιστον[14] εἶναι 115 ὅτε τὰ πολλὰ ἐποίησε σημεῖα, τότε ἂν προσελθόντες ἠρώτησαν, τότε ἂν ἠξίωσαν τὴν ἀπορίαν αὐτοῖς λυθῆναι ταύτην[15]. ἀλλ᾽ ἀνόητοι ὄντες, τοῖς μὲν οὐδ᾽ ὅλως προσεῖχον τῶν λεγομένων, τὰ δὲ μετὰ πονηρᾶς ἤκουον διανοίας. διὸ καὶ ὁ Κύριος[16] αἰνιγματωδῶς πρὸς αὐτοῖς ἐφθέγγετο.

---

1. = B M. - νῦν μέν: Migne.

2. = B M. - Add. ὅταν ὑψωθῶ καί: Migne.

3. = B M. - Add. νῦν δὲ οὐ δοθήσεται ὑμῖν σημεῖον εἰ μὴ τὸ σημεῖον Ἰωνᾶ καὶ ἐνταῦθα πάλιν ἐν τρισὶν ἡμέραις ἐγερῶ αὐτόν: Migne.

4. = B M. - διὰ τοῦτό φησι τότε εἴσεσθε τότε πότε ὅταν ἀναστὰς ἐπισπάσωμαι τὴν οἰκουμένην: Migne.

5. = B M. - Om.: Migne.

6. = B M. - Om.: Migne.

7. υἱὸς θεοῦ: M.

8. Om.: M.

9. = M. - Add. ἄν: B Migne.

10. Om. ταύτῃ δὲ μᾶλλον κατέπληξεν: M.

11. = B M. - οὐδέν: Migne.

12. = B M. - ἠνείχοντο: Migne.

13. = B M. Add. ὄν: Migne.

14. = M. - 3 2 1: B. - 3 1 2: Migne.

15. = B M. - Om.: Migne.

16. = B. - Χριστός: M Migne.

ici et là, et partout, donne-t-il ce signe en disant: «Lorsque vous aurez élevé le Fils de l'homme, alors vous saurez que Je suis" (Jn 8,28). Parce que c'était surtout cela qui montrait qu'il n'était pas un homme ordinaire, le fait de pouvoir triompher de la mort, le fait de détruire si rapidement le grand tyran, l'ennemi dangereux. Alors en effet, dit-il, vous saurez que je le faisais comme Dieu, comme Fils authentique de Dieu, tirant vengeance de l'injure faite à Dieu.

Pourquoi donc n'a-t-il pas dit quels signes étaient nécessaires pour faire cesser le mal, mais a-t-il fait une promesse? Parce qu'ainsi il les aurait irrités davantage alors qu'en fait il les a frappés d'étonnement. Mais cependant ils n'ont rien répondu car ils ont pensé qu'il leur disait une chose incroyable et ils ne voulaient pas l'interroger: ils ont passé outre comme (s'agissant) d'une chose impossible.

Mais s'ils avaient été intelligents, même si à ce moment-là cela leur avait semblé incroyable, lorsqu'il accomplit les signes en grand nombre, alors ils se seraient approchés pour l'interroger, alors il lui aurait demandé de résoudre cette difficulté. Mais comme ils étaient stupides, ils ne firent nulle attention à ce qui était dit, ils entendaient ce qui arriva plus tard avec un mauvais esprit. C'est pourquoi le Seigneur leur parlait de façon énigmatique.

ΛΟΓΟΣ $\overline{Κ Δ}$

Ὡς δὲ ἦν ἐν τοῖς Ἱεροσολύμοις ἐν τῷ Πάσχα ἐν τῇ ἑορτῇ πολλοὶ ἐπίστευσαν εἰς αὐτόν.

Τῶν ἀνθρώπων τῶν τότε οἱ μὲν τῇ πλάνῃ προσεῖχον οἱ δὲ
5 τῆς ἀληθείας [ ]¹ ἀντιλαμβανόμενοι πρὸς ὀλίγον² πάλιν αὐτῆς
ἐξέπιπτον. τούτους δὴ οὖν³ αἰνιττόμενος ὁ Χριστός⁴, σπέρμασι
παρέβαλε τοῖς οὐ κατὰ βάθους κειμένοις ἀλλὰ τὰς ῥίζας ὑπὲρ
τῆς ἐπιφανείας [ ]⁵ ἔχουσιν, οὓς καὶ ταχέως ἀπολεῖσθαί φησι⁶.
τούτους καὶ ὁ εὐαγγελιστὴς ἐνταῦθα ἡμῖν ἐδήλωσεν οὕτω λέγων·
10 ὡς ἦν ἐν τοῖς Ἱεροσολύμοις ἐν τῷ Πάσχα ἐν τῇ ἑορτῇ πολλοὶ
ἐπίστευσαν εἰς αὐτὸν⁷ θεωροῦντες [ ]⁸ τὰ σημεῖα ἃ ἐποιεῖ [ ]⁹.
ἐκεῖνοι γὰρ ἀκριβέστεροι [ ]¹⁰ οἱ¹¹ μαθηταὶ ὅσοι οὐκ¹² ἀπὸ σημείων προσῄεσαν [ ] ἀλλὰ [ ]¹³ ἀπὸ τῆς διδασκαλίας. τοὺς μὲν
γὰρ παχυτέρους τὰ σημεῖα ἐφείλκετο, τοὺς δὲ λογικωτέρους αἱ
15 προφητεῖαι καὶ αἱ διδασκαλίαι. ὅσοι γοῦν ἀπὸ διδασκαλίας
κατεσχέθησαν, οὗτοι τῶν ἀπὸ σημείων ἦσαν βεβαιότεροι. οὓς καὶ
ὁ Χριστὸς ἐμακάρισε¹⁴ λέγων· μακάριοι οἱ μὴ ἰδόντες καὶ πιστεύ–
σαντες.

---

1. = B M. - *Add.* ἀντεῖχοντο ἀλλὰ καὶ τούτων ἔνιοι: Migne.
2. = B M. - πρὸς ὀλίγον αὐτῆς ἀντιλαμβανόμενοι: Migne.
3. = B M. - καί: Migne.
4. = B M. - 2 3 1: Migne.
5. = B M. - *Add.* τῆς γῆς: Migne.
6. = B M. - ἔφη: Migne.
7. = B Migne. - τὸ ὄνομα αὐτοῦ: M (= Jn 2,23).
8. = B M. - *Add.* αὐτοῦ: Migne.
9. = B M. *Add.* αὐτὸς δὲ... αὐτοῖς: Migne (= Jn 2,24a).
10. = B M. - *Add.* ἦσαν: Migne.
11. *Om.:* M (hapl.).
12. = M. - μή: B Migne.
13. = B M. - *Add.* μόνον... καί: Migne.
14. = M. - ἐμακάριζε: B Migne.

Or, tandis qu'il était à Jérusalem, pendant la Pâque, pendant la fête, beaucoup crurent en lui.

Des hommes de ce temps, les uns s'attachaient à l'erreur, les autres, recevant pour peu de temps la vérité, s'en détachèrent à nouveau. Faisant donc allusion à ces gens-là, le Christ les a comparés à des semences qui ne se trouvent pas en profondeur mais qui ont leurs racines à la surface: il déclare qu'elles se perdent rapidement (cf. Mt 13,5-6). Ces gens-là, l'évangéliste nous les a dénoncés ici en disant: «Tandis qu'il était à Jérusalem, pendant la Pâque, pendant la fête, beaucoup crurent en lui en voyant les signes qu'il faisait» (Jn 2,23). En effet, les disciples les plus solides étaient ceux qui venaient à lui attirés non par les signes mais par l'enseignement. Car les gens plus grossiers, ce sont les signes qui les attirent, tandis que les gens doués de raison, ce sont les prophéties et les enseignements. Ainsi donc, ceux qui avaient été conquis par l'enseignement, ceux-là étaient plus fermes que ceux qui l'avaient été par les signes. C'est eux que le Christ a déclarés bienheureux en disant: «Bienheureux ceux qui n'ont pas vu et qui ont cru» (Jn 20,29).

xxiv   ῞Οτι γὰρ¹ οὕτως, [ ]² δείκνυσι [ ]³ ἡ ἐπαγωγή· αὐτὸς γάρ, φη-
20 σίν, ὁ Ἰησοῦς οὐκ ἐπίστευεν ἑαυτὸν αὐτοῖς· διατί; ὅτι ᾔδει⁴ τί ἦν
ἐν τῷ ἀνθρώπῳ. ὃ δὲ λέγει τοιοῦτόν ἐστιν· οὐ προσεῖχε τοῖς
ἔξωθεν ῥήμασι ταῖς καρδίαις ἐμβατεύων αὐταῖς καὶ πρὸς τὴν
διάνοιαν εἰσίων καὶ τὴν πρόσκαιρον θερμότητα αὐτῶν⁵ εἰδὼς
σαφῶς, οὐκ ἐθάρρει αὐτοῖς ὡς μαθηταῖς ἀπηρτισμένοις⁶, οὐκ ἐν-
25 εχείριζε ἐν αὐτοῖς πάντα τὰ δόγματα⁷ ὡς ἤδη [ ]⁸ πιστοῖς γενομέ-
νοις.

Τὸ δὲ τὰ ἐν τῇ καρδίᾳ τῶν ἀνθρώπων εἰδέναι τοῦ
πλάσαντος κατὰ μόνας τὰς καρδίας ἐστὶ Θεοῦ μόνου⁹· σὺ γάρ,
φησίν, ἐπίστασαι καρδίας μονώτατος. οὐκ ἐδεῖτο τοίνυν μαρτύ-
30 ρων ὥστε τῶν οἰκείων πλασμάτων μαθεῖν τὴν διάνοιαν· ὅθεν
οὐδὲ ἀπὸ τῆς προσκαίρου πίστεως αὐτοῖς ἐθάρρει.

Ἄνθρωποι [ ]¹⁰ γὰρ οὔτε τὰ παρόντα οὔτε τὰ μέλλοντα
εἰδότες πολλάκις καὶ τοῖς δολεροτέροις¹¹ προσιοῦσι καὶ τοῖς
μικρὸν ὕστερον ἀποστησομένοις ἅπαντα χωρίς τινος ὑποστολῆς
35 καὶ λέγουσι καὶ ἐγχειρίζουσιν· ὁ Χριστὸς δὲ¹² οὐχ οὕτως· ᾔδει
γὰρ [ ]¹³ τὰ ἀπόρρητα πάντα σαφῶς. τοιοῦτοι πολλοὶ καὶ νῦν
εἰσι, τὸ μὲν τῆς πίστεως ὄνομα ἔχοντες, εὐρίπιστοι δὲ καὶ
εὐάγωγοι· διὰ τοῦτο οὐδὲν αὐτοῖς¹⁴ ὁ Χριστὸς ἑαυτὸν ἐμπιστεύει
ἀλλὰ τὰ πλείονα ἀποκρύπτεται. καθάπερ γὰρ ἡμεῖς οὐ τοῖς

---

1. = B M. - δέ: Migne.
2. = B. - οὐ τῶν γνησίων ἦσαν οὗτοι: M Migne.
3. = B M. - Add. καί: Migne.
4. = B M. - διὰ τὸ γινώσκειν πάντα καὶ ὅτι οὐ χρείαν εἶχεν ἵνα τις μαρτυρήσῃ
   περὶ τοῦ ἀνθρώπου αὐτὸς γὰρ ἐγίνωσκε: Migne.
5. = M. - 2 1: B Cr Migne.
6. Om.: B*.
7. = B M. - πάντα τὰ δόγ. [ ] αὐτοῖς: Migne.- Om. ἐν αὐτοῖς: Cr.
8. = B Cr (M illisible). - Add. βεβαίως: Migne.
9. = B M. - Om.: Migne.
10. = M. - Add. μέν: B Migne.
11. = M. - δολερῶς: B Migne.
12. = B M. - 2 1: Migne.
13. = B M. - Add. αὐτῶν: Migne.
14. = B M. - οὐδὲ νῦν: Migne.

Qu'il en fut bien ainsi, la suite en effet le montre. «Car Jésus lui-même, dit (l'évangéliste), ne se fiait pas à eux» (Jn 2,24a). Pourquoi? «Parce qu'il savait ce qu'il y avait dans l'homme» (cf. Jn 2,25b). Or tel est le sens de ce qu'il dit. Il ne s'attachait pas aux paroles extérieures celui qui entre dans les cœurs eux-mêmes, et qui pénètre la pensée, et qui savait clairement que leur ardeur était passagère. Il ne leur faisait pas confiance comme à des disciples parfaits, il ne leur livrait pas tous les dogmes comme à des gens devenus déjà des croyants.

Mais de savoir ce qu'il y a dans le cœur des hommes, c'est le propre de celui "qui a formé les cœurs par lui-même" (cf. Ps 32,15 lxx), du seul Dieu. «Car toi, dit (l'Écriture), tu connais les cœurs, toi seul» (3 Rois 8,39 lxx). Il n'avait donc pas besoin de quelqu'un qui témoignât (cf. Jn 2,25a) pour apprendre la pensée de ceux qu'il avait formés lui-même. D'où il ne leur faisait pas confiance en raison de leur foi passagère.

Les hommes en effet, ne sachant ni les réalités présentes ni les futures, souvent c'est aux gens très perfides venant à eux, c'est aux gens qui se retireront un peu plus tard, qu'ils disent et livrent tout sans aucune crainte. Mais il n'en va pas de même du Christ. Il connaissait en effet clairement tous les secrets. Même maintenant, nombreux sont de tels gens qui ont bien le nom de la foi, mais qui sont inconstants et faciles à se laisser influencer. C'est pourquoi le Christ ne se fie pas à eux mais il leur cache la plupart (des vérités). En effet, de même que nous,   ...

χxiv ἁπλῶς φιλοῖς ἀλλὰ τοῖς γνησίοις θαρροῦμεν, οὕτω καὶ ὁ Θεός. ἄκουσον οὖν¹ τί φησι τοῖς μαθηταῖς [ ]²· οὐκ ἔτι λέγω ὑμᾶς³ δού- λους· ὑμεῖς δὲ⁴ φίλοι μου ἐστέ. διὰ τοῦτο⁵ πάντα ὅσα ἤκουσα παρὰ τοῦ Πατρὸς ἀπεκάλυψα ὑμῖν.

    Διὰ τοῦτο οὐδὲ τοῖς Ἰουδαίοις τὰ σημεῖα ἐδίδου αἰτοῦσιν ὅτι
45 πειράζοντες ᾖτουν. ἆρα οὖν τὸ σημεῖα αἰτεῖν πειραζόντων ἐστί καὶ τὸ λέγειν⁶· [ ]⁷ διὰ τί μὴ καὶ νῦν σημεῖα γίνεται; εἰ γὰρ πιστὸς εἶ [ ]⁸ καὶ φιλεῖς τὸν Χριστὸν [ ]⁹ οὐ χρείαν ἔχεις σημείων· ταῦτα γὰρ τοῖς ἀπίστοις δίδοται. πῶς οὖν Ἰουδαίοις οὐκ ἐδόθη, φησί; ὅτι οὐ μόνον ἄπιστοι ἦσαν οὐδὲ¹⁰ ὑπὲρ τοῦ τῆς ἀπιστίας ἀπαλλαγῆ-
50 ναι ταῦτα ᾖτουν, ἀλλὰ καὶ¹¹ ὑπὲρ τοῦ μᾶλλον ἑαυτῶν¹² βε- βαιῶσαι τὴν πονηρίαν.

    Καὶ ἦν ἄνθρωπος ἐκ τῶν Φαρισαίων, Νικόδημος ὄνομα αὐτῷ [ ]¹³ · οὗτος ἦλθε πρὸς τὸν Ἰησοῦν¹⁴ νυκτός. [ ]¹⁵

    Καὶ ἐν μέσῳ τοῦ εὐαγγελίου¹⁶ φαίνεται τὸν ὑπὲρ τοῦ Χρισ-
55 τοῦ ποιούμενος λόγον. λέγει γάρ· ὁ νόμος ἡμῶν οὐ¹⁷ κρίνει. οὐδένα¹⁸ ἐὰν μὴ πρότερον ἀκούσῃ¹⁹. πρὸς τοῦτον καὶ Ἰουδαῖοι

---

1. = B M. - γοῦν: Migne.

2. = B M. - Add. ὁ Χριστός: Migne.

3. = B M. - 2 1: Migne.

4. = B M. - γάρ: Migne.

5. = B M. - πόθεν καὶ διατί ὅτι: Migne.

6. = B M. - τότε καὶ νῦν: Migne.

7. = B M. - Add. καὶ γὰρ καὶ νῦν εἰσιν οἱ ζητοῦντες καὶ λέγοντες: Migne.

8. = B M. - Add. ὡς εἶναι χρή: Migne.

9. = B M. - Add. ὡς φιλεῖν δεῖ: Migne.

10. = B M. - μάλιστα μὲν ἐδόθη εἰ δὲ ἔστιν ὅπου καὶ αἰτοῦντες οὐκ ἔλαβον ἐπειδὴ οὐχ

11. = B M. - Om.: Migne.

12. = B M. - αὐτῶν: Migne.

13. = B M. - Add. ἄρχων τῶν Ἰουδαίων: Migne.

14. = B. - τὸν κύριον: M. - αὐτόν: Migne (= Jn 3,1).

15. = B*. - Add. οὗτος: M Migne.

16. = B M. τῷ τιῦ εὐαγγελίου: Cr. - τῷ εὐαγγελίῳ: Migne.

17. = B M. - Om.: Cr Migne.

18. = B M Cr. - 2 1: Migne.

19. = B Cr Migne. - Add. παρ’ αὐτοῦ: M (= Jn 7,51).

nous faisons confiance non pas aux simples amis, mais aux amis véritables, ainsi en est-il de Dieu. Écoute donc ce qu'il dit aux disciples: «Je ne vous appelle plus serviteurs; mais vous êtes mes amis. C'est pourquoi tout ce que j'ai entendu du Père je vous l'ai fait connaître» (cf. Jn 15,15).

C'est pourquoi il ne donnait pas de signes même aux Juifs qui en demandaient parce qu'ils demandaient afin de le mettre à l'épreuve (cf. Mt 16,1-4). C'est donc le fait de ceux qui mettent à l'épreuve que de demander des signes et de dire: «Pourquoi n'y a-t-il plus de signes maintenant?» Car si tu as la foi et si tu aimes le Christ, tu n'as pas besoin de signes: ils sont donnés aux incroyants. Pourquoi donc n'en fut-il pas donné aux Juifs?, dit-il. Non seulement parce qu'ils étaient incroyants et ne demandaient pas à être guéris de leur incrédulité, mais encore pour affermir davantage leur malice.

Et il y avait un homme parmi les Pharisiens, du nom de Nicodème. Il vint vers Jésus de nuit (Jn 3,1-2a).

Et, dans le cours de l'évangile, on voit qu'il prend la parole en faveur du Christ; il dit en effet: «Notre Loi ne juge personne sans d'abord entendre» (Jn 7,51). Les Juifs,   ...

xxiv δυσχεραίνοντες ἔλεγον[1]· ἐρώτησον καὶ ἴδε ὅτι ἐκ τῆς Γαλιλαίας
προφήτης[2] οὐκ ἐγήγερται. καὶ μετὰ τὸν σταυρὸν δὲ πολλὴν τὴν
ἐπιμέλειαν [ ][3] τοῦ δεσποτικοῦ σώματος φαίνεται κηδείας ποιού-
60 μενος[4]. ἦλθε γάρ, φησί, καὶ Νικόδημος ὁ ἐλθὼν πρὸς τὸν Ἰησοῦν[5]
νυκτὸς φέρων μίγμα σμύρνης[6] ὡς λίτρας ἑκατόν.

Διέκειτο μὲν οὖν[7] περὶ τὸν Χριστὸν ἀλλ᾽[8] οὐχ ὡς ἐχρῆν [ ][9],
οὐ[10] μετὰ διανοίας τῆς προσηκούσης, ἀλλ᾽ ἔτι [ ][11] τῆς Ἰουδαϊκῆς
εἴχετο[12] ἀσθενείας. διὰ τοῦτο καὶ νυκτὸς ἦλθε, δεδοικὼς ἐν ἡμέ-
65 ρᾳ τοῦτο ποιῆσαι. ἀλλ᾽ ὁ φιλάνθρωπος Θεὸς οὐδὲ οὕτως αὐτὸν
ἀπώσατο, οὐδὲ διήλεγξεν, οὐδὲ τῆς ἑαυτοῦ[13] διδασκαλίας ἀπ-
εστέρησεν, ἀλλὰ [ ][14] μετὰ πολλῆς αὐτῷ τῆς ἐπιεικείας διαλέγεται καὶ δόγματα αὐτῷ διανοίγει[15] [ ][16] σφόδρα ὑψηλά, αἰνιγματωδῶς μέν, παρανοίγει δὲ ὅμως. πολλῷ [ ][17] μᾶλλον οὗτος
70 συγγνώμης ἄξιος ἦν τῶν διὰ πονηρίαν τοῦτο ποιούντων. ἐκεῖνοι
μὲν γὰρ πάσης εἰσὶν ἀπολογίας ἐκτός, οὗτος δὲ καὶ αὐτὸς
ἐγκλημάτων[18] μὲν ὑπεύθυνος ἦν, οὐ μὴν τοσούτων[19]. Πῶς οὖν ὁ
εὐαγγελιστὴς οὐδὲν τοιοῦτον εἶπε περὶ αὐτοῦ; εἶπε μὲν οὖν
ἀλλαχοῦ, ὅτι καὶ ἐκ τῶν ἀρχόντων πολλοὶ ἐπίστευσαν εἰς αὐτὸν

---

1. = B M. - δυσχεραίνουσι λέγοντες: Migne.
2. = B M. - 4 1 2 3: Migne (= Koinè).
3. = B M. - Add. τῆς: Cr. - Add. τῆς ταφῆς: Migne.
4. = B M Cr. - πεποίηται: Migne.
5. = B M. - κύριον: Migne.
6. = B M. - μύρου: Migne.
7. = B M Cr. - καὶ νῦν δὲ διέκειτο μέν: Migne.
8. = B M Cr. - Om.: Migne.
9. = B M. - Add. δέ: Migne.
10. = B M. - οὔτε: Migne.
11. = B M Cr. Add. ὑπό: Migne.
12. = B M. - κατείχετο: Migne.
13. = B M Cr. - αὐτοῦ: Migne.
14. = B* M. - Add. καί: B^c Migne.
15. = M. - παρανοίγει: B Migne.
16. = B M. - Add. τά: Migne.
17. = B M. - Add. γάρ: B Migne.
18. = B M. - καταγνώσεως: Migne.
19. = B M. - τοσαύτης: Migne.

irrités, disaient: «Scrute et vois que de la Galilée aucun prophète ne se lève» (Jn 7,52). Et après le crucifiement, c'est en y apportant beaucoup de soin qu'on le voit faire les funérailles du corps du Maître: «Vint en effet, dit (l'évangéliste), aussi Nicodème, celui qui était venu de nuit vers Jésus, portant un mélange de myrrhe de d'aloès, environ cent livres» (Jn 19,39).

Il était donc bien disposé envers le Christ, mais pas comme il le fallait, pas avec l'esprit qui convenait, mais il avait encore la faiblesse juive. C'est pour cette raison qu'il vint de nuit, craignant de le faire de jour. Mais le Dieu ami des hommes, ni ne le repoussa sans plus, ni ne lui fit de reproche, ni ne le priva de son enseignement, mais il lui parla avec beaucoup de patience et il lui ouvrit des dogmes très élevés, de façon énigmatique sans doute mais qu'il ouvrit en même temps. Celui-ci était beaucoup plus digne de pardon que les gens qui le font par malice. Ceux-ci en effet sont tout à fait inexcusables; mais lui, il était sans doute passible de reproches, mais pas d'aussi grands. Pourquoi donc l'évangéliste n'a-t-il rien dit de tel à son sujet? Il l'a bien dit ailleurs, à savoir que "parmi les notables, beaucoup crurent en lui; ...

xxiv διὰ δὲ τοὺς Ἰουδαίους οὐχ ὁμολόγουν ἵνα μὴ ἀποσυνάγωγοι
γένωνται· ἐνταῦθα δὲ τὸ πᾶν διὰ τῆς κατὰ [ ]¹ νύκτα ᾐνίξατο.

Τί οὖν οὗτός φησι; ῥαββί, οἴδαμεν ὅτι ἀπὸ Θεοῦ ἐλήλυθας
διδάσκαλος· οὐδεὶς γὰρ τὰ σημεῖα ταῦτα² δύναται ποιεῖν ἃ σὺ
ποιεῖς ἐὰν μὴ ᾖ ὁ Θεὸς μετ᾽ αὐτοῦ. ἔτι κάτω στρέφεται ὁ Νικό-
80 δημος, ἔτι ἀνθρωπίνην ἔχει περὶ αὐτοῦ διάνοιαν καὶ ὡς ἐπὶ
προφήτου διαλέγεται, οὐδὲν μέγα ἀπὸ τῶν σημείων φαντα-
ζόμενος· οἴδαμεν [ ]³ ὅτι ἀπὸ Θεοῦ ἐλήλυθας διδάσκαλος.

Τί οὖν ἔρχῃ νύκτωρ⁴ [ ]⁵ πρὸς τὸν τὰ τοῦ Θεοῦ διδάσ-
κοντα, πρὸς τὸν ἐκεῖθεν ἥκοντα; τί μὴ μετὰ παρρησίας
85 διαλέγῃ; ἀλλ᾽ οὐδὲν τούτων⁶ εἶπεν ὁ Ἰησοῦς οὐδὲ διήλεγξεν
[ ]⁷· [ ]⁸ οὐκ ἐρίσει γάρ⁹ φησιν οὐδὲ κραυγάσει· καὶ αὐ-
τὸς¹⁰ πάλιν· οὐκ ἦλθον, φησίν¹¹, ἵνα κρίνω τὸν κόσμον ἀλλ᾽
ἵνα σώσω τὸν κόσμον.

Οὐδεὶς δύναται τὰ σημεῖα ταῦτα¹² ποιεῖν ἃ σὺ ποι-
90 εῖς¹³ ἐὰν μὴ ᾖ ὁ Θεὸς μετ᾽ αὐτοῦ.¹⁴ ἔτι κατὰ τοὺς αἱρε-
τικοὺς φθέγγεται, ἐνεργούμενον αὐτὸν καὶ τῆς ἄνωθεν¹⁵
βοηθείας δεόμενον ταῦτα πράττειν ἅπερ ἔπραττεν λέγων.

---

1. = B. - *Add.* τήν: M Migne.
2. = M. - 3 1 2: B Migne (= Jn 3,2).
3. = B M. - *Add.* φησίν: Migne.
4. = B M. - 2 1: Cr. - νυκτὸς ἔρχῃ: Migne.
5. = B M. - *Add.* καὶ λανθάνων: Migne.
6. = B M. - οὐδὲ τοῦτο: Migne.
7. = B* M. - *Add.* αὐτόν: Bᶜ Migne.
8. = B M. - *Add.* κάλαμον γὰρ συντετριμμένον οὐ κατεάξει, φησίν, καὶ λίνον
    τυφώμενον οὐ σβέσει. καὶ αὐτὸς πάλιν: Migne.
9. = B M. - *Om.*: Migne.
10. = B M. - *Om.*: Migne.
11. = B M. - *Om.*: Migne.
12. = M. - 3 1 2: B Migne (= Jn 3,2).
13. = B M. - *Om.*: Migne.
14. = B M. - *Add.* ἐκεῖνος μέντοι: Migne.
15. = M. - ἄνω: B. - ἑτέρων: Migne.

mais à cause des Juifs ils ne l'avouaient pas de peur d'être exclus de la synagogue" (Jn 12,48). *Mais ici, il a tout insinué en mentionnant la venue de nuit.*

Que dit-il donc? «Rabbi, nous savons que tu es venu de la part de Dieu, comme maître; nul en effet ne peut faire ces signes que tu fais à moins que Dieu ne soit avec lui» (Jn 3,2). **Nicodème est encore tourné vers ce qui est en bas, il pense encore à son sujet de façon humaine, et il en parle comme d'un prophète, n'imaginant rien de grand malgré les signes. «Nous savons que tu es venu de la part de Dieu, comme maître.»**

Pourquoi es-tu venu durant la nuit vers celui qui enseigne les choses de Dieu, vers celui qui est venu d'en haut? Pourquoi ne parles-tu pas avec confiance? Mais Jésus ne lui dit rien de tel, il ne lui fit pas de reproche. «Car il ne fera pas de querelles ni de cris», dit-il (Is 42,2; cf. Mt 12,19). Et lui-même: «Je ne suis pas venu pour juger le monde, mais pour sauver le monde» (Jn 12,47).

«Personne ne peut faire ces signes que tu fais si Dieu n'est pas avec lui» (Jn 3,2). **Il s'exprime encore comme les hérétiques, disant qu'Il agit et qu'Il a besoin de l'aide d'en haut pour accomplir ce qu'Il accomplissait.**

xxiv   Τί οὖν ὁ Χριστός; ὅρα συγκαταβάσεως ὑπερβολήν· [ ]¹
eἶπε μὲν ὅτι οὐ² δέομαι τῆς ἑτέρωθεν³ βοηθείας ἀλλά μετ᾽
95 ἐξουσίας πάντα πράττω· καὶ γὰρ υἱός εἰμι γνήσιος [ ]⁴ καὶ
τῆς αὐτῆς τῷ γεγεννηκότι δυνάμεως. παρῃτήσατο [ ]⁵ τέως
διὰ τὸ πρόσαντες εἶναι τῷ ἀκούοντι. ὅπὲρ καὶ ἀεὶ λέγω,
τοῦτο καὶ νῦν ἐρῶ, ὅτι τὸ σπουδαζόμενον ἦν τῷ Χριστῷ οὐχ
οὕτω τέως τὴν ἀξίαν ἐκκαλύψαι τὴν ἑαυτοῦ, ὡς παραδεχ-
100 θῆναι⁶ ὅτι οὐδὲν ἐξ ἐναντίας ἔπραττε τῷ Πατρί.

Διὰ τοῦτο ἐν μὲν τοῖς ῥήμασι πολλαχοῦ μετριάζων φαίνεται,
ἐν δὲ τοῖς πράγμασιν οὐχ οὕτω ποιῶν· ὅταν γὰρ θαυματουργεῖ⁷,
μετ᾽ ἐξουσίας πάντα ποιεῖ, λέγων· θέλω, καθαρίσθητι· Ταβιθά⁸,
ἀνάστηθι· ἔκτεινον τὴν χεῖρά σου⁹· ἀφέωνταί σου¹⁰ αἱ ἁμαρτίαι·
105 σιώπα, πεφίμωσο· ἆρον τὸν κράβαττόν σου καὶ ὕπαγε εἰς τὸν
οἶκόν σου· σοὶ λέγω, τὸ πονηρὸν δαιμόνιον, ἔξελθε ἀπ᾽ αὐτοῦ·
γενηθήτω σοι ὡς εἶπας¹¹· ἄν τις ὑμῖν εἴπῃ τι, εἴπατε ὅτι¹² ὁ
Κύριος αὐτοῦ χρείαν ἔχει· σήμερον μετ᾽ ἐμοῦ ἔσῃ ἐν τῷ παρα-
δείσῳ· ἠκούσατε ὅτι ἐρρέθη [ ]¹³ οὐ φονεύσεις, ἐγὼ δὲ λέγω ὑμῖν
110 [ ]¹⁴· δεῦτε ὀπίσω μου καὶ ποιήσω ὑμᾶς ἁλιεῖς ἀνθρώπων. καὶ
πανταχοῦ πολλὴν ὁρῶμεν τὴν αὐθεντίαν [ ]¹⁵ οὖσαν. ἐν μὲν γὰρ
τοῖς πράγμασιν οὐδεὶς [ ]¹⁶ ἐπιλάβοιτο¹⁷ τῶν γινομένων. πῶς γάρ;

---

1. = B* M. - *Add.* οὐκ: Bᶜ Migne.
2. = B M. - οὐδέ: Migne.
3. = B M. - ἑτέρων: Migne.
4. = B* M. - *Add.* τοῦ Θεοῦ: Bᶜ Migne.
5. = B* M. - *Add.* δέ: Bᶜ Migne.
6. = B M. - τὸ πεῖσαι: Migne. - *Add.* πιστευθῆναι: M.
7. = B M. - θαυματουργῇ: Migne.
8. = B. - ταλιθά: Migne. - *Om.* Ταβιθά, ἀνάστηθι: M (même au même).
9. = B M. - *Om.*: Migne.
10. = B M. - σοι: Migne.
11. = M. - θέλεις: B Migne.
12. = B M. - ἐρεῖτε τι: Migne.
13. = B* M. - *Add.* τοῖς ἀρχαίοις: Bᶜ Migne.
14. = B M. - *Add.* ὅτι ὁ ὀργιζόμενος... τῇ κρίσει: Migne (= Mt 5,22b).
15. = B M. - *Add.* αὐτοῦ: M.
16. = M. - *Add.* ἄν: B Migne.
17. = B M. - ἐπελάβετο: Migne.

Que (dit) donc le Christ? Vois l'excès de sa condescendance! Il dit: «Je n'ai pas besoin de l'aide venant d'un autre mais j'accomplis tout avec puissance. Car je suis Fils véritable et de même puissance que celui qui m'a engendré.» Il a refusé jusque là (de le dire), du fait que c'était difficile à entendre. Ce que je dis toujours, je le dirai encore maintenant: ce qui était urgent pour le Christ, ce n'était pas tant de manifester sa propre dignité que de faire admettre qu'il n'accomplissait rien qui soit contre le Père.

C'est pourquoi en paroles il paraît montrer souvent de la modération, mais en actes, il n'agit pas ainsi. En effet, lorsqu'il agit en thaumaturge, il fait tout avec puissance. Il dit: «Je le veux, soit purifié (Mt 8,3). – Tabitha, lève-toi (Mc 5,41). – Étends ta main (Mt 12,13). - Tes péchés sont remis (Mt 9,5). - Silence, tais-toi (Mc 4,39). - Prends ton grabat et va dans ta maison (Mc 2,11). – Je te le dis, démon mauvais, sors de cet homme (Mc 5,8). – Qu'il t'advienne comme tu as dit (Mt 15,28). – Si quelqu'un vous dit quelque chose, dites que le Seigneur en a besoin (Mt 21,3). – Aujourd'hui tu seras avec moi dans le paradis (Lc 23,43). – Vous avez entendu qu'il a été dit: Tu ne tueras pas, mais moi je vous dis (Mt 5,21). – Venez après moi et je ferai de vous des pécheurs d'hommes (Mt 4,19)» Et partout, nous voyons combien est grande son autorité. Dans ses actes, nul ne s'en prendrait à ce qui arrive. Comment, en effet? ...

xxiv εἰ μὲν γὰρ μὴ ἐξῄει τὰ λεγόμενα μηδὲ τὸ¹ τέλος ἐλάμβανεν οἷον ἐκέλευεν, εἶχεν ἄν τις εἰπεῖν ἐκείνων, ὅτι ἀπονοίας ἦν τὰ λεγό-
115 μενα². ἐπειδὴ δὲ ἐξέβαινε καὶ ἄκοντας αὐτοὺς ἐπεστόμιζεν ἡ τοῦ τέλους τῶν γινομένων ἀλήθεια. ἐπὶ δὲ τῶν λόγων ἠδύναντο πολ-λάκις κατὰ τὴν αὐτῶν ἀναίσχυντον³ ἀπόνοιαν ἐπισκήπτειν [ ]⁴.

Διὸ καὶ ἐπὶ τοῦ Νικοδήμου νῦν **φανερῶς μὲν οὐδὲν ὑψηλὸν φθέγγεται, αἰνιγματωδῶς δὲ αὐτὸν ἀνάγει τῆς ταπεινότητος**
120 **διδάσκων** [ ]⁵ **εἰς τὴν τῶν θαυμάτων ἐπίδειξιν. τέλειον γὰρ ἐγέννησεν αὐτὸν ὁ Πατὴρ καὶ** ἀρκοῦντα⁶ **ἑαυτῷ καὶ οὐδὲν ἔχοντα ἀτελές**⁷. [ ]⁸ **ἴδωμεν δὲ πῶς αὐτό τοῦτο κατασκευά-ζει. εἶπεν ἐκεῖνος· ῥαββί, οἴδαμεν ὅτι ἀπὸ Θεοῦ ἐλήλυθας διδάσκαλος καὶ** [ ]⁹ **οὐδεὶς δύναται** ταῦτα¹⁰ **ποιεῖν ἃ σὺ**
125 **ποιεῖς ἐὰν μὴ ᾖ ὁ Θεὸς μετ' αὐτοῦ. ἐνόμισε μεγάλα τινὰ** χαρίζεσθαι τῷ Χριστῷ¹¹ **ταῦτα εἰρηκώς**¹². **τί οὖν ὁ Χρισ-τός; δεικνὺς ὅτι οὐδὲ τῶν προθύμων τῆς προσηκούσης γνώ-σεως ἐπέβη, οὐδὲ ἐν τοῖς** προαυλίοις ἐστὶν¹³, **ἀλλ' ἔξω που τῆς βασιλείας πλανᾶται ἔτι, καὶ**¹⁴ **αὐτὸς καὶ ὅστις ἂν ἕτε-**
130 **ρος ταῦτα λέγῃ, καὶ οὐδέπω** πρὸς τὴν ἀρέτην καὶ¹⁵ **πρὸς τὴν ἀληθῆ παρέκυψε γνώσιν, ὁ ταύτην περὶ τοῦ Μονογενοῦς ἔχων τὴν δόξαν.**

---

1. = M. - *Om.*: B Migne.
2. = B M. - ἐπιτάγματα: Migne.
3. = B M. - ἀναισχυντίαν: Migne.
4. = B M. - *Add.* αὐτῷ: Migne.
5. = B M. - *Add.* ὅτι αὐτάρκης αὐτός ἐστιν ἑαυτῷ: Migne.
6. = B M. - αὐταρκοῦντα: Migne.
7. = B M. - 2 1: Migne.
8. = B M. - *Add.* ἀλλ': Migne.
9. = B M. - *Add.* ὅτι: Migne.
10. = B M. - *Om.*: Migne.
11. = B M. - εἰρηκέναι: Migne.
12. = B M. - *Add.* περὶ τοῦ Χριστοῦ: Migne.
13. = B M. - προπυλαίοις ἔστη: Migne.
14. *Om.*: M.
15. = B M. - *Om.*: Migne (même au même).

Si, en effet, les paroles avaient été prononcées sans obtenir l'effet ordonné, l'un de ces gens aurait pu dire que les paroles étaient d'arrogance; mais puisque l'effet s'est produit, la vérité de l'effet obtenu leur a fermé la bouche malgré eux. Mais quant aux paroles, ils auraient pu souvent l'accuser étant donné leur impudente arrogance.

C'est pourquoi, quant à Nicodème maintenant, **il ne lui dit rien de sublime d'une façon claire, mais c'est d'une façon énigmatique qu'il l'enseigne et le conduit hors du terre à terre vers la compréhension des prodiges. En effet, le Père l'a engendré parfait, se suffisant à lui-même et n'ayant rien d'imparfait. Voyons comment il s'y prend pour cela. (Nicodème) lui a dit: «Rabbi, nous savons que tu es venu de la part de Dieu comme maître, et nul ne peut faire ces choses que tu fais si Dieu n'est pas avec lui» (Jn 3,2). En disant cela, il pensait faire une grande faveur au Christ. Que (dit) le Christ? Il montre qu'il n'a pas atteint les limites de la véritable connaissance, qu'il n'en est même pas sur le seuil, mais qu'il erre encore quelque part hors du royaume, et lui et quiconque dirait la même chose,** et qu'il ne s'est jamais penché sur la vertu et sur la véritable connaissance celui qui a cette opinion sur l'Unique Engendré.

xxiv   *Τί φησιν; ἀμήν, ἀμὴν λέγω σοι· ἐὰν μή τις γεννηθῇ*
ἄνωθεν οὐ δύναται ἰδεῖν τὴν βασιλείαν τοῦ Θεοῦ.

135   τουτέστιν· ἐὰν μὴ σὺ¹ γεννηθῇς ἄνωθεν καὶ τὴν τῶν δογμάτων παραλάβῃς ἀκρίβειαν ἔξω που πλανᾶσαι καὶ πόρρω τῆς
βασιλείας [ ]² τῶν οὐρανῶν. ἀλλ᾽ οὕτω μὲν σαφῶς οὔ φησιν· ἀλλ᾽
ἵνα³ ἀνεπαχθέστερον ποιήσῃ τὸν λόγον, οὐ πρὸς αὐτὸν ἀπετείνα-
το⁴ [ ]⁵ ἀλλ᾽ ἀορίστως εἶπεν⁶· ἐὰν μή τις γεννηθῇ, μονονουχὶ λέ-
140   γων ὅτι κἂν σὺ κἂν ὁστισοῦν ἕτερος ᾖ τοιαῦτα περὶ ἐμοῦ δοξά-
ζων, ἔξω που τῆς βασιλείας ἐστίν. ἐπεὶ εἰ μὴ τοῦτο βουλόμενος
κατασκευάσαι ταῦτα ἔλεγε καὶ παρακόλουθος⁷ [ ]⁸ ἡ ἀπόκρισις
γέγονεν⁹.

       Ἰουδαῖοι μὲν γὰρ¹⁰ εἰ ταῦτα ἤκουσαν καταγελάσαντες ἀν-
145   εχώρησαν ἄν· οὗτος δὲ καὶ ἐν τούτῳ τὸ φιλομαθὲς δείκνυσι.
διὰ τοῦτο γὰρ καὶ ἀσαφῶς πολλαχοῦ φθέγγεται ὁ Χριστὸς πρὸς
τὴν ἐρώτησιν τοὺς ἀκούοντας διαναστῆσαι βουλόμενος καὶ
προσεκτικωτέρους ἐργάσασθαι. τὸ μὲν γὰρ σαφῶς λεχθὲν
πολλάκις καὶ παρῆλθεν¹¹ τὸν ἀκροατήν· τὸ δὲ ἀσαφὲς περιεργό-
150   τερον αὐτὸν ποιεῖ καὶ σπουδαιότερον¹².

       Ὃ δὲ λέγει τοιοῦτόν ἐστιν· ἐὰν μὴ γεννηθῇς ἄνωθεν,
ἐὰν μὴ μετάσχῃς¹³ Πνεύματος τοῦ διὰ λουτροῦ παλιγγενεσίας, οὐ δύνασαι περὶ ἐμοῦ δόξαν λαβεῖν τὴν προσ-
ήκουσαν.¹⁴ αὕτη γὰρ οὐ πνευματικὴ ἡ δόξα ἀλλὰ ψυχική.
155   ἀλλ᾽ οὕτω μὲν οὐκ εἶπε παραιτούμενος αὐτὸν πλῆξαι, τὰ

---

1. = B (M). - 2 1: Migne.
2. = B M. - *Add.* εἰ: Migne.
3. = B M. - ἵνα δέ: Migne.
4. = B M. - ἀποτείνεται: Migne.
5. = B M. - *Add.* φανερῶς: Migne.
6. = B M. - λέγει: Migne.
7. = B* M. - ἀνακόλουθος: Bᶜ. - ἀνάρμοστος: Migne.
8. = B M. - *Add.* πρὸς τὰ εἰρημένα: Migne.
9. = B M. - ἦν: Migne.
10. = B M. - οὖν: Migne.
11. = B M. - παρατρέχει: Migne.
12. = B M. - σπουδαῖον: Migne.
13. *Add.* τοῦ: B.
14. = B M. - 2 3 1: Cr Migne.

Que dit-il? «En vérité, en vérité je te le dis: si quelqu'un ne naît pas d'en haut il ne peut pas voir le royaume de Dieu.

C'est-à-dire: si tu ne nais pas d'en haut et si tu ne ne reçois pas exactement les dogmes tu erres quelque part en dehors et loin du royaume des cieux. Mais ainsi, il ne parle pas clairement, mais, afin de rendre la parole plus facile à supporter, il ne s'est pas expliqué davantage mais il a dit de façon indéterminée: «Si quelqu'un ne naît pas», comme s'il disait: si toi, si quelqu'un d'autre avait une telle opinion à mon sujet, il serait quelque part hors du royaume. En effet, s'il n'avait pas dit cela pour organiser ces choses, sa réponse aurait été à côté.

En effet, si les Juifs avaient entendu cela, ils se seraient retirés en se moquant. Mais lui, même en ce cas il montre qu'il aime s'instruire. En effet, pour cette raison le Christ s'exprime souvent de façon peu claire, voulant amener les auditeurs à questionner et les rendre plus attentifs. Car ce qui est dit clairement, cela dépasse souvent l'auditeur; mais ce qui est peu clair le rend plus minutieux et plus empressé.

Or tel est le sens de ce qu'il dit. Si tu ne nais pas d'en haut, si tu n'as pas part à l'Esprit par le bain de renaissance (Tit 3,5), tu ne peux pas avoir de moi l'opinion qui convient. Car cette opinion (que tu as) n'est pas spirituelle, mais psychique. Mais il n'a pas parlé ainsi, ne voulant pas le heurter, ...

xxiv παρ' ἑαυτοῦ συνεισεγκόντα καὶ ὅσον ἐγχωρεῖ φθεγξάμενον, ἀνάγει δὲ ἀνυπόπτως ἐπὶ τὴν μείζονα γνῶσιν αὐτόν [ ]¹.

Τὸ ἄνωθεν δὲ² ἐνταῦθα, οἱ μὲν ἐκ τοῦ οὐρανοῦ φασιν, οἱ δὲ ἐξ ἀρχῆς.

160   *Τὸν γὰρ μὴ οὕτω γεννηθέντα οὐ δύνατον ἰδεῖν, φησί, τὴν βασιλείαν τοῦ Θεοῦ· [ ]³ ἐνταῦθα δεικνὺς καὶ δηλῶν ὅτι οὐ τοῦτό ἐστι τὸ ὁρώμενον [ ]⁴, ἀλλ' ἑτέρων ἡμῖν ὀφθαλμῶν⁵ δεῖ ὥστε ἰδεῖν τὸν Χριστόν.*

Ταῦτα ἀκούσας ὁ Νικόδημός φησι· πῶς δύναται ἄν-
165 **θρωπος γεννηθῆναι γέρων ὤν; διδάσκαλον⁶ αὐτὸν καλεῖς καὶ ἀπὸ Θεοῦ ἐληλυθέναι [ ]⁷ καὶ οὐ δέχη τὰ λεγόμενα, ἀλ-λὰ τὴν [ ]⁸ θορύβους ἐπεισάγουσαν λέξιν φθέγγη πρὸς τὸν διδάσκαλον; τὸ γὰρ· πῶς, τοῦτο τῶν οὐ σφόδρα πιστευόν-των ἐστὶν ἐπαπόρησις, τῶν ἀπὸ γῆς ὄντων ἔτι. ἐπεὶ καὶ ἡ**
170 **Σάρρα διὰ τοῦτο ἐγάλεσεν, ἐπειδὴ τὸ πῶς εἶπε· καὶ ἄλλοι πολλοὶ τοῦτο ζητήσαντες τῆς πίστεως ἐξέπεσαν⁹.**

Οὕτω καὶ οἱ¹⁰ αἱρετικοὶ μένουσιν ἐπὶ τῆς ἐρωτήσεως¹¹, ταύτην πολλαχοῦ τὴν λέξιν ἐπιζητοῦντες, οἱ μὲν λέγοντες· πῶς ἐσαρκώθη; οἱ δὲ λέγοντες· πῶς ἐγεννήθη¹²; καὶ τῇ τῶν οἰκείων
175 λογισμῶν ἀσθενείᾳ τὴν ἄπειρον ἐκείνην ὑποβάλλοντες οὐσίαν. ἅπερ οὖν εἰδότας φεύγειν χρὴ τὴν ἄκαιρον ταύτην πολυπραγμο-

---

1. = B* M. - Add. λέγων ἐὰν μή τις γεννηθῇ ἄνωθεν: Bᶜ Migne.
2. = B M. - *Om.*: Migne.
3. = M. - *Add.* ἑαυτόν: B Migne.
4. = B M. - *Add.* μόνον: Migne.
5. ὀφθαλμῶν ἡμῖν: M.
6. = B M. - ῥαββί: Migne.
7. = M. - *Add.* λέγεις: B Migne.
8. = M. - *Add.* πολλούς: B Migne.
9. = B M. - ἐξέπεσον: Migne.
10. = B M. - *Om.*: Migne.
11. = M. - αἱρέσεως: B Migne.
12. *Om.* οἱ δὲ λέγοντες· πῶς ἐγεννήθη: B* M (même au même).

lui qui apportait du sien et disait ce qu'il pensait, mais il le fait monter à son insu vers une connaissance meilleure.

Le mot ἄνωθεν ici, les uns disent qu'il signifie "du ciel", les autres "de nouveau".

Car il dit que celui qui n'est pas né de cette façon ne peut pas voir le royaume de Dieu. Il montre ici et il manifeste que ce n'est pas ce qui est vu, mais que nous avons besoin d'autres yeux pour voir le Christ.

En entendant ces mots, Nicodème dit: «Comment un homme peut-il naître étant vieux?» Tu l'appelles "Maître", et qu'il est venu de Dieu, et tu ne saisis pas ce qui est dit, mais tu exprimes au Maître une phrase qui peut apporter bien du trouble. Car ce "comment" est source de difficulté pour ceux qui ne croient pas fermement, ceux qui appartiennent encore à la terre. Puisque Sarra se mit à rire, après qu'elle eut dit "comment" (cf. Gen 18,12-13). Et beaucoup d'autres sont tombés après avoir questionné au sujet de la foi.

Ainsi, les hérétiques eux aussi en restent à la question, recherchant partout le sens de cette phrase: les uns disant "comment est-il devenu chair?", les autres disant "comment fut-il engendré?" Et, par la faiblesse de leurs raisonnements, rabaissant cet Être infini. Le sachant, il faut fuir cette curiosité intempestive.   ...

xxiv σύνην. οὔτε γὰρ τὸ πῶς εἰσόμεθα [ ] καὶ τῆς πίστεως ἐκπεσού-
μεθα [ ]¹ . [ ]² συνῆκεν ὁ Νικόδημος λοίπον³ ὅτι [ ]⁴ πρὸς αὐτὸν
λέγεται τὸ λεγόμενον καὶ θορυβεῖται καὶ ἰλλιγιᾷ καὶ ἐν ἀμηχανίᾳ
180 ἐστίν, ἐλθὼν μὲν ὡς πρὸς⁵ ἄνθρωπον, ἀκούων δὲ μείζονα ἢ πα-
ρὰ⁶ ἀνθρώπου καὶ ἃ μήποτέ τις ἤκουσεν⁷. καὶ διανίσταται μὲν
πρὸς τὸ ὕψος τῶν λεγομένων τέως, σκοτοῦται δὲ καὶ οὐχ ἵσταται
πανταχοῦ περιφερόμενος καὶ συνεχῶς ἐκπίπτων διὰ τῆς ἀπισ-
τίας⁸. διὸ κατασκευάζει τὸν λόγον τελείως⁹· μὴ δύναται γάρ,
185 φησίν, [ ]¹⁰ εἰς τὴν κοιλίαν τῆς μητρὸς αὐτοῦ δεύτερον εἰσελθεῖν
[ ]¹¹; ὅρα¹² πῶς, ὅταν τοῖς οἰκείοις λογισμοῖς ἐπιτρέψῃ τις τὰ
πνευματικὰ καὶ καταγέλαστα φθέγγεται καὶ ληρεῖν δοκεῖ καὶ
μεθύειν, ὅταν περιεργάζηται παρὰ τὸ τῷ Θεῷ δοκοῦν [ ]¹³, καὶ μὴ
δέχηται τὴν τῆς πίστεως συγκατάθεσιν. ἤκουσε γεννήσεως, ἀλλὰ
190 πνευματικῆς οὐκ ἐνόησεν¹⁴, ἀλλ᾽εἰς τὴν ταπεινότητα καθείλκυσε
τῆς σαρκὸς¹⁵ τὸ [ ]¹⁶ μέγα δόγμα [ ]¹⁷ καὶ ὑψηλὸν τῆς φυσικῆς ἀ-
κολουθίας ἐξήρτησεν. διὰ τοῦτο ληρωδίας πλάττει λοιπὸν καὶ
ἀπορίας καταγελάστους.

---

1. = B* M. - εἴσονται καὶ οἱ ταῦτα ζητοῦντες καὶ πίστεως ἐκπεσοῦνται τῆς
ὀρθῆς: Migne.
2. = B M. - Add. διὰ τοῦτο καὶ οὗτος διαπορῶν τὸν τρόπον ἐπιζητεῖ καὶ γάρ:
Migne.
3. = B M. - Om.: Migne.
4. = B M. - Add. καί: Migne.
5. = B M. - εἰς: Migne.
6. = Bᶜ M Migne. - περί: B*.
7. = B M. - μηδεὶς ἤκουσε πώποτε: Migne.
8. = M. - τῆς πίστεως: B Migne.
9. = B M. - καὶ ἐπιμένει κατασκευάζων τὸ ἀδύνατον ὥστε εἰς σαφεστέραν
αὐτὸν ἐκκαλέσασθαι διδασκαλίαν: Migne.
10. = B M. - Add. ἄνθρωπος: Migne.
11. = B M. - Add. καὶ γεννηθῆναι: Migne.
12. = B M. - ὁρᾶτε: Migne.
13. = B M. - Add. τὰ εἰρήμενα: Migne.
14. = B M. - πνευματικῆς καὶ οὐκ ἐνόησε πνευματικήν: Migne (Cr).
15. = B M Cr. - 2 3 1: Migne.
16. = B M Cr. - Add. εἰρήμενον καί: Migne.
17. = B M Cr. - Add. οὕτω: Migne.

Car nous ne pénétrerons jamais le "comment" et nous tomberons hors de la foi. *Nicodème comprit que c'était à lui que s'adressaient ces paroles et il est troublé et il est stupéfait et embarrassé: venu trouver un homme il entend des paroles trop grandes pour venir d'un homme, que jamais personne n'a entendues. Et, s'il s'est élevé jusqu'à la hauteur de ces paroles, il ne peut s'y tenir, balloté de droite et de gauche et tombant en raison de son manque de foi. Aussi, il s'arrange finalement pour dire: «Peut-il entrer une seconde fois dans le sein de sa mère?» Vois comment, lorsque quelqu'un traite des réalités spirituelles avec ses propres raisonnements, il dit des choses risibles, et il paraît dire des sottises ou être ivre lorsqu'il se montre trop curieux au déplaisir de Dieu et n'accepte pas de se soumettre à la foi. Il entendit parler de naissance, mais il ne la comprit pas au sens spirituel, mais il l'abaissa au niveau charnel; le dogme grand et sublime, il l'interpréta au sens matériel. C'est pourquoi il imagine des sottises et des difficultés risibles.*

xxv   [ ]¹ Ἐὰν μή τις γεννηθῇ ἐξ ὕδατος καὶ πνεύματος οὐ δύναται εἰσελθεῖν εἰς τὴν βασιλείαν τοῦ Θεοῦ.

Τὰ παιδία τὰ μικρὰ καθ᾽ ἑκάστην ἡμέραν² εἰς διδασκάλους
5 φοιτῶντα, καὶ δέχεται τὰ μαθήματα καὶ ἐπιδίδωσι³, καὶ οὐδέποτε
παύεται ταύτης τῆς κτήσεως. ἀλλ᾽ ἔστιν ὅτε καὶ τὰς νύκτας
προστίθησι ταῖς ἡμέραις, καὶ ταῦτα ὑπὲρ ἐπικήρων καὶ προσ-
καίρων πραγμάτων παρ᾽ ἡμῶν⁴ ἀναγκάζονται⁵ ποιεῖν. ἀλλ᾽ οὐχ
ὑμᾶς τοὺς ἐν ἡλικίᾳ γενομένους ἡμεῖς τοσοῦτον ἀπαιτοῦμεν
10 πόνον ὅσον ὑμεῖς τοὺς παῖδας τοὺς ὑμετέρους. οὐ γὰρ καθ᾽
ἑκάστην ἡμέραν ἀλλὰ δύο μόνον τῆς ἑβδομάδος ἡμέρας παρα-
καλοῦμεν προσέχειν τοῖς λεγομένοις πρὸς βραχὺ τῆς ἡμέρας μέρος
[ ]⁶. διὰ τοῦτο καὶ κατὰ μικρὸν διαξαίνομεν ὑμῖν τὰ ἐν ταῖς γρα-
φαῖς εἰρημένα⁷ ἵνα μετ᾽ εὐκολίας ἐξῇ λαβεῖν [ ]⁸ καὶ τοῖς ταμείοις
15 ἐναποθέσθαι τῆς διανοίας, καὶ τοσαύτην τῆς μνήμης ποιούμεθα
πρόνοιαν⁹, ὡς δύνασθαι καὶ ἀπαγγέλλειν αὐτὰ μετὰ ἀκριβείας
ὑμᾶς. πλὴν εἰ μή τις σφόδρα ὑπνώδης¹⁰ εἴη καὶ νωθής, καὶ παιδίου μικροῦ ῥᾳθυμότερος.

---

1. = B M. - Add. ἀπεκρίθη ὁ Ἰησοῦς· ἀμὴν λέγω σοι: Migne.
2. Om.: M.
3. = B M. - ἀποδίδωσι: Migne.
4. = B. - ὑμῶν: M Migne.
5. = B M. - ἀναγκάζεται: Migne.
6. = B M. - Add. ὥστε κοῦφον ὑμῖν γενέσθαι τὸν πόνον: Migne.
7. = B M. - κείμενα: Migne.
8. = B M. - Add. ὑμῖν αὐτά: Migne.
9. = B M. - οὕτω πάντα διὰ μνήμης ποιεῖσθαι σπουδάζειν: Migne.
10. = M. - ὑπηλός: B Migne.

TRAITÉ XXV

Si quelqu'un ne nait pas d'eau et d'Esprit, il ne peut entrer dans le royaume de Dieu.

Les petits enfants qui vont régulièrement chaque jour chez les maîtres reçoivent l'enseignement et le redonnent, sans jamais cesser de le faire. Il arrive même qu'ils ajoutent les nuits aux jours, et ils y sont forcés par nous, même s'il s'agit de matières passagères et temporaires. Mais à vous qui êtes arrivés à l'âge adulte, nous ne demandons pas une peine aussi grande que celle que vous imposez à vos enfants. En effet, ce n'est pas chaque jour, mais seulement deux jours par semaine, et pour une petite partie du jour, que nous vous invitons à faire attention aux paroles que vous entendez. C'est pour cette raison aussi que nous vous fractionnons ce qui est dit dans les Écritures, afin de les recevoir plus facilement et de les mettre en réserve dans votre esprit; et nous les confions avec tant de soin à votre mémoire que vous pourrez ensuite les citer avec exactitude. À condition bien entendu que personne n'ait l'esprit endormi ou lent, plus inattentif qu'un petit enfant.

xxv   ᾿Εχώμεθα τοίνυν¹ τῆς ἀκολουθίας [ ]². τοῦ γὰρ³ Νικοδήμου
20 πεσόντος καὶ τὴν ἐντεῦθεν γέννησιν ἐπιζητοῦντος⁴ καὶ λέγοντος
ἀδύνατον εἶναι γέροντα ἄνωθεν γεννηθῆναι, ὅρα πῶς πάλιν⁵ ὁ
Χριστὸς σαφέστερον ἀποκαλύπτει τῆς γεννήσεως τὸν τρόπον,
ἔχοντα μὲν καὶ οὕτω δυσκολίαν τῷ⁶ ψυχικῶς ἐρωτῶντι, δυνά-
μενον δὲ μᾶλλον ἀναγεῖν ἀπὸ τῆς ταπεινότητος⁷ τὸν ἀκούοντα.
25 Τί γάρ φησιν; [ ]⁸ ἐὰν μή τις γεννηθῇ ἐξ ὕδατος καὶ πνεύματος οὐ
δύναται εἰσελθεῖν εἰς τὴν βασιλείαν τοῦ Θεοῦ. [ ]⁹ σὺ μὲν ἀδύνατον αὐτὸ φῂς¹⁰ εἶναι· ἐγὼ δὲ οὕτως αὐτὸ σφόδρα δυνατὸν εἶναι
φημί¹¹, ὡς καὶ ἀναγκαῖον εἶναι [ ]¹². τὰ γὰρ ἀναγκαῖα σφόδρα
[ ]¹³ εὔκολα πεποίηκεν ὁ Θεός. ἡ μὲν [ ]¹⁴ γέννησις ἡ κατὰ σαρκὰ
30 ἀπὸ χοός ἐστι· διὸ καὶ ἀποτετείχισται τὰ ἐν τοῖς οὐρανοῖς αὐτῇ·
τί γὰρ κοινὸν τῇ γῇ πρὸς τὸν οὐρανόν; ἐκείνη δὲ ἐκ τοῦ Πνεύματος οὖσα, ῥᾳδίως ἡμῖν τὰς ἀψῖδας ἀναπετάννυσιν τὰς ἄνω.
    ᾿Ακούσατε ὅσοι τοῦ φωτισματός ἐστε ἐκτός, φρίξατε, στενά-
ξατε· φοβερὰ [ ]¹⁵ ἡ ἀπειλή, φοβερὰ ἡ ἀπόφασις· οὐκ ἔνεστι¹⁶,
35 φησίν, τὸν μὴ γεννηθέντα ἐξ ὕδατος καὶ Πνεύματος εἰσελθεῖν εἰς
τὴν βασιλείαν τῶν οὐρανῶν¹⁷. διατί; ὅτι¹⁸ τὸ τοῦ θανάτου φο-

---

1. = B M. - ἀλλὰ φέρε πάλιν ἀψώμεθα: Migne.
2. = B M. - Add. τῶν ἔμπροσθεν εἰρημένων καὶ ἴδωμεν πῶς: Migne.
3. = B M. - Om.:Migne.
4. = B M. - καταπεσόντος καὶ πρὸς τὴν ἐνταῦθα γέννησιν ἕλκοντος τὸ
εἰρημένον: Migne.
5. = B (M). - γεννηθῆναι ἄνωθεν [ ]: Migne. - M: ὁ Χριστὸς πάλιν.
6. Om.: B*.
7. = B M. - ὅμως ἀπὸ τῆς ταπεινότητος ἀναγαγεῖν: Migne.
8. = B M. - Add. ἀμὴν λέγω σοι: Migne.
9. - B M. - Add. ὃ δὲ διὰ τούτου δηλοῖ τοῦτό ἐστι: Migne.
10. οὐ μὲν ἀδ. αὐτόν φησιν: M.
11. = B M. - λέγω: Migne.
12. = B M. - Add. καὶ μηδὲ δυνατὸν ἄλλως σωθῆναι: Migne.
13. = B M. - Add. ἡμῖν: Migne.
14. = B M. - Add. γὰρ γηίνη: Migne.
15. = B M. - Add. γάρ: Migne.
16. = B. - οὐκέτι ἐστί: M. - οὐκ ἔστι: Migne.
17. τοῦ Θεοῦ: M.
18. = B M. - διότι: Migne.

Mais poursuivons nos explications. Tandis que Nicodème est désemparé et cherche du côté de la naissance d'ici-bas et dit qu'il est impossible, lorsque l'on est vieux, de naître de nouveau, vois comment de nouveau le Christ dévoile de façon plus claire le genre de naissance dont il s'agit, difficile à comprendre pour celui qui interroge psychiquement, mais pouvant aussi conduire hors du terre à terre celui qui écoute. Que dit-il, en effet? «Si quelqu'un ne nait pas d'eau et d'Esprit, il ne peut pas entrer dans le royaume de Dieu.» Toi, tu déclares que c'est impossible; mais moi, je déclare que c'est tellement possible que c'est même nécessaire. Car les choses nécessaires, Dieu les a rendues très faciles. La naissance, celle selon la chair, se fait à partir de la poussière (cf. Gn 2,7); c'est pourquoi les êtres qui sont dans les cieux en sont protégés (qu'y a-t-il de commun entre la terre et le ciel?) *Mais celle-là, étant à partir de l'Esprit, nous ouvre facilement les voûtes d'en haut.*

Écoutez, vous qui êtes privés de la lumière! Frissonnez, gémissez: terrible est la menace, terrible est la sentence! Il est impossible à celui qui n'est pas né d'eau et d'Esprit d'entrer dans le royaume des cieux. Pourquoi? Parce qu'il porte   ...

xxv   ρεῖ ἔνδυμα, τὸ τῆς κατάρας, τὸ τῆς φθορᾶς. οὐδέπω τὸ¹ δεσποτι-
      κὸν ἔλαβε σύμβολον. ξένος ἐστὶ καὶ ἀλλότριος· οὐκ ἔχει τὸ
      σύνθημα τὸ βασιλικόν·
40   [ ]² Ἀλλ᾽[ ]³ οὐδὲν [ ]⁴ χεῖρον τοῦ τοῖς⁵ λογισμοῖς ἀνθρωπί-
      νοις τὰ πνευματικὰ ἐπιτρέπειν. τοῦτο τὸν Νικόδημον⁶ οὐκ ἀφῆ-
      κεν ὑψηλόν τι καὶ μέγα φαντασθῆναι. διὰ τοῦτο γὰρ καὶ⁷ πιστοὶ
      καλούμεθα ἵνα τῶν λογισμῶν ἀφέντες τὴν ἀσθένειαν [ ]⁸ κάτω,
      πρὸς τὸ ὕψος τῆς πίστεως ἀναβῶμεν καὶ τὰ πλείονα τῶν ἀγαθῶν
45   τῶν ἡμετέρων τῇ διδασκαλίᾳ ταύτῃ ἐπιτρέψωμεν. ὅπερ εἰ καὶ
      Νικόδημος ἐποίησεν, οὐκ ἂν αὐτῷ τὸ πρᾶγμα ἀδύνατον ἐνομίσθη
      εἶναι⁹.
          Τί οὖν ὁ Χριστός; ἀπάγων αὐτὸν τῆς ἐννοίας [ ]¹⁰ τῆς
      [ ]¹¹ συρομένης καὶ δεικνὺς ὅτι οὐ περὶ ταύτης διαλέγεται
50   τῆς γεννήσεως, φησίν¹²· ἐὰν μή τις γεννηθῇ ἐξ ὕδατος καὶ
      Πνεύματος οὐ δύναται εἰσελθεῖν εἰς τὴν βασιλείαν τῶν οὐ-
      ρανῶν. ταῦτα δὲ ἐφθέγγετο τῷ φόβῳ τῆς ἀπειλῆς ἐπισπά-
      σασθαι πρὸς τὴν πίστιν αὐτὸν βουλόμενος, καὶ πεῖσαι τὸ
      πρᾶγμα μὴ νομίζειν ἀδύνατον εἶναι¹³, καὶ τῆς περὶ τὴν
55   σαρκικὴν γέννησιν φαντασίας ἀποστῆναι σπεύδων¹⁴.
          Ἑτέραν δὲ¹⁵ λέγω γέννησιν, φησίν, ὦ Νικόδημε· τί τὸν λόγον
      ἕλκεις πρὸς τὴν γῆν; τί τῇ τῆς φύσεως ἀνάγκῃ τὸ πρᾶγμα
      ὑποβάλλεις; ἀνώτερός ἐστι τῶν τοιούτων ὠδίνων οὗτος ὁ τόκος,

---

1. τε: M.
2. = B M. - Add. ἐὰν μή τις... τῶν οὐρανῶν: M.
3. = B M. Add. ὁ Νικόδημος οὐδὲ οὕτω συνῆκεν: Migne.
4. = B M. - Add. γάρ: Migne.
5. Om.: B.
6. = B M. - καὶ τοῦτον: Migne.
7. = B M. - καὶ ἡμεῖς: Migne.
8. = B M. - τὴν ἀσθένειαν ἀφέντες τήν: Migne.
9. = B M. - 2 1: Migne.
10. = B M. - Add. ταύτης: Migne.
11. = B M. - Add. χαμαί: Migne.
12. = B M. - λέγει τό: Migne.
13. = B M. 2 1: Migne.
14. = B M. - σπουδάζων: Migne.
15. = B* M. - Om.: Bᶜ Migne.

le vêtement de la mort, celui de la malédiction, celui de la corruption. Il n'a jamais reçu le signe du Maître; il est étranger et d'un autre pays; il n'a pas le signe de reconnaissance royal.

Mais il n'y a rien de pire que de remettre les réalités spirituelles aux raisonnements humains. Cela n'a pas permis à Nicodème d'imaginer quoi que ce soit de sublime et de grand. C'est pourquoi nous, nous sommes appelés "croyants" afin que, délaissant la faiblesse des raisonnements terre à terre, nous montions vers le sublime de la foi et que nous remettions le surplus de nos biens à cet enseignement. Si Nicodème l'avait fait, la chose à faire ne lui aurait pas semblé impossible.

Que (dit) donc le Christ? Le faisant monter loin de la pensée qui l'attirait à terre et lui montrant qu'il ne discourait pas de cette naissance, il déclare: «Si quelqu'un ne nait pas d'eau et d'Esprit, il ne peut entrer dans le royaume des cieux.» En s'exprimant ainsi, il voulait l'attirer à la foi grâce à la peur de la menace et l'amener à ne plus penser que la chose à faire était impossible; il se hâtait de repousser la représentation d'une naissance charnelle.

Je parle d'une autre naissance, dit-il, ô Nicodème. Pourquoi tires-tu vers la terre ce que je dis? Pourquoi soumets-tu la chose à faire à la loi de la nature? Cet enfantement transcende de telles douleurs,   ...

xxv οὐδὲν κοινὸν ἔχει[1] πρὸς ἡμᾶς[2]. γέννησις μὲν γὰρ καὶ αὕτη λέγε-
60 ται, ἀλλὰ τῷ ὀνόματι κοινωνεῖ, τῷ δὲ πράγματι διέστηκεν.
ἀπόστησον σαυτὸν τῆς κοινῆς συνεθείας· ἑτέραν εἰσάγω λοχείαν
εἰς τὸν κόσμον· ἄλλως βούλομαι γεννᾶσθαι τοὺς ἀνθρώπους,
ξένον ἦλθον κομίζων δημιουγίας τρόπον. ἔπλασα ἀπὸ γῆς καὶ
ὕδατος· οὐκ ἐγένετο χρήσιμον τὸ πλάσμα[3] ἀλλὰ διεστράφη τὸ
65 σκεῦος. οὐκ ἔτι λοιπὸν ἀπὸ γῆς καὶ ὕδατος πλάσαι βούλομαι ἀλλ᾽
ἐξ ὕδατος καὶ Πνεύματος.

Εἰ δέ τις ἐρωτᾷ· πῶς ἀπὸ ὕδατος; ἐρωτῶ κἀγώ· πῶς ἀπὸ γῆς;
πῶς [ ][4] ὁ πηλὸς εἰς διάφορα μέρη[5] κατεμερίσθη; πῶς τὸ μὲν
ὑποκείμενον μονοειδές, γῆ γὰρ ἦν μόνη, τὰ δὲ ἐξ αὐτῆς γενόμενα
70 ποικίλα καὶ παντοδαπά; πόθεν ὀστᾶ καὶ νεῦρα καὶ ἀρτηρίαι καὶ
φλέβες; πόθεν ὑμένες καὶ χόνδροι καὶ χιτῶνες καὶ ἀγγεῖα
ὀργανικά[6], ἧπαρ καὶ σπλὴν καὶ καρδία; πόθεν δέρμα καὶ αἷμα
καὶ φλέγμα καὶ χολή; πόθεν αἱ τοσαῦται ἐνέργειαι; πόθεν
χρώματα ποικίλα; ταῦτα γὰρ[7] οὐ γῆς οὐδὲ πηλοῦ· πῶς ἡ γῆ δεχο-
75 μένη σπέματα βλαστάνει, ἡ δὲ σὰρξ δεχομένη σπέρματα σήπει; [ ][8]
ἡ γῆ τρέφει τὰ βαλλόμενα, ἡ δὲ σὰρξ τρέφεται ὑπὸ τούτων, οὐ
τρέφει ταῦτα· [ ][9] ἡ γῆ [ ] δεχομένη ὕδωρ οἶνον ποιεῖ, ἡ σὰρξ
δεχομένη πολλάκις οἶνον εἰς ὕδωρ μετέβαλε· πόθεν οὖν [ ][10] ὅτι
ἀπὸ [ ][11] γῆς ταῦτα καὶ τοσαῦτα[12], τῆς γῆς ἐναντίως ἐχούσης
80 πρὸς τὸ σῶμα [ ][13]; λογισμῷ μὲν εὑρεῖν οὐ δύναμαι, πίστει δὲ
δέχομαι μόνη. εἰ τοίνυν τὰ καθ᾽ ἡμέραν γινόμενα καὶ ψηλαφώμενα

---

1. = B M. - 2 1: Migne.
2. = M. - ὑμᾶς: B Migne.
3. = B M. - πλασθέν: Migne.
4. = B M. - Add. γάρ: Migne
5. μέλη: B.
6. = B M. - 5 6 4 1 2 3: Migne.
7. μέν: M.
8. = B M. - Add. πῶς: Migne.
9. = B M. - Add. οἷον: Migne.
10. = B M. - Add. δῆλον: Migne.
11. = B M. - Add. τῆς: Migne.
12. = B M. - Om.: Migne.
13. = B M. - Add. κατὰ τὰ εἰρημένα: Migne.

il n'a rien de commun avec nous. On l'appelle bien "naissance", mais s'il a le nom en commun, il en diffère quant à la réalité. Éloigne-toi de la façon de parler habituelle: j'introduis dans le monde une autre sorte d'accouchement. Je veux que les hommes soient engendrés autrement. Je suis venu apporter une autre manière de créer. J'ai formé à partir de la terre (cf. Gn 2,7) et de l'eau . Ce qui fut formé ne fut pas utile, mais l'objet s'est corrompu. Je ne veux plus former à partir de terre et d'eau, mais à partir d'eau et d'Esprit.

Mais si quelqu'un demande: «Comment, à partir d'eau?» Je demande moi aussi: «Comment, à partir de terre?» Comment la boue s'est-elle séparée en parties différentes? Comment la substance étant une (car la terre était une) ce qui est venu d'elle est-il divers et prend-il toute sorte de formes? D'où viennent les os, et les nerfs, et les artères, et les veines? D'où les membranes, et les cartilages, et les tissus, et les organes, le foie, et la rate, et le cœur? D'où la peau, et le sang, et les humeurs, et la bile? D'où tant d'énergies? D'où les diverses couleurs? Tout cela ne vient pas de la terre ou de la boue. Comment la terre, en recevant les semences, germe-t-elle tandis que la chair, en recevant les semences, se décompose? La terre nourrit ce qui est jeté en elle, mais la chair en est nourrie et ne les nourrit pas. La terre, en recevant l'eau, fait du vin: la chair, en recevant souvent du vin, le change en eau. D'où vient donc que tant de ces choses en provenance de la terre, se trouvent opposées à la terre par rapport au corps? Je ne peux pas trouver de raison; j'admets cela seulement par la foi. Si donc, les réalités qui se produisent journellement et que l'on peut expérimenter,   ...

xxv πίστεως δεῖται, πολλῷ μᾶλλον τὰ ἀπορρητότερα [ ]¹ καὶ πνευμα-
τικώτερα. καθάπερ γὰρ ἡ γῆ ἡ ἄψυχος καὶ² ἐνεδυναμώθη τῷ
θελήματι τοῦ Θεοῦ [ ]³, οὕτω καὶ τοῦ Πνεύματος τῷ ὕδατι παρ-
85 όντος τὰ παράδοξα ταῦτα καὶ λογισμὸν ὑπερβαίνοντα εὐκόλως
πάντα γίνεται.

---

1. = B* M. - *Add.* τούτων: Bᶜ Migne.
2. = B M. - ἡ ἀκίνητος: Migne.
3. = B M. - *Add.* καὶ τοσαῦτα ἐξ αὐτῆς τὰ θαύματα γέγονεν: Migne.

on doit les recevoir par la foi, à plus forte raison les plus indicibles et les plus spirituelles. En effet, de même que la terre qui est sans âme fut rendue puissante par la volonté de Dieu, ainsi, l'Esprit étant présent dans l'eau, toutes ces choses paradoxales et qui dépassent la raison arrivent facilement.

xxvi   Τὸ γεγεννημένον ἐκ τῆς σαρκὸς σάρξ ἐστι· καὶ τὸ γεγεννημένον ἐκ τοῦ Πνεύματος πνεῦμά ἐστιν.

Μεγάλων ἡμᾶς μυστηρίων κατηξίωσεν ὁ Μονογενὴς Υἱὸς
5 τοῦ Θεοῦ, μεγάλων <u>καὶ θείων</u>[1], <u>οὐχ οἵων ἡμεῖς</u>[2] ἦμεν[3] ἄξιοι, ἀλλ᾽
οἵων αὐτῷ παρέχειν πρέπον ἦν. ἂν μὲν γὰρ τὴν ἀξίαν τὴν ἡμετέ-
ραν λογίσηταί τις, οὐ μόνον τῆς δωρεᾶς οὐκ ἦμεν ἄξιοι, ἀλλὰ καὶ
κολάσεως ὑπεύθυνοι καὶ τιμωρίας. ἐπειδὴ δὲ οὐ πρὸς τοῦτο
εἶδεν, οὐ μόνον κολάσεως ἀπήλλαξεν ἀλλὰ καὶ ζωὴν ἐχαρίσατο
10 πολλῷ τῆς προτέρας λαμπροτέραν[4], εἰς ἄλλον ἡμᾶς εἰσήγαγε
κόσμον, ἑτέραν ἐδημιούργησε κτίσιν. εἴ τις [ ][5] ἐν Χριστῷ καινὴ
κτίσις [ ][6]. ποία καινὴ κτίσις[7]; ἄκουσον αὐτοῦ λέγοντος·

Ἐὰν μή τις γεννηθῇ ἐξ ὕδατος καὶ Πνεύματος οὐ δύναται
εἰσελθεῖν εἰς τὴν βασιλείαν <u>τῶν οὐρανῶν</u>[8]. <u>τῆς γῆς ἐξεπέσαμεν</u>[9],
15 καὶ οὐδὲ τῆς <u>ἐνταῦθα</u>[10] διαγωγῆς ἐφάνημεν ἄξιοι, καὶ εἰς τοὺς
οὐρανοὺς ἡμᾶς ἀνήγαγεν· ἐν τοῖς πρώτοις οὐχ εὑρέθημεν πιστοί,
καὶ μείζονα ἐνεχείρισεν· ἑνὸς ἀποχέσθαι ξύλου οὐκ ἰσχύσαμεν,
καὶ τὴν ἄνω πάρεσχε <u>τροφήν</u>[11]· ἐν παραδείσῳ οὐκ ἐκαρτερή-
σαμεν, καὶ τοὺς οὐρανοὺς ἡμῖν ἀνεπέτασεν. εἰκότως ἔλεγεν ὁ
20 Παῦλος· ὦ βάθος πλούτου καὶ σοφίας καὶ γνώσεως Θεοῦ.

---

1. = B M. - *Om.*: Migne.
2. = B M. - καὶ οἵων ἡμεῖς οὐκ: Migne.
3. *Om.*: B.
4. *Add.* ἀλλ᾽: M.
5. = B M. - *Add.* γάρ: Migne.
6. = B M. - *Add.* φησίν: Migne.
7. *Om.* ποία καινὴ κτίσις: M (même au même).
8. = B M. - τοῦ Θεοῦ: Migne.
9. = B M. - παράδεισον ἐπιστεύθημεν: Migne.
10. = B M. - ἐν αὐτῷ: Migne.
11. = B M. - τρυφήν: Migne.

Ce qui est né de la chair est chair, et ce qui est né de l'Esprit est esprit (Jn 3,6).

Le Fils Unique Engendré de Dieu nous a jugés dignes de grands mystères, grands et divins; non pas que nous en fussions dignes, mais il lui convenait de nous les accorder. En effet, si l'on voulait peser nos mérites, non seulement nous n'étions pas dignes de ce don, mais encore nous méritions châtiment et correction. Mais puisqu'il n'en a pas tenu compte, non seulement il a repoussé le châtiment, mais encore il nous a accordé une vie beaucoup plus brillante que la première. Il nous a fait entrer dans un autre monde, il a produit une autre création. «Si quelqu'un est dans le Christ, c'est une création nouvelle» (2 Cor 5,17). Écoute-le nous dire:

«Si quelqu'un ne naît pas d'eau et d'Esprit, il ne peut entrer dans le royaume des cieux» (Jn 3,5). Nous sommes tombés de la terre et nous ne nous sommes pas montrés dignes d'y vivre, et il nous a fait monter dans les cieux. Nous n'avons pas été trouvés fidèles dans les premières choses, et il nous en a accordé de plus grandes. Nous n'avons pas pu nous abstenir de l'arbre (cf. Gen 3), et il nous a donné la nourriture d'en haut. Nous n'avons pas conservé le paradis, et il nous a ouvert les cieux. Avec raison Paul disait: «O abîme de la richesse, de la sagesse et de la science de Dieu!» (Rom 11,33).

xxvi   Οὐκ ἔτι μήτηρ, οὐκ ἔτι ὠδῖνες, οὔτε ὕπνοι καὶ συνουσίαι
καὶ περικλοπαὶ[1] σωμάτων· <u>ἄνωθεν</u>[2] λοίπον ὑφαίνεται τῆς <u>ἡμε-
τέρας</u>[3] φύσεως ἡ κατασκευή, ἀπὸ Πνεύματος ἁγίου [ ][4]. τὸ [ ][5]
ὕδωρ παρείληπται, τόκος τῷ τικτομένῳ γινόμενον. ὅπερ γάρ ἐστιν

25 ἡ μήτρα τῷ ἐμβρύῳ, τοῦτο τῷ πιστῷ τὸ ὕδωρ· ἐν γὰρ τῷ ὕδατι
διαπλάττεται καὶ μορφοῦται. τὸ μὲν γὰρ πρῶτον ἐλέγετο·
ἐξαγαγέτω τὰ ὕδατα ἑρπετὰ ψυχῶν ζωσῶν [ ][6], ἀλλὰ <u>νῦν</u>[7] ψυχὰς
λογικὰς καὶ πνευπατοφόρους <u>τὰ ὕδατα</u>[8] ἀνάδιδωσι. καὶ ὃ περὶ[9]
τοῦ ἡλίου εἴρηται ὅτι· ὡς νυμφίος ἐκπορευόμενος ἐκ παστοῦ αὐ-

30 τοῦ, τοῦτο περὶ τῶν πιστῶν καιρὸς ἂν εἴη μᾶλλον εἰπεῖν. πολλῷ
γὰρ <u>ἀφιᾶσι φαιδρότερον</u>[10] τὰς ἀκτῖνας ἐκείνου. ἀλλὰ τὸ μὲν ἐν
τῇ μήτρα διαπλαττόμενον[11] χρόνου δεῖται· ἐν τῷ ὕδατι δὲ οὐχ
οὕτω, ἀλλ᾽ ἐν μιᾷ ῥοπῇ πάντα γίνεται. ἔνθα μὲν γὰρ ἐπίκηρος ἡ
ζωὴ καὶ ἀπὸ σωματικῆς φθορᾶς ἔχει τὴν ἀρχήν, βραδύνει τὸ τικ-

35 τόμενον (τοιαύτη γὰρ τῶν σωμάτων ἡ φύσις· χρόνῳ προσ-
λαμβάνει τὸ τέλειον)· ἐπὶ δὲ τῶν πνευματικῶν οὐχ οὕτω. τί δήποτε; ὅτι τέλεια ἐξ ἀρχῆς κατασκευάζεται τὰ γινόμενα.

    Ἀλλ᾽ ἐπειδὴ ὁ Νικόδημος <u>ἀκούων συνεχῶς</u>[12] ταῦτα ἐταράτ-
τετο, ὅρα πῶς αὐτῷ παρανοίγει τὸ <u>ἀσαφὲς</u> [ ][13] καὶ σαφὲς ἐργά-

---

1. *Om.* καὶ περικλοπαί: B* (même au même).

2. = B. - ἄνω: M Migne.

3. = B M. - ὑμετέρας: Migne.

4. = B. - *Add.* καὶ ὕδατος: M Migne.

5. = B. - *Add.* τε: M. - *Add.* δέ: Migne.

6. = B M. - *Add.* ἐξ οὗ δὲ ἐπέβη τῶν Ἰοδάνου ῥείθμων ὁ Δεσπότης οὐκ ἔτι
ἑρπετὰ ψυχῶν ζωσῶν: Migne.

7. = B M. - *Om.*: Migne.

8. = BM. - τὸ ὕδωρ: Migne.

9. ὅπερ ἐπί: B.

10. = M. - φαιδρότερον ἀφιᾶσι: B. - φαιδροτέρας ἀφιᾶσι: Migne.

11. πλαττόμενον: M.

12. = B M. - 2 1: Migne.

13. = B M. - ἀπόρρητον τοῦ μυστηρίου τούτου: Migne.

Il n'y a plus de mère, plus de douleurs, ni de sommeils et de commerces intimes et d'enlacements. La préparation de notre nature se confectionne en haut, à partir d'Esprit saint et d'eau. L'eau est assumée, devenue enfantement pour celui qui est enfanté. Ce qu'est en effet la mère pour l'embryon, l'eau l'est pour le croyant: car c'est dans l'eau qu'il est façonné et formé. Il disait jadis: «Que les eaux produisent des bêtes d'êtres vivants» (Gen 1,20); mais maintenant ce sont des êtres raisonnables et remplis d'Esprit que rend l'eau. Et ce qui est dit du soleil: «Comme un jeune épousé sortant de la chambre nuptiale» (Ps 18,6), ce serait plutôt le moment de le dire des croyants, car ils émettent des rayons plus forts que lui. Mais ce qui est façonné dans la mère, il lui faut du temps; dans l'eau, non: tout est produit en un seul instant. Ici en effet, la vie est périssable et elle a son principe dans la corruption corporelle, ce qui est enfanté traîne en longueur (car telle est la nature des corps: il faut du temps pour les perfectionner); il n'en va pas de même des réalités spirituelles. Et pourquoi donc? Parce qu'elles sont produites parfaites dès le principe.

Mais puisque Nicodème était troublé en entendant souvent cela, vois comment il lui explique ce qui n'était pas clair, et il le rend clair:

xxvi ζεται [ ]¹ · τὸ γὰρ² γεγεννημένον, φησίν³, ἐκ τῆς σαρκὸς σάρξ ἐστι,
τὸ δὲ γεγεννημένον ἐκ τοῦ Πνεύματος πνεῦμά ἐστιν⁴. ἀπάγει τῶν
αἰσθητῶν αὐτὸν [ ]⁵ καὶ οὐκ ἀφίησι τοῖς ὀφθαλμοῖς τούτοις περι-
εργάσασθαι τὴν μυσταγωγίαν. οὐ γὰρ περὶ σαρκὸς διαλεγό-
μεθα, φησίν, ἀλλὰ περὶ πνεύματος, ὦ Νικόδημε· τέως αὐτὸν τῷ
45 λόγῳ τούτῳ πρὸς τὸ ἄνω παρέπεμψε ὥστε μηδὲν [ ]⁶ τῶν αἰσθητῶν ἐπιζητεῖν⁷· τὸ γὰρ πνεῦμα οὐκ ἂν φανῇ⁸ τοῖς ὀφθαλμοῖς
τούτοις, μὴ τοίνυν νομίσῃς⁹ ὅτι σάρκα τίκτει τὸ πνεῦμα.

Πῶς οὖν, ἴσως εἴποι ἄν τις, ἡ τοῦ Κυρίου σάρξ ἐστιν;
ἐπειδὴ¹⁰ οὐκ ἀπὸ Πνεύματος ἐτέχθη¹¹ μόνον, ἀλλὰ καὶ ἀπὸ σαρ-
50 κός. διὰ¹² τοῦτο δηλῶν [ ]¹³ Παῦλος ἔλεγε· γενόμενον ἐκ γυναικός, γενόμενον¹⁴ ὑπὸ νόμον. Τὸ γὰρ Πνεῦμα αὐτὸ¹⁵ διέπλασεν
οὕτως, οὐ μὴν ἐξ οὐκ ὄντων. ἐπεὶ τί ἔδει τῆς μήτρας; ἀλλ᾽ ἐκ τῆς
σαρκὸς τῆς παρθενικῆς· τὸ δὲ, πῶς, οὐ δύναμαι ἑρμηνεῦσαι¹⁶.
τοῦτο δὲ γέγονεν ἵνα μή τις ἀλλότριον τῆς ἡμετέρας εἶναι νομίσῃ
55 φύσεως [ ]¹⁷. εἰ γὰρ καὶ¹⁸ τούτου γενομένου εἰσί τινες οἱ δια-
πιστοῦντες [ ]¹⁹ εἰ μὴ τῆς σαρκὸς ἐκοινώνησε τῆς παρθενικῆς, ποῦ
οὐκ ἂν ἐξέπεσαν ἀσεβείας [ ]²⁰;

---

1. = B M. - Add. τὸ ἀσαφὲς ἐκείνῳ τέως : Migne.
2. = B M. - Om.: Migne.
3. = B M. - λέγων: Migne.
4. Om. τὸ δὲ ... ἐστιν: M (même au même).
5. = B M. - Add. ἁπάντων: Migne.
6. = B M. - [ ] μηδὲν τοίνυν: Migne.
7. = B M. - ἐπιζήτει: Migne.
8. = B M. - φανείη: Migne.
9. = B M. - μηδὲ νόμιζε: Migne.
10. = B M. - ἐτέχθη [ ]: Migne.
11. = B M. - Om.: Migne.
12. = M. - διὸ καί: B Migne.
13. = B M. - Add. ὁ: Migne.
14. = B M (bis). - γενόμενος: Migne.
15. = B M. - αὐτόν: Migne.
16. = B M. - ἑρμηνεύειν: Migne.
17. = B* M. - Add. τὸ τικτόμενον: Bᶜ Migne.
18. = B M. - Om.: Migne.
19. = B M. - διαπιστοῦσι τῇ τοιαύτῃ γεννήσει: Migne.
20. = B M. - Add. οὗτοι: Migne.

«*Car, dit-il, ce qui est né de la chair est chair et ce qui est né de l'Esprit est esprit*» (Jn 3,6). *Il l'emmène loin des réalités sensibles et il ne le laisse pas traiter de l'initiation au mystère avec les yeux d'ici-bas.* Car, dit-il, nous ne discutons pas de la chair mais de l'Esprit, Nicodème! *Alors, par cette parole, il l'a renvoyé vers ce qui est en haut en sorte qu'il ne cherche plus du côté des réalités sensibles. Car l'Esprit n'est pas perceptible par les yeux d'ici-bas. Ainsi, ne crois pas que l'Esprit enfante des réalités charnelles.*

Dans ce cas, pourrait-on demander, comment est la chair du Seigneur puisqu'elle fut enfantée, non pas à partir du seul Esprit, mais aussi à partir de la chair? Et c'est ce que Paul montre en disant: «Né d'une femme, né sous la Loi» (Gal 4,4). Car l'Esprit l'a ainsi formé, non pas à partir du néant (il n'y aurait pas eu besoin de mère), mais à partir de la chair virginale. Quant au "comment", je ne puis l'expliquer. Mais cela est arrivé afin que nul ne pense que cet (enfantement) soit étranger à notre nature. Car si, une fois que c'est arrivé, il y en a qui refusent de croire à moins qu'il n'y ait eu participation de la chair virginale, jusqu'à quel degré d'impiété ne tomberont-ils pas?

xxvi   Τὸ γενεννεμένον ἐκ τοῦ Πνεύματος πνεῦμά ἐστιν. ὅρας
        Πνεύματος ἀξίαν· τὸ γὰρ τοῦ Θεοῦ ἔργον φαίνεται ποιοῦν. ἀνω-
    60 τέρω μὲν <u>γάρ φησιν</u>[1] ὅτι ἐκ τοῦ Θεοῦ ἐγεννήθησαν· ἐνταῦθα δὲ
        ὅτι τὸ Πνεῦμα αὐτοὺς γεννᾷ. [ ][2] **ὃ δὲ λέγει τοιοῦτόν ἐστιν· ὁ**
        γεγεννημένος ἐκ τοῦ Πνεύματος πνευματικός ἐστι. γέννησιν
        γὰρ ἐνταῦθα οὐ τὴν κατ' οὐσίαν λέγει, ἀλλὰ τὴν κατὰ
        τιμὴν καὶ χάριν.

    65   Εἰ τοίνυν καὶ ὁ Υἱὸς οὕτω γεγέννηται, τί πλέον ἕξει τῶν
        <u>πιστῶν</u> [ ][3]; <u>τί</u>[4] δὲ Μονογενής ἐστι; καὶ γὰρ [ ][5] ἐγὼ ἐκ Θεοῦ
        γεγέννημαι, ἀλλ' οὐκ ἐκ τῆς οὐσίας [ ][6]. εἰ τοίνυν μηδὲ αὐτὸς ἐκ
        τῆς οὐσίας, τί κατὰ τοῦτο διενήνοχεν ἡμῶν; εὑρεθήσεται δὲ ἄρα
        καὶ τοῦ Πνεύματος οὕτως ἐλάττων. ἡ γὰρ τοιαύτη γέννησις ἐκ
    70 τῆς τοῦ Πνεύματος γίνεται χάριτος. ἀρ' οὖν ἵνα μένῃ Υἱός, τῆς
        παρὰ τοῦ Πνεύματος δεῖται βοηθείας; καὶ τί ταῦτα Ἰουδαικῶν
        διέστηκε δογματῶν;

            Εἰπὼν τοίνυν ὁ Χριστὸς ὅτι ὁ γεγεννημένος ἐκ τοῦ Πνεύμα-
        τος πνεῦμά ἐστιν, ἐπειδὴ θορυβούμενον αὐτὸν εἶδεν, ἐπὶ αἰσθη-
    75 *τὸν <u>ἄγει παράδειγμα</u>[7] τὸν λόγον· μὴ θαυμάσῃς γάρ φησιν ὅτι*
        εἶπόν σοι ὅτι δεῖ ὑμᾶς γεννηθῆναι ἄνωθεν· τὸ Πνεῦμα ὅπου θέλει
        πνέει. τῷ γὰρ εἰπεῖν, μὴ θαυμάσῃς, δείκνυσιν αὐτοῦ τὸν θόρυβον
        τῆς ψυχῆς, καὶ ἐπὶ τὸ λεπτότερον αὐτὸν ἄγει τῶν σωμάτων. τῶν
        μὲν γὰρ σαρκικῶν ἀπήγαγεν εἰπών· τὸ γεγεννημένον ἐκ τοῦ
    80 *Πνεύματος πνεῦμά ἐστιν.*

---

1. = Β Μ. - οὖν ἔλεγεν: Migne.
2. = Β Μ. - *Add.* τὸ γεγεννημένον, φησίν, ἐκ τοῦ Πνεύματος πνεῦμά ἐστιν.
3. = Β* Μ. - ἀνθρώπων τῶν οὕτω γεγεννημένων: Migne.
4. = Μ. - πῶς: Β Migne.
5. = Β Μ. - *Add.* καί: Migne.
6. = Β Μ. - *Add.* αὐτοῦ: Migne.
7. = Β Μ Cr. - 2 1: Migne.

«Ce qui est né de l'Esprit est esprit» (Jn 3,6b). Vois la dignité de l'Esprit: il se montre comme accomplissant l'œuvre de Dieu. Car (l'évangéliste) dit plus haut: «Ils sont nés de Dieu» (Jn 1,13), et ici que c'est l'Esprit qui les engendre. **Tel est le sens de ce qu'il dit. Celui qui est né de l'Esprit est spirituel. Car ici, il ne parle pas de la naissance qui est selon la nature, mais selon l'honneur et la grâce.**

Si donc le Fils est engendré de cette façon, qu'aura-t-il de plus que les hommes? Comment est-il l'Unique Engendré? Et en effet, je suis bien engendré de Dieu, mais pas de sa substance. Si donc lui non plus ce n'est pas de sa substance, en quoi diffère-t-il de nous? Et même il se trouvera moindre que l'Esprit, car une telle naissance se fait à partir de la grâce de l'Esprit. Mais alors, afin de demeurer Fils, aurait-il besoin de l'assistance de l'Esprit? Et en quoi cela différerait-il des dogmes juifs?

Ainsi, le Christ ayant dit: «Celui qui est né de l'Esprit est esprit» (Jn 3,6b), comme il le voit encore troublé, il oriente son discours vers un exemple perceptible aux sens: «Ne t'étonnes pas, dit-il, de ce que je t'ai dit: Il vous faut naître d'en haut. L'Esprit souffle où il veut» (Jn 3,7-8a). Car du fait qu'il dit "Ne t'étonnes pas" il montre le trouble de l'âme (de Nicodème) et il l'amène au plus subtil des être corporels. En effet, il l'a déjà éloigné des être corporels en disant: «Ce qui est né de l'Esprit est esprit.»

xxvi   Ἐπειδὴ δὲ οὐκ ᾔδει τί ποτε ἐστὶν· ἐκ τοῦ Πνεύματος, ἄγει
αὐτὸν ἐπὶ τὰ σωματικώτερα[1], οὔτε εἰς τὴν τῶν σωμάτων ἀγά-
γων[2] παχύτητα, οὔτε περὶ ἀσωμάτων καθαρῶς διαλεγόμενος,
οὐ[3] γὰρ ἐδύνατο ἀκούων πολὺ χωρῆσαι [ ][4], ἀλλ᾽εὗρεν[5] τι μέσον σώματός τε καὶ ἀσωμάτου· τί δὲ τοῦτο;[6] [ ] τοῦ ἀνέμου τὴν[7]
85   φοράν, ἐντεῦθεν αὐτὸν ἀνάγει. περὶ γὰρ αὐτοῦ φησὶν ὅτι τὴν
φωνὴν αὐτοῦ ἀκούεις καὶ[8] οὐκ οἶδας πόθεν ἔρχεται [ ][9].

Εἰ δὲ λέγει· ὅπου θέλει πνεῖ, οὐχ ὡς προαίρεσίν τινα τοῦ ἀνέ
μου ἔχοντος [ ][10], ἀλλὰ τὴν ἀπὸ φύσεως φορὰν τὴν ἀκώλυτον καὶ
μετ᾽ἐξουσίας γινομένην δηλοῖ[11]. οἶδε γὰρ ἡ γραφὴ καὶ περὶ τῶν ἀ-
90   ψύχων[12] οὕτω διαλέγεσθαι ὡς ὅταν λέγῃ[13]· τῇ γὰρ ματαιότητι ἡ
κτίσις ὑπετάγη οὐχ ἑκοῦσα.

Τὸ οὖν, ὅπου θέλει πνεῖ, τὸ ἀκάτεκτόν ἐστι δηλοῦντος,
καὶ ὅτι διαχεῖται πανταχοῦ, καὶ ὁ κωλύων οὐδεὶς τῇδε
κἀκεῖσε φέρεσθαι, ἀλλὰ μετὰ πολλῆς τῆς ἐξουσίας σκεδάν-
95   νυται, καὶ οὐδεὶς ὁ ἰσχύων παρατρέψαι τὴν ῥύμην [ ][14].

Καὶ τὴν φωνὴν αὐτοῦ ἀκούεις· τουτέστι, τὸν πάταγον
[ ][15]. Καὶ[16] οὐκ οἶδας πόθεν ἔρχεται καὶ ποῦ ὑπάγει [ ][17].

---

1. = B M. - ὅ φησι τὸ γεγεννημένον ἐκ τοῦ Πνεύματος πνεῦμά ἐστιν λοιπὸν
αὐτὸν πρὸς ἑτέραν καταφέρει εἰκόνα: Migne.
2. = B. - ἄγων: M Migne.
3. = M. - οὐδέ: B Migne.
4. = B M. - [ ] χωρεῖν ἐκεῖνος: Migne.
5. = B M. - εὑρών: M̄igne.
6. = B M. - λέγω δή: Cr. - Om.: Migne.
7. = B M Cr. - τὴν τ. ἀν. [ ] φοράν: Migne.
8. = B M. - ἀλλ᾽: Migne.
9. = B* M. - Add. καὶ ποῦ ὑπάγει: B^c Migne.
10. = B M Cr. - Add. λέγει τοῦτο: Migne.
11. = B M. - δηλῶν: Migne. - Om. Cr.
12. ψυχικῶν: M.
13. λέγει: B.
14. = B M. - Add. αὐτοῦ: Migne.
15. = B M Cr. - Add. τὸν κτύπον: Migne.
16. = B M. - ἀλλ᾽: Migne.
17. = B M. - Add. οὕτως ἐστὶ πᾶς ὁ γεγεννημένος ἐκ τοῦ Πνεύματος: Migne.

Mais parce que (Nicodème) ne savait pas ce que veut dire "de l'Esprit", il l'amène aux êtres les plus matériels: il ne l'amène pas aux plus épais des corps, il ne parle pas des être complètement incorporels (en effet, Nicodème n'aurait pas mieux compris), mais il a trouvé un moyen terme entre "corps" et "incorporel". Quel est-il? Le mouvement du vent, et c'est là qu'il l'amène. De lui en effet il dit: «Tu entends sa voix et tu ne sais pas d'où il vient» (Jn 3,8).

S'il dit "il souffle où il veut", ce n'est pas que le vent ait une certaine liberté de choix, mais il veut indiquer un mouvement naturel incontrôlable et se produisant avec puissance. L'Écriture, en effet, sait parler ainsi des êtres inanimés, comme lorsqu'elle dit: «Car la créature fut soumise à la vanité, contre son gré» (Rom 8,20).

Donc par les mots «il souffle où il veut", il veut indiquer ce qui est ingouvernable, ce qui se répand partout, ce qu'aucun obstacle ne peut empêcher d'aller ici ou là. Mais il se répand avec grande puissance et nul n'a la force de détourner son élan.

«Et tu entends sa voix» (Jn 3,8b), c'est-à-dire: son bruit. «Et tu ne sais pas d'où il vient ni où il va» (Jn 3,8c). ...

xxvi ἐνταῦθά ἐστι τὸ συμπέρασμα ἅπαν. εἰ γὰρ τούτου, φησίν, τοῦ
Πνεύματος, οὗ τὴν αἴσθησιν τῇ ἀκοῇ καὶ τῇ ἁφῇ δέχῃ[1], τὴν ὁρ-
100 μὴν ἑρμηνεῦσαι οὐκ οἶδας οὔτε τὴν ὁδόν, πῶς τὴν ἀπὸ τοῦ Θεοῦ
Πνεύματος ἐνεργείαν περιεργάζῃ, τὴν τοῦ ἀνέμου οὐκ ἐπιστά-
μενος, καίτοι φωνὴν ἀκούων;

　　Τὸ δὲ[2]· ὅπου θέλει πνεῖ, [ ][3] πρὸς παράστασιν τῆς τοῦ Παρα-
κλήτου εἴρηται ἐξουσίας. [ ][4] εἰ γὰρ τοῦτο οὐδεὶς κατέχει, ἀλλ'
105 ὅπου θέλει φέρεται, πολλῷ μᾶλλον τὴν τοῦ Πνεύματος ἐνέργειαν
οὐ φύσεως δυνήσονται νόμοι κατασχεῖν, οὐδὲ[5] ὅροι σωματικῆς
γεννήσεως [ ][6].

　　Ὅτι γὰρ[7] περὶ ἀνέμου εἴρηται τὸ τὴν φωνὴν αὐτοῦ ἀκούεις,
δῆλον ἐκεῖθεν. οὐ γὰρ ἂν ἀπίστῳ διαλεγόμενος καὶ οὐκ εἰδότι
110 τοῦ Πνεύματος τὴν ἐνέργειαν εἶπε τὴν φωνὴν αὐτοῦ ἀκούεις·
ὥσπερ οὖν ὁ ἄνεμος οὐ[8] φαίνεται, καίτοι γε φωνὴν διδούς, οὕτως
οὐδὲ ἡ[9] τοῦ πνευματικοῦ φαίνεται γέννησις [ ][10] καίτοι γε σῶμα ὁ
ἄνεμος, εἰ καὶ λεμτὸν τοῦτο τὸ σῶμα[11]· τὸ γὰρ αἰσθήσει ὑπο-
βαλλόμενον, σῶμα.　εἰ τοίνυν τὸ σῶμα οὐκ ἀσχάλλεις ὅτι μὴ
115 ὁρᾷς, οὐδὲ ἀπιστεῖς διὰ τοῦτο, τί δήποτε περὶ τοῦ Πνεύματος
ἀκούων ἰλιγγιᾷς καὶ τοσαύτας ἀπαιτεῖς εὐθύνας ὅσας[12], ἐπὶ
σώματος τοῦτο οὐκ ἀπαιτεῖς[13];

---

1. = B M. - 6 1 2 3 4 5: Migne. - 6 1 2: Cr.
2. = B M. - τοίνυν: Migne.
3. = B M. - Add. καί: Migne.
4. = B M. - Add. ὃ δὲ λέγει τοιοῦτόν ἐστιν: Migne.
5. = B M. - οὐχ: Migne.
6. = B M. - Add. οὐκ ἄλλο τῶν τοιούτων οὐδέν: Migne.
7. = B M. - δέ: Migne.
8. Om.: B*.
9. Om.: B M*.
10. = B M. - Add. ὀφθαλμοῖς σώματος: Migne.
11. = B M. - λεπτότατον [ ]: Migne.
12. = B M. - Om.: Migne.
13. = B M. - οὐ ποιῶν: Migne.

Ici, on tire la conclusion. Si en effet de cet esprit[1] que tu perçois d'une façon sensible par l'ouie et le toucher, tu ne sais expliquer ni l'élan ni la route, comment discutes-tu de la force venant de l'Esprit de Dieu alors que tu ne connais pas celle du vent, bien que tu entends sa voix?

L'expression "il souffle où il veut" est dite pour prouver la puissance du Paraclet. Si en effet personne ne le retient, mais s'il se porte où il veut, à bien plus forte raison des lois de la nature ne pourront pas retenir la force de l'Esprit, ni les limites de la naissance corporelle.

En effet, que l'expression "tu entends sa voix" soit dite du vent, c'est clair ici. Car ce n'est en dialoguant ni avec un incroyant, ni avec quelqu'un qui ignorerait la force l'Esprit qu'il a dit "tu entends sa voix". *De même donc que le vent n'est pas visible, bien qu'il donne de la voix, ainsi la naissance de l'être spirituel n'est pas visible (.)* bien que le vent soit un corps, même s'il est le plus subtil; car un corps est soumis à la perception sensible. *Si donc tu ne t'irrites pas contre le corps parce que tu ne le vois pas,* – et malgré tout tu y crois – *pourquoi es-tu troublé en entendant parler de l'Esprit et réclames-tu tant de justifications, alors que tu ne les réclames pas à propos du corps?*

---

1 Le même mot grec signifie "esprit" et "vent".

xxvi   Τί οὖν ὁ Νικόδημος; ἔτι ἐπὶ τῆς ἰουδαικῆς εὐτελείας μένει,
καὶ ταῦτα παραδείγματος οὕτω σαφοῦ[1] λεχϑέντος [ ] καί φη-
120 σιν[2]· πῶς δύναται ταῦτα γενέσϑαι; διὰ τοῦτο[3] λοιπὸν πληκτι-
κώτερον πρὸς αὐτὸν [ ][4] διαλέγεται· σὺ εἶ ὁ διδάσκαλος [ ][5] τοῦ
Ἰσραὴλ καὶ ταῦτα οὐ γινώσκεις; [ ][6] οὐδαμοῦ πονηρίαν κατηγο-
ρεῖ τοῦ ἀνδρὸς ἀλλ' εὐήϑειαν καὶ ἀφέλειαν μᾶλλον. καὶ τί κοινὸν
αὕτη πρὸς τὰ ἰουδαικὰ ἡ γέννησις ἔχοι[7]; εἴποι τις ἄν. τί γὰρ οὐ
125 κοινόν, εἰπέ μοι; ὅ τε γὰρ πρῶτος γενόμενος[8] ἄνϑρωπος, ἥ τε ἀπὸ
τῆς πλευρᾶς γενομένη γυνή, καὶ αἱ στεῖραι, καὶ τὰ διὰ τῶν ὑδά-
των ἐπιτελεσϑέντα πάντα[9], τὰ κατὰ τὴν πηγὴν ἐξ ἧς ὁ Ἐλισ-
σαῖος τὸ σιδήριον ἐμετεώρισε, τὰ κατὰ τὴν Ἐρυϑρὰν ϑάλασσαν
ἣν διέβησαν οἱ Ἰουδαῖοι, τὰ κατὰ τὴν κολυμβήϑραν ἣν ὁ ἄγγελος
130 ἐκίνει, τὰ κατὰ τὸν Σύρον Νεεμὰν τὸν ἐν τῷ Ἰορδάνῃ καϑα-
ρισϑέντα[10]· ταῦτα πάντα τὴν γέννησιν καὶ τὸν καϑαρισμὸν[11] τὸν
μέλλοντα ἔσεσϑαι ὡς ἐν τύπῳ προανεφώνει.

        Καὶ [ ][12] παρὰ τῶν προφητῶν λέγεται[13] [ ][14]· ἀναγγελήσεται
τῷ Κυρίῳ γενεὰ ἡ ἐρχομένη καὶ ἀναγγελοῦσι τὴν δικαιοσύνην
135 αὐτοῦ λαῷ τῷ τεχϑησομένῳ ὃν ἐποίησεν ὁ Κύριος· καὶ[15] ἀνα-
καινισϑήσεται ὡς ἀετοῦ ἡ νεότης σου· καὶ[16] φωτίζου Ἰερου-
σαλήμ, ἰδοὺ ὁ βασιλεύς σου ἔρχεται· καὶ[17] μακάριοι ὧν ἀφέ-

---

1. = Β Μ. - σαφῶς: Migne.
2. = Β Μ. - αὐτῷ ᾧ καὶ ἀπορητικῶς πάλιν εἰπόντι
3. = Μ. - διὰ ταῦτα: Β. - Οm.: Migne.
4. = Β Μ. - Add. ὁ Χριστός: Migne.
5. = Β Μ. - Add. λέγων: Migne.
6. = Β Μ. - Add. ὅρα πῶς: Migne.
7. = Β Μ. - ἔχει: Migne.
8. Οm.: Μ (hapl.).
9. = Β Μ. - λέγω δέ: Migne.
10. = Β Μ. - καϑαρϑέντα: Migne.
11. = Μ. - καϑαρμόν: Β Migne.
12. = Β Μ. - Οm.: Migne.
13. = Β. - λεγόμενα: Μ. - εἰρημένα: Migne.
14. = Β Μ. - Add. τοῦτον αἰνίττεται τῆς γεννήσεως τὸν τρόπον, οἷον τό : Migne.
15. = Β Μ. - τό: Migne.
16. = Β Μ. - τό: Migne.
17. = Β Μ. - τό: Migne.

Que (dis) donc Nicodème? Il en reste à la vulgarité juive, malgré l'exemple clair proposé, et il déclare: «Comment cela peut-il arriver?» (Jn 3,9). C'est pourquoi Il engage avec lui le dialogue d'une façon assez brutale: «Tu es Maître en Israël et ces choses-là, tu ne les sais pas?» (Jn 3,10). Il n'accuse nullement la malice de cet homme, mais plutôt sa niaiserie et sa naïveté. Car, pourra-t-on dire, qu'y a-t-il de commun entre une telle naissance et les réalités juives? Qui a-t-il, en effet, qui ne soit pas commun, dis-le moi? Et l'homme formé en premier, ou la femme formée à partir de son côté, et les femmes stériles, et toutes les choses qui ont été achevées par l'eau, à savoir: la source d'où Élisée a retiré le fer, la mer Rouge que traversèrent les Juifs, la piscine que l'ange agitait, le Syrien Naaman qui fut purifié dans le Jourdain. Toutes ces choses, c'est la naissance et la purification à venir qu'elles annonçaient à l'avance, comme en figure.

Et il est dit chez les prophètes: «Elle sera annoncée au Seigneur la génération à venir et ils annonceront sa justice au peuple qui sera enfanté, que le Seigneur a fait» (Ps 21,34); et: «Elle sera renouvelée comme l'aigle, ta jeunesse» (Ps 102,5); et: «Illumine-toi, Jérusalem; voici que vient ton roi» (Is 60,1); et: «Bienheureux ceux à qui leurs iniquités   ...

66   ÉVANGILE PRÉ-JOHANNIQUE

xxvi θησαν αἱ ἀνομίαι. καὶ ὁ Ἰσαὰκ δὲ τύπος ἦν τῆς γεννήσεως ταύτης. εἶπε γάρ, ὦ Νικόδημε, πῶς ἐκεῖνος ἐτέχθη; ἆρα νόμῳ φύ-
140 σεως; οὐδαμῶς· ἀλλὰ¹ μέσος ὁ τρόπος ταύτης κἀκείνης τῆς
γεννήσεως οὗτος² ἦν· ἐκείνης μέν, ὅτι οὐκ³ ἐκ συνουσίας· ταύτης
δέ⁴, ὅτι⁵ οὐκ ἐξ αἱμάτων ἐτέχθη· οὐ ταύτην δὲ μόνην⁶ τὴν γέννησιν, ἀλλὰ καὶ τὴν ἐκ παρθένου προανεφώνουν οὗτοι οἱ τρόποι.
ἐπειδὴ γὰρ οὐκ ἄν τις ῥᾳδίως ἐπίστευσεν ὅτι παρθένος τίκτει,
145 στεῖραι προέλαβον, εἶτα οὐ στεῖραι μόνον, ἀλλὰ καὶ γεγηρακυῖαι.
καίτοι τῆς στείρας πολλῷ⁷ θαυματότερον τὸ ἀπὸ πλευρᾶς γενέσθαι γυναῖκα· ἀλλ᾽ ἐπειδὴ ἐκεῖνο ἀρχαῖον ἦν καὶ παλαιόν,
πάλιν ἄλλος γίνεται τρόπος νέος καὶ πρόσφατος, ὁ τῶν στειρῶν,
προοδοποιῶν τῇ πίστει τῆς παρθενικῆς ὠδῖνος. τούτων οὖν αὐτὸν
150 ἀναμιμνήσκων ἔλεγεν· σὺ εἶ ὁ διδάσκαλος τοῦ Ἰσραὴλ καὶ ταῦτα οὐ γινώσκεις;
Ὃ οἴδαμεν λαλοῦμεν καὶ ὃ ἑωράκαμεν μαρτυροῦμεν, καὶ
τὴν μαρτυρίαν ἡμῶν οὐδεὶς λαμβάνει. [ ]⁸ πάλιν ἀξιόπιστον τὸν
λόγον ποιεῖ⁹ καὶ τὴν ἀσθένειαν τὴν ἐκείνου καταβαίνων [ ]¹⁰. τί
155 [ ]¹¹ ἐστιν· [ ]¹² ὃ ἑωράκαμεν καὶ μαρτυροῦμεν; [ ]¹³ παρ᾽ ἡμῖν ἡ
ὄψις ἐστὶ τῶν ἄλλων αἰσθήσεων πιστοτέρα, κἂν βουληθῶμέν
τινα πιστώσασθαι, οὕτω λέγομεν ὅτι τοῖς ὀφθαλμοῖς ἡμῶν
ἑωράκαμεν, οὐκ ἐξ ἀκοῆς οἴδαμεν· διὰ τοῦτο καὶ ὁ Χριστὸς
ἀνθρωπινώτερον πρὸς αὐτὸν διαλέγεται, τὸν λόγον [ ]¹⁴ πιστού-
160 μενος. καὶ ὅτι τοῦτό ἐστιν καὶ οὐδὲν ἄλλο παραστῆσαι βούλεται,

---

1. = B M. - οὕτω: Migne.
2. Om.: M.
3. = B M. - Om.: Migne.
4. Om.: M.
5. Om.: M*.
6. = B M. - ἐγὼ δὲ δείκνυμι ὅτι οὐ ταύτην μόνον: Migne.
7. = B M. - πολύ: Migne.
8. = B M. - Add. ταῦτα ἐπήγαγε καὶ ἑτέρωθεν: Migne.
9. = B M. - ποιῶν: Migne.
10. = B* M. - συγκαταβαίνων τῇ λέξει: Migne.
11. = B M. - Add. δέ: Migne.
12. = B M. - ὃ φησιν ὃ οἴδαμεν λαλοῦμεν καί: Migne.
13. = B M. - Add. ἐπειδὴ καί: Migne.
14. = B M. - Add. κἀντεῦθεν: Migne.

ont été remises» (Ps 31,1). Et Isaac était la figure de cette naissance. Dis-moi donc, Nicodème, comment fut-il enfanté? Selon la loi de la nature? Pas du tout. Mais le mode en était entre cette naissance-ci et celle-là. Celle-là, parce que non le résultat d'un commerce intime; celle-ci, parce qu'il ne fut pas enfanté à partir des sangs (cf. Jn 1,13). Ce n'est pas cette naissance seule, mais aussi celle qui arriva à partir d'une vierge, que ces figures annonçaient à l'avance. En effet, comme on n'aurait pas cru facilement qu'une vierge pouvait enfanter, des femmes stériles ont pris les devants, puis non seulement les stériles, mais les vieilles. Et certes, l'exemple de la femme stérile est beaucoup moins étonnant que celui d'une femme formée à partir d'une côte, mais puisque ce dernier était archaïque et ancien, un autre exemple est donné, nouveau et récent, celui des femmes stériles, qui préparait la voie à la foi en l'enfantement virginal. *C'est pour rappeler tout cela qu'il disait: «Tu es Maître en Israël et ces choses-là, tu ne les sais pas?»* (Jn 3,10).

«Ce que nous savons, nous en parlons, et ce que nous avons vu, nous en témoignons, mais nul ne reçoit notre témoignage» (Jn 3,11). À nouveau, il rend le discours plus digne de foi, descendant aussi jusqu'à la faiblesse de cet homme-là. C'est quoi "ce que nous avons vu, et nous en témoignons"? Pour nous, la vue est plus fidèle que tous les autres sens; et si nous voulons persuader quelqu'un, nous disons que nous avons vu de nos propres yeux, nous ne l'avons pas appris par ouï-dire. C'est pourquoi le Christ s'entretient avec lui de façon très humaine, rendant la parole plus crédible. Et qu'il en soit ainsi, qu'il ne veuille établir rien d'autre, ...

xxvi οὐδὲ ὄψιν αἰσθητὴν ἐμφαίνει, δῆλον ἐκεῖθεν. εἰπὼν γάρ· [ ]¹ τὸ
γεγεννημένον ἐκ τοῦ Πνεύματος πνεῦμά ἐστιν, ἐπήγαγεν· ὃ οἴδα–
μεν λαλοῦμεν καὶ ὃ ἑωράκαμεν μαρτυροῦμεν. τοῦτο δὲ οὐδέπω
γεγεννημένον ἦν.

165   Πῶς οὖν λέγει· ὃ ἑωράκαμεν; οὐκ εὔδηλον ὅτι λέγει
περὶ τῆς ἀκριβοῦς γνώσεως, καὶ οὐκ ἄλλως ἐχούσης; καὶ
τὴν μαρτυρίαν ἡμῶν οὐδεὶς λαμβάνει. τὸ δέ²· οἴδαμεν, ἤτοι
περὶ ἑαυτοῦ καὶ τοῦ Πατρός φησιν, ἢ περὶ ἑαυτοῦ μόνου. τὸ
δέ, οὐδεὶς λαμβάνει, οὐ δυσχεραίνοντός ἐστι [ ]³ ἀλλ᾽ τὸ γι–
170 νόμενον ἀπαγγέλλοντος.

---

1. = B M. - *Add.* τὸ γεγεννημένον ἐκ τῆς σαρκὸς σάρξ ἐστι καί: Migne.
2. = B M Cr. - μὲν οὖν ὅ: Migne.
3. = B M. - *Add.* τὸ ῥῆμα νῦν: Migne.

qu'il ne mette pas en évidence la vue sensible, c'est clair. En effet, après avoir dit: «Ce qui est né de l'Esprit est esprit», il ajouta: «Ce que nous savons, nous en parlons, et ce que nous avons vu, nous en témoignons.» Mais cela n'avait pas encore été engendré.

Comment dit-il "Ce que nous avons vu?" N'est-il pas clair qu'il parle de la connaissance exacte, et qui ne peut être autre? «Et notre témoignage, nul ne le reçoit.» Mais l'expression "ce que nous savons", il la dit, soit de lui et du Père, soit de lui seul. Et l'expression "nul ne reçoit", elle ne concerne pas (le témoignage) de celui qui dit des choses pénibles, mais de celui qui annonce l'avenir.

ΛΟΓΟΣ ΚΖ

xxvii   Εἰ τὰ ἐπίγεια εἶπον ὑμῖν καὶ οὐ πιστεύετε, πῶς ἐὰν εἴπω
ὑμῖν τὰ ἐπουράνια πιστεύσετε[1]; οὐδεὶς ἀναβέβηκεν εἰς τὸν
οὐρανὸν εἰ μὴ [ ][2] ὁ υἱὸς τοῦ ἀνθρώπου ὁ ὢν ἐν τῷ οὐρανῷ.

5   Ὃ πολλάκις εἶπον, τοῦτο καὶ νῦν ἐρῶ καὶ οὐ παύσομαι
λέγων. τί δὲ τοῦτό ἐστιν; [ ][3] μέλλων ὁ Ἰησοῦς ὑψηλῶν ἅπτεσθαι
δογμάτων, διὰ τὴν τῶν ἀκουόντων ἀσθένειαν ἑαυτὸν κατέχει
πολλάκις, καὶ συνεχῶς οὐ[4] τοῖς ἀξίοις αὐτοῦ τῆς μεγαλοσύνης[5]
λόγοις ἐνδιατρίβει, ἀλλὰ μᾶλλον τοῖς συγκατάβασιν ἔχουσι. τὸ
10   μὲν γὰρ ὑψηλὸν καὶ μέγα καὶ ἅπαξ λεχθέν, ἱκανὸν παραστῆσαι
τὴν ἀξίαν ἐκείνην καθὼς[6] ἡμῖν ἀκοῦσαι δύνατον. τὰ δὲ ταπεινότερα καὶ ἐγγὺς τῆς τῶν ἀκρωμένων διανοίας, εἰ μὴ διηνεκῶς ἐλέγετο, οὐκ ἂν[7] ταχέως κατέσχον [ ][8]. διὰ δὴ τοῦτο [ ][9]
καὶ [ ][10] πλείονα ταπεινότερα τῶν ὑψηλῶν εἴρηται[11] παρ' αὐτοῦ.
15   ἀλλ' ἵνα μὴ ταῦτα[12] ἑτέραν τινὰ ἐργάσασθαι βλάβην [ ][13], κατέ-
χοντα[14] κάτω τὸν ἀκροάτην[15], οὐχ ὡς[16] ἁπλῶς τὰ καταδεέστερα

---

1. *Om. v. 12:* M. - *Add.* καί: B.
2. = B M. *Add.* ὁ ἐκ τοῦ οὐρανοῦ καταβάς: Migne.
3. = B M. - *Add.* ὅτι: Migne.
4. = M. - 2 1: B Migne.
5. = B M. - 2 1: Migne.
6. = B M. - καθόσον: Migne.
7. = B M. - οὐ: Migne.
8. = B* M. - κατέσχε τὰ ὑψηλὰ τὸν χαμαίζηλον ἀκροατήν: Migne.
9. = B M. *Add.* ἐστίν: Migne.
10. = B M. - *Add.* τά: Migne.
11. = B M. - εἰρημένα: Migne.
12. = B M. - τοῦτο: Migne.
13. = B M. - *Add.* πάλιν: Migne.
14. = B M. - κατέχον: Migne.
15. = B M. - μαθητήν: Migne.
16. = B M. - *Om.*: Migne.

TRAITÉ XXVII

Si je vous ai parlé des choses terrestres, et vous ne croyez pas, comment, si je vous parle des choses célestes, croirez-vous? Nul n'est monté au ciel sinon le fils de l'Homme qui est dans le ciel.

Ce que j'ai souvent dit, je le dirai encore maintenant et je ne cesserai pas de le dire. Qu'est-ce donc? Sur le point de toucher à des dogmes sublimes, en raison de la faiblesse d'esprit des auditeurs Il se retient et, souvent, Il n'insiste pas sur des paroles correspondant à sa grandeur, mais plutôt sur celles qui sont davantage à la portée des gens. En effet, ce qui est sublime et grand et dit une seule fois, est capable d'établir cette dignité dans la mesure où il nous est possible de l'entendre; mais les choses plus humbles et proches de l'esprit des auditeurs, si elles n'étaient pas dites nettement, elles ne frapperaient pas rapidement. C'est pour cette raison qu'Il dit plus de choses très humbles que de sublimes. Mais pour que ces choses n'entraînent pas un autre dommage, en retenant en bas l'auditeur, il ne propose pas tout simplement ces choses inférieures ...

xxvii τίθησιν, εἰ¹ μὴ πρότερον εἴποι² καὶ τὴν αἰτίαν δι᾽ ἣν ταῦτα ἐρεῖ³.

Ὁ δὴ καὶ ἐνταῦθα πεποίηκεν. ἐπειδὴ γὰρ εἶπε περὶ τοῦ βαπτίσματος ἅπερ εἶπε, καὶ τῆς κατὰ χάριν γεννήσεως τῆς ἐν τῇ
20 γῇ γενομένης, ἐβούλετο μὲν⁴ καὶ εἰς τὴν γέννησιν καθεῖναι τὴν ἑαυτοῦ τὴν ἀπόρρητον ἐκείνην καὶ ἄφραστον, [ ] οὐ μὴν⁵ καθίησι [ ]⁶. καὶ τὴν αἰτίαν λέγει δι᾽ ἣν οὐ καθίησι⁷.

Τίς δέ ἐστιν αὕτη; ἡ [ ] πολιτεία⁸ τῶν ἀκουόντων. καὶ ταύτην αἰνιττόμενος ἔλεγεν⁹· εἰ τὰ ἐπίγεια εἶπον ὑμῖν καὶ οὐ πιστεύ-
25 ετε, πῶς ἐὰν εἴπω ὑμῖν τὰ ἐπουράνια πιστεύσετε; ὥστε ὅπουπερ ἂν εἴπῃ μέτριόν τι καὶ ταπεινόν, τῇ τῶν ἀκουόντων ἀσθενείᾳ λογιστέον αὐτό· τὸ δὲ ἐπίγειον¹⁰ ἐνταῦθα τινὲς μὲν περὶ τοῦ ἀνέ-μου φασὶν εἰρῆσθαι· τουτέστιν, εἰ καὶ ὑπόδειγμα ἀπὸ τῶν ἐπι-γείων ἔδωκα καὶ οὐδὲ οὕτως ἐπείσθητε, πῶς δυνήσεσθε τὰ ὑψη-
30 λότερα μαθεῖν; εἰ δὲ τὸ βάπτισμα ἐπίγειον ἐνταῦθα λέγοι, [ ]¹¹ ἢ [ ]¹² διὰ τὸ ἐν τῇ γῇ τελεῖσθαι, ἢ πρὸς σύγκρισιν τῆς ἑαυτοῦ γεννήσεως τῆς φρικωδεστάτης [ ]¹³ ὀνομάζων, οὕτως αὐτὸ καλεῖ. εἰ γὰρ καὶ ἐπουράνιος αὕτη ἡ γέννησις, ἀλλὰ πρὸς ἐκείνην παραβαλλομένη τὴν ἀληθῆ, καὶ ἐκ τῆς τοῦ Πατρὸς οὐσίας οὖσαν,
35 ἐπίγειός ἐστι.

Καὶ [ ]¹⁴ οὐκ εἶπεν, οὐκ ἐνοήσατε¹⁵, ἀλλ᾽, οὐκ ἐπιστεύσα-τε¹⁶· ὅταν μὲν γὰρ πρὸς ἐκείνά τις δυσχεραίνῃ¹⁷, ἃ διὰ τοῦ νοῦ

---

1. = B M. - ἄν: Migne.
2. = B M. - εἴπῃ: Migne.
3. = B M. - λέγει: Migne.
4. = B M. - βουλόμενος [ ]: Migne.
5. = B M. - τέως διαβαστάζει καὶ οὐ: Migne.
6. = B M. - Add. εἶτα: Migne.
7. = Migne. - Om. οὐ καθίησι: B*. - Om. οὐ tantum: M.
8. = B* M. - παχύτης καὶ ἡ ἀσθένεια: Migne.
9. = B M. - ἐπήγαγεν λέγων: Migne.
10. = B M Cr. - τὰ... ἐπίγεια: Migne.
11. = B M Cr. Add. μὴ θαυμάσῃς: Migne.
12. = B M Cr. - Add. γάρ: Migne.
13. = B M. - Add. ἐκείνης: Migne.
14. = B M. - Add. καλῶς: Migne.
15. = B M. - οὐχὶ νοεῖτε: Migne.
16. = B M. - οὐ πιστεύετε: Migne.
17. = B M. - δυσκολαίνῃ: Migne.

sans dire d'abord la raison pour laquelle il les dira.

C'est ce qu'il a fait ici. Après avoir parlé du baptême, et de la naissance selon la grâce qui arrive sur la terre, il voulait aborder le thème de sa propre naissance, cette naissance indicible et ineffable; mais il ne le fait pas. Et il dit la raison pour laquelle il ne le fait pas.

Quelle est-elle? Le mentalité des auditeurs. Et c'est en y faisant allusion qu'il disait: «Si je vous ai dit les choses terrestres et vous ne croyez pas, comment, si je vous dis les choses célestes, croirez-vous?» (Jn 3,12). *Ainsi, chaque fois qu'il dit quelque chose de simple et de modeste, il faut l'attribuer à la faiblesse d'esprit des auditeurs.* L'expression "la chose terrestre", ici, certains déclarent qu'elle est dite du vent. *C'est-à-dire: si je vous ai donné un exemple tiré des choses terrestres et que même ainsi vous n'avez pas été persuadés, comment pourrez-vous apprendre les choses les plus sublimes?* Mais s'il appelait ici le baptême "terrestre", ce serait, soit parce qu'il s'accomplit sur la terre, soit parce qu'il le nomme par comparaison avec sa propre génération terrifiante, qu'il l'appelle ainsi[1]; en effet, si cette naissance-là est céleste, comparée à celle-ci, la vraie, qui est de la substance du Père, elle est terrestre.

Et il n'a pas dit "vous n'avez pas compris", mais "vous n'avez pas cru". En effet, si quelqu'un refusait d'admettre ces choses qui sont du domaine de l'intelligence,   ...

---

1 Pour la construction de ce texte comliqué, voir les explications données dans le commentaire du traité.

74 ÉVANGILE PRÉ-JOHANNIQUE

xxvii ἐστὶν λαβεῖν¹, []² εἰκότως []³ ἄνοιαν⁴ ἐγκαλοῖτο· ὅταν δὲ μὴ
τα̣ῦ̣τ̣α̣⁵ δέχηται, ἃ λογισμῷ μὲν οὐκ ἔστι λαβεῖν, πίστει δὲ μόνῃ,
40 οὐκ ἔτι ἀνοίας ἀλλ᾽ ἀπιστίας ἐστὶ τὸ ἔγκλημα. ἀπαγάγων⁶ οὖν
αὐτὸν τοῦ μὴ ζητεῖν λογισμοῖς τὸ λεχθέν, σφοδρότερον αὐτοῦ
καθικνεῖται, ἀπιστίαν ἐγκαλῶν. εἰ γὰρ⁷ τὴν ἡμετέραν πίστει χρὴ
δέχεσθαι γέννησιν, τίνος ἂν εἶεν ἄξιοι οἱ τὴν τοῦ Μονογενοῦς
λοσγισμοῖς περιεργαζόμενοι; καὶ ἴσως εἰπόν τις ἄν·
45   Καὶ τίνος ἕνεκεν⁸ ἐλέγετο ταῦτα εἰ μὴ ἔμελλον πιστεύειν οἱ
ἀκούοντες; ὅτι εἰ καὶ ἐκεῖνοι μὴ ἐπίστευον, ἀλλ᾽ οἱ μετ᾽ αὐτοὺς
ἔμελλον αὐτὰ δέχεσθαι καὶ κερδαίνειν. καθικνούμενος τοίνυν
αὐτῶν⁹ σφοδρότατα¹⁰, δείκνυσι []¹¹ ὅτι οὐ ταῦτα οἶδε μόνον
ἀλλὰ καὶ ἕτερα πολλῷ πλείω τούτων καὶ μείζω. []¹² καὶ τοῦτο
50 διὰ τῆς ἐπαγωγῆς ἐδήλωσεν οὕτως εἰπών·
     []¹³ Οὐδεὶς ἀναβέβηκεν εἰς τὸν οὐρανὸν εἰ μὴ []¹⁴ ὁ υἱὸς
τοῦ ἀνθρώπου ὁ ὢν ἐν τῷ οὐρανῷ. καὶ ποία αὕτη ἡ¹⁵ ἀκολουθία;
[]¹⁶ μεγίστη μὲν οὖν καὶ σφόδρα τοῖς¹⁷ ἔμπροσθεν συνένουσα¹⁸.
ἐπειδὴ γὰρ ἐκεῖνος εἶπεν ὅτι οἴδαμεν ὅτι ἀπὸ Θεοῦ ἐλήλυθας δι-
55 δάσκαλος, τοῦτο αὐτὸ διορθοῦται μονονουχὶ λέγων· μὴ νομίσῃς
με οὕτως εἶναι διδάσκαλον ὡς τοὺς πολλοὺς τῶν προφητῶν ἀπὸ

---

1. = B M. - 2 1: Migne.
2. = B M. - Add. καὶ μὴ ῥᾳδίως καταδέχηται: Migne.
3. = B M. - Add. ἄν: Migne.
4. οὐκ ἄν: M.
5. = B M. - 2 1: Migne.
6. = B. - ἀπάγων: M Migne. - Add. μέν: M.
7. = B M. - δέ: Migne.
8. Om.: B.
9. = B* M. - αὐτοῦ: Migne.
10. σφόδρα εἰς: M.
11. = B M. - Add. λοιπόν: Migne.
12. = B M. - Add. ὅθεν: Migne.
13. = B M. - Add. καί: Migne.
14. = B M. - Add. ὁ ἐκ τοῦ οὐρανοῦ καταβάς: Migne.
15. = Migne. - Om.: B M (hapl.).
16. = B M. - Add. φησί: Migne.
17. τῆς: B.
18. = M. - συνᾴδουσα: B Migne.

avec raison on l'accuserait d'inintelligence. Mais s'il n'accepte pas ces choses qui ne sont pas du domaine du raisonnement, mais de la foi seule, l'accusation ne porte plus sur le manque d'intelligence, mais sur le manque de foi. Donc, l'ayant incité à ne pas chercher par des raisonnements le sens de ce qui est dit, il le frappe plus durement en l'accusant de manque de foi. En effet, si c'est par la foi qu'il faut admettre notre naissance, que ne méritent-ils pas ceux qui discutent à coup d'arguments celle de l'Unique Engendré? Et quelqu'un pourrait dire:

«Pourquoi disait-Il cela si les auditeurs n'allaient pas croire?» C'est que, même si ceux-ci ne croyaient pas, ceux qui viendraient après eux accepteraient ces choses et en feraient leur profit. Les touchant donc encore plus durement, il montre qu'il connaît, non seulement ces réalités, mais d'autres encore beaucoup plus nombreuses et bien meilleures. Et cela, il l'a indiqué en parlant ainsi.

«Nul n'est monté au ciel sinon le Fils de l'homme qui est dans le ciel» (Jn 3,13). Et quelle est la suite des idées? Excellente et fortement liée à ce qui précède. Celui-ci ayant dit "Nous savons que tu es venu de la part de Dieu, comme Maître" (Jn 3,2), il corrige le sens de cette parole, comme s'il disait: «Ne penses pas que je sois "Maître" comme l'étaient l'ensemble des prophètes,

...

xxvii γῆς ὄντας· ἐξ οὐρανοῦ γὰρ πάρειμι νῦν· τῶν μὲν γὰρ προφητῶν¹
οὐδεὶς ἀναβέβηκεν ἐκεῖ, ἐγὼ δὲ ἐκεῖ διατρίβω.

῟Ορα πῶς καὶ τὸ σφόδρα² δοκοῦν ὑψηλὸν εἶναι σφόδρα³ ἀν-
60 άξιον αὐτοῦ τῆς μεγαλοσύνης [ ]⁴· οὐ γὰρ ἐν οὐρανῷ μόνον ἐστὶν
ἀλλὰ καὶ πανταχοῦ καὶ πάντα πληροῖ. ἀλλ᾽ ἔτι πρὸς τὴν ἀσθένειαν τοῦ ἀκροατοῦ διαλέγεται, κατὰ μικρὸν αὐτὸν ἀνάγειν
βουλόμενος. υἱὸν δὲ ἀνθρώπου ἐνταῦθα οὐ τὴν σάρκα ἐκάλεσεν
ἀλλ᾽ ἀπὸ τῆς ἐλάττονος οὐσίας ὅλον ἑαυτόν, ἵν᾽ οὕτως εἴπω, ὠνό-
65 μασε νῦν. καὶ γὰρ καὶ⁵ τοῦτο ἔθος αὐτῷ, πολλάκις μὲν⁶ ἀπὸ τῆς
θεότητος, πολλάκις δὲ ἀπὸ τῆς ἀνθρωπότητος τὸ πᾶν καλεῖν.

Καὶ καθὼς Μωυσῆς ὕψωσεν τὸν ὄφιν ἐν τῇ ἐρήμῳ, φησίν [ ]⁷·
πάλιν καὶ τοῦτο δοκεῖ ἀπηρτῆσθαι τῶν ἔμπροσθεν, πολλὴν δὲ
καὶ αὐτὸ τὴν συμφωνίαν⁸ ἔχει. εἰπὼν γὰρ τὴν μεγίστην εἰς ἀν-
70 θρώπους γεγεννημένην εὐεργεσίαν τὴν⁹ διὰ τοῦ βαπτίσματος,
ἐπάγει καὶ τὴν ταύτης αἰτίαν, καὶ ἐκείνης οὐκ ἐλάττονα, τὴν διὰ
τοῦ σταυροῦ. ὥσπερ οὖν καὶ ὁ¹⁰ Παῦλος Κορινθίοις διαλεγόμενος
ταύτας ὁμοῦ τίθησι τὰς εὐεργεσίας, οὕτω λέγων· μὴ Παῦλος
ἐσταυρώθη ὑπὲρ ὑμῶν, ἢ εἰς τὸ ὄνομα Παύλου ἐβαπτίσθητε; μά-
75 λιστα γὰρ πάντων τὰ δύο ταῦτα τὴν ἄφατην αὐτοῦ δείκνυσιν
ἀγάπην, ὅτι τε ὑπὲρ ἐχθρῶν ἀπέθανεν¹¹, καὶ ὅτι ἀποθανὼν ὑπὲρ
ἐχθρῶν, διὰ τοῦ βαπτίσματος ὁλόκληρον τῶν ἁμαρτημάτων τὴν
συγχώρησιν ἐδωρήσατο.

---

1. Om. ἀπὸ γῆς ὄντας ἐξ οὐρ. γὰρ πάρ. νῦν ... προφητῶν: M (même au même).
2. Om.: B.
3. Om. δοκοῦν ὑψηλὸν εἶναι σφόδρα: M (même au même).
4. = B M. - Add. ἐστίν: Migne.
5. = B M. - Om.: Migne Cr.
6. μὲν πολλάκις: M (contra Cr).
7. = B M. - Add. οὕτως ὑψωθῆναι δεῖ τὸν υἱὸν τοῦ ἀνθρώπου: Migne.
8. = B M. - συνάφειαν: Migne.
9. = B M. - Om.: Migne.
10. = B. - Om.: M Migne.
11. = B M. - ἔπαθεν: Migne.

*qui étaient de la terre; en effet, maintenant je suis venu du ciel; en effet,
aucun des prophètes n'est jamais monté ici, mais moi, c'est là que je
demeure.*

Vois combien ce qui semble être très sublime est en réalité très au-
dessous de Sa grandeur. En effet, il n'est pas seulement dans le ciel, mais
il est partout et il emplit tout. Mais ici encore, il parle en s'adaptant à la
faiblesse d'esprit de l'auditeur, voulant l'élever peu à peu. Ici, ce n'est pas
la chair qu'il a appelée "Fils d'homme", mais, à partir de sa substance
inférieure, il s'est nommé, pour ainsi dire, lui-même tout entier. C'est en
effet son habitude, de nommer son être tout entier, tantôt à partir de sa
divinité, tantôt à partir de son humanité.

«Et comme Moïse a élevé le serpent dans le désert», dit-il (Jn 3,14).
*Ceci encore ne semble avoir aucun rapport avec le contexte antérieur; et
pourtant, c'est en plein accord avec lui. En effet, après avoir parlé du très
grand bienfait accordé aux hommes, celui qui provient du baptême, il
continue en indiquant la cause de ce bienfait, qui n'est pas moindre: il
provient de la croix.* C'est ainsi que Paul, parlant aux Corinthiens, place
côte à côte ces deux bienfaits en disant: «Est-ce Paul qui a été crucifié pour
vous? Ou est-ce au nom de Paul que vous avez été baptisés?» (1 Cor
1,13). *Plus que tout en effet, ces deux réalités montrent son amour
ineffable: il est mort pour des ennemis; et, mourant pour des ennemis, il
leur a procuré par le moyen du baptême le pardon total de leurs péchés.*

xxvii   Τίνος δὲ ἕνεκεν οὐκ εἶπε [ ]¹ ὅτι μέλλω σταυροῦσθαι ἀλλ᾽
80 ἐπὶ τὸν παλαιὸν παρέπεμψε τύπον τοὺς ἀκρωαμένους²; πρῶτον
μὲν ἵνα μάθῃς³ ὅτι συγγενῆ τὰ παλαιὰ τοῖς καινοῖς, καὶ οὐκ
ἀλλότρια τούτων ἐκεῖνα· ἔπειτα ἵνα γνῷς ὅτι οὐκ ἄκων ἐπὶ τὸ
πάθος ἤρχετο· [ ]⁴ πρὸς τούτοις ἵνα μάθῃς ὅτι οὔτε αὐτῷ τις ἀπὸ
τοῦ πράγματος γίνεται βλάβη καὶ πολλοῖς ἐντεῦθεν τίκτεται σω-
85 τηρία· ἵνα γὰρ κἂν⁵ τις λέγῃ, καὶ πῶς ἔνι εἰς τὸν σταυρωθέντα
πιστεύσαντας σωθῆναι [ ]⁶; ἐπὶ τὴν παλαιὰν ἡμᾶς ἱστορίαν ἄγει.
εἰ γὰρ πρὸς εἰκόνα χαλκῆν ὄφεως ἰδόντες Ἰουδαῖοι ἔφυγον⁷ θάνατον, πολλῷ μᾶλλον οἱ εἰς τὸν ἐσταυρωμένον πιστεύοντες εἰκότως [ ]⁸ πολλῷ μείζονος ἀπολαύσονται [ ]⁹ εὐεργεσίας. οὐ γὰρ
90 [ ]¹⁰ διὰ τὸ περιγενέσθαι Ἰουδαίους τοῦτο γίνεται, ἀλλ᾽ [ ]¹¹ ἵνα
πᾶς ὁ πιστεύων εἰς ἐμέ, φησί¹² μὴ ἀπόληται [ ]¹³.
           Ὁρᾷς τὴν ἐκ¹⁴ τοῦ σταυροῦ [ ]¹⁵ σωτηρίαν; ὁρᾷς τοῦ τύ-
που πρὸς τὴν ἀλήθειαν τὴν συγγένειαν; ἐκεῖ θάνατον διέφυγον
Ἰουδαῖοι, ἀλλὰ τὸν¹⁶ πρόσκαιρον, ἐνταῦθα τὸν αἰώνιον οἱ πισ-
95 τεύοντες· ἐκεῖ δήγματα ὄφεων ἰᾶτο ὁ κρεμάμενος ὄφις, ἐνταῦθα
τοῦ νοητοῦ δράκοντος ἐθεράπευσε τὰς πληγὰς ὁ σταυρωθεὶς
Ἰησοῦς· ἐκεῖ ὁ τοῖς ὀφθαλμοῖς τούτοις βλέπων ἐθεραπεύετο,

---

1. = B M Cr. *Add.* σαφῶς: Migne.
2. = B M. - ἀκροατάς: Cr Migne.
3. = B M. - μάθωμεν: Cr. - μάθωσιν: Migne.
4. = B M Cr. - *Add.* καὶ ἔτι: Migne.
5. = M. - μή: B Migne.
6. = B M. - *Add.* ὅταν καὶ αὐτὸς ὑπὸ θανάτου κατεσχημένος ᾖ: Migne.
7. = B* M. - διέφυγον: Cr Migne.
8. = B M. - *Add.* καί: Migne.
9. = B M. - *Add.* τῆς: Migne.
10. = B M. - *Add.* διὰ τὴν ἀσθένειαν τοῦ σταυρουμένου οὐδέ: Migne.
11. = B M. - *Add.* ἐπειδὴ ἠγάπησεν ὁ Θεὸς τὸν κόσμον διὰ τοῦτο ὁ ἔμψυχος
    αὐτοῦ ναὸς σταυροῦται: Migne.
12. = B M. - αὐτόν [ ]: Migne.
13. = B M. - *Add.* ἀλλ᾽ ἔχῃ ζωὴν αἰώνιον: Migne.
14. = B M. - *Om.*: Migne.
15. = B M. - *Add.* αἰτίαν καὶ τὴν ἐξ αὐτοῦ: Migne.
16. *Om.*: M.

Pourquoi n'a-t-il pas dit "je vais être crucifié", mais renvoie-t-il l'auditeur à une figure ancienne? (cf. Nomb 21,8ss). Tout d'abord, afin que tu apprennes que les réalités anciennes sont apparentées aux nouvelles, et que celles-ci ne sont pas étrangères à celles-là. Ensuite, afin que tu saches que ce n'est pas malgré lui qu'il allait à sa passion. De plus, afin que tu apprennes qu'il n'en retira aucun dommage et que le salut en nacquit pour beaucoup. Enfin afin que, si quelqu'un disait "comment est-il possible que soient sauvés ceux qui croient dans le Crucifié?", il nous renvoie à un événement ancien. En effet, si les Juifs échappaient à la mort en regardant la représentation en airain d'un serpent, combien plus ceux qui croient dans la Crucifié jouiront-ils d'un bienfait bien meilleur. En effet, ceci n'est pas arrivé en raison de la supériorité des Juifs, mais afin que "quiconque croit en moi, dit-il, ne périsse pas" (Jn 3,15).

Tu vois le salut qui vient de la croix? Tu vois la parenté de la figure avec la réalité? Là, les Juifs ont échappé à la mort, mais celle qui est temporelle; ici, les croyants, celle qui est éternelle. Là, le serpent qui était pendu a guéri les morsures des serpents; ici, Jésus qui fut crucifié a guéri les plaies faites par le dragon doué d'intelligence. Là, celui qui regardait avec ces yeux-ci était guéri;   ...

xxvii ἐνταῦθα [ ] τοῖς τῆς διανοίας ὀφθαλμοῖς ὁρᾶν¹ ἀναγκαῖον ἦν²·
ἐκεῖ χαλκὸς τὸ κρεμάμενον ἦν εἰς σχῆμα ὄφεως διατυπωθέν³, ἐν-
100 ταῦθα σῶμα δεσποτικὸν ὑπὸ Πνεύματος κατασκευασθέν· ὄφις
ἔδακνεν ἐκεῖ καὶ ὄφις ἰᾶτο, οὕτω [ ]⁴ ἐνταῦθα θάνατος ἀπώλησε
καὶ θάνατος ἔσωσεν· ἀλλ᾽ ὁ μὲν ἀπολλὺς ὄφις ἰὸν εἶχεν, ὁ δὲ
σῴζων ἰοῦ καθαρὸς ἦν· καὶ ἐνταῦθα τὸ αὐτὸ πάλιν· ὁ μὲν γὰρ
ἀπολλὺς θάνατος ἁμαρτίαν εἶχεν ὥσπερ τὸν ἰὸν ὁ ὄφις, ὁ δὲ τοῦ
105 Δεσπότου ἁμαρτίας πάσης ἀπήλλακτο, ὥσπερ [ ]⁵ ὁ χαλκοῦς
ὄφις, ἰοῦ· ἁμαρτίαν γάρ, φησίν, οὐκ ἐποίησεν [ ]⁶. καὶ τοῦτό ἐστιν
ὅ φησιν <u>ὁ</u>⁷ Παῦλος· ἀπεκδυσάμενος τὰς ἀρχὰς καὶ τὰς ἐξουσίας,
ἐδειγμάτισεν ἐν παρρησίᾳ θριαμβεύσας [ ]⁸ ἐν αὐτῷ.

Καθάπερ γάρ τις ἀθλητὴς γενναῖος, ὅταν ἐπὶ μετεώρου τὸν
110 ἀνταγωνιστὴν ἄρας <u>καταρράξῃ</u>⁹ [ ]¹⁰, οὕτω καὶ ὁ Χριστός, τῆς
οἰκουμένης ἁπάσης ὁρώσης, τὰς ἀντικειμένας δυνάμεις κατέβαλε,
καὶ τοὺς ἐπὶ τῆς ἐρημίας πληττομένους ἰασάμενος, πάντων τῶν
θηρίων ἀπήλλαξε κρεμασθεὶς ἐπὶ τοῦ σταυροῦ· ἀλλ᾽ οὐκ εἶπε
<u>ὅτι</u>¹¹ κρεμασθῆναι δεῖ, ἀλλ᾽ ὑψωθῆναι. ὅπερ γὰρ εὐφημότερον
115 εἶναι <u>δοκεῖ</u>¹² διὰ τὸν ἀκροώμενον, καὶ ἐγγὺς τοῦ τύπου, τοῦτο
τέθεικεν.

---

1. = B M. - ὁ... ὁρῶν: Migne.
2. = B M. - πάντα ἀποτίθεται τὰ ἁμαρτήματα: Migne.
3. = B M. - διατυπωθείς: Migne.
4. = B M. - Add. καί: Migne.
5. = M. - Add. οὖν: B Migne.
6. = B M. - Add. οὐδὲ δόλος εὑρέθη ἐν τῷ στόματι αὐτοῦ: Migne.
7. = B M. - Om.: Migne.
8. = B M. - Add. αὐτούς: Migne.
9. = B. - καὶ ταρράξῃ: M. - καὶ καταρράξας: Migne.
10. = B M. - Add. λαμπροτέραν ἀποφαίνῃ τὴν νίκην: Migne.
11. = B M. - Om.: Migne.
12. = B M. - ἐδόκει: Migne.

ici, il était nécessaire de voir avec les yeux de l'esprit. Là, l'airain qui était pendu avait été façonné en forme de serpent; ici, le corps du Maître avait été préparé par l'Esprit. Là, un serpent a mordu et un serpent a guéri; de même ici, la mort a détruit et la mort a sauvé. Mais le serpent destructeur avait du venin tandis que le sauveur était pur de venin; il en va de même ici: en effet, la mort destructrice avait du péché comme le serpent du venin, tandis que celle du Maître était exempte de tout péché, comme le serpent d'airain, de venin. Car, dit-il, il n'a pas fait de péché (1 Petr 2,22). Et c'est ce que dit Paul: «Ayant dépouillé les Principautés et les Puissances, il les a données en spectacle à la face du monde, en les traînant dans son cortège triomphal» (Col 2,15).

En effet, comme un athlète valeureux quant il projette en l'air son antagoniste après l'avoir saisi, ainsi le Christ, à la vue du monde tout entier, a jeté bas les puissances hostiles et, ayant guéri ceux qui étaient frappés dans le désert, il a écarté toutes les bêtes sauvages, pendu à la croix. Toutefois, il n'a pas dit qu'il faut qu'il soit "pendu" mais qu'il soit "élevé". Car, ce qui semble être plus supportable pour celui qui écoute, et proche de la figure, il l'a utilisé.

xxvii   Οὕτω γὰρ ἠγάπησεν ὁ Θεὸς τὸν κόσμον ὅτι τὸν Υἱὸν αὐτοῦ
τὸν μονογενῆ ἔδωκεν [ ]¹. ὃ δὲ λέγει τοιοῦτόν ἐστιν· μὴ θαυμάσῃς
εἰ² ἐγὼ μέλλω ὑψοῦσθαι ἵνα σωθῆτε ὑμεῖς· καὶ γὰρ [ ]³ τῷ Πατρὶ
120 τοῦτο δοκεῖ, καὶ αὐτὸς οὕτως ὑμᾶς⁴ ἠγάπησεν ὡς ὑπὲρ τῶν δούλων δοῦναι τὸν Υἱόν, καὶ δούλων ἀγνωμόνων. καίτοι οὐκ ἄν τις
οὔτε⁵ ὑπὲρ φίλου τοῦτο ποιήσειεν [ ]⁶, ὅπερ καὶ ὁ Παῦλος δηλῶν
ἔλεγε· μόλις γὰρ ὑπὲρ δικαίου τις ἀποθανεῖται. ἀλλ᾽ ἐκεῖνος μὲν
πλατύτερον, ἐπειδὴ πρὸς πίστους διελέγετο· ἐνταῦθα δὲ συνεσ-
125 ταλμένως [ ]⁷ ὁ Χριστός, [ ]⁸ ἐμφαντικώτερον δέ. καὶ γὰρ ἑκάστη
λέξις πολλὴν ἔχει τὴν ἔμφασιν. τό⁹ τε γὰρ εἰπεῖν· οὕτως γὰρ¹⁰
ἠγάπησεν,[ ]¹¹ πολλὴν δείκνυσι [ ]¹² τὴν ἐπίτασιν, καὶ τὸ· ὁ Θεὸς
τὸν κόσμον¹³. πολὺ γὰρ τὸ μέσον [ ]¹⁴. ὁ [ ]¹⁵ ἀθάνατος, ὁ ἄν-
αρχος, ἡ μεγαλωσύνη ἡ ἀπέραντος, τοὺς ἀπὸ γῆς καὶ σποδοῦ,
130 τοὺς μυρίων γέμοντας ἁμαρτημάτων, τοὺς διὰ παντὸς προσκε-
κρουκότας [ ]¹⁶, τοὺς ἀγνώμονας [ ]¹⁷. Καὶ [ ]¹⁸ μετὰ ταῦτα [ ]¹⁹
πάλιν ὁμοίως ἐμφαντικά· [ ]²⁰ τὸν Υἱὸν αὐτοῦ τὸν μονογενῆ [ ]²¹·

---

1. = B M Cr. - *Add.* ἵνα πᾶς ὁ πιστεύων εἰς αὐτὸν μὴ ἀπόληται ἀλλ᾽ ἔχῃ ζωὴν
αἰώνιον: Migne.
2. = B M Cr. - ὅτι: Migne.
3. = B M Cr. - *Add.* καί: Migne.
4. = B M Cr. - 2 1: Migne.
5. = B M. - οὐδέ: Cr Migne.
6. = B M. - *Add.* οὐδὲ ὑπὲρ δικαίου ταχέως: Migne.
7. = M. - *Add.* δέ: B Migne.
8. = B M. - *Add.* ἐπειδὴ πρὸς Νικόδημον ἦν ὁ λόγος: Migne.
9. = B M. - τῷ: Migne.
10. = B M. - *Om.*: Cr Migne.
11. = B M Cr. - *Add.* καὶ τῷ ὁ Θεὸς τὸν κόσμον : Migne.
12. = B M Cr. - *Add.* τῆς ἀγάπης: Migne.
13. = B M Cr. - *Om.*: Migne,
14. = B M Cr. - *Add.* καὶ ἄπειρον ἦν: Migne,
15. = B M. - *Add.* γάρ: Migne.
16. = B M. - *Add.* τοῦ χρόνου: Migne.
17. = B M. - *Add.* τούτους ἠγάπησε: Migne.
18. = B M. - *Add.* τά: Migne.
19. = B M. - *Add.* δέ: Migne.
20. = B M. - *Add.* ἅπερ ἐπήγαγε λέγων ὅτι: Migne.
21. = B* M Cr. - *Add.* ἔδωκεν: Migne.

«Car Dieu a ainsi aimé le monde qu'il lui a donné son Fils, l'Unique Engendré» (Jn 3,16). *Tel est le sens de ce qu'il dit: Ne t'étonnes pas si je vais être élevé afin que vous soyez sauvés, car cela convient au Père. Et lui, il vous a aimés au point de donner le Fils pour les serviteurs, et des serviteurs ingrats.* Et pourtant, il n'est personne qui aurait fait cela même pour un ami, ce que Paul montrait en disant: «Car c'est à peine si quelqu'un mourrait pour un juste» (Rom 5,7). Mais ce dernier, d'une façon plus large, car il parlait à des fidèles; ici au contraire, le Christ, brièvement, mais d'une façon plus expressive. *Et en effet, chaque mot accentue l'idée exprimée. Le fait de dire "car ainsi il a aimé" manifeste beaucoup l'intensité de l'idée, ainsi que les mots "Dieu... le monde". La différence est grande! L'Immortel, le Sans commencement, la Grandeur sans limite – ceux qui viennent de la terre et de la poussière (cf.Gn 2,7), ceux qui sont pleins de milliers de péchés, ceux qui se heurtent toujours, ceux qui sont ingrats. Et en plus de cela, encore des formules expressives! Son Fils, l'Unique Engendré.*   ...

xxvii οὐ δοῦλον, οὐκ ἄγγελον, οὐκ ἀρχάγγελον[1] [ ][2]. καίτοι γε οὐδ᾽ ἂν
περὶ <u>παῖδάς</u>[3] τις τοσαύτην ἐπεδείξατο σπουδὴν ὅσην περὶ τοὺς
135 οἰκέτας τοὺς ἀγνώμονας ὁ Θεός.

 Τὸ μὲν οὖν πάθος οὐ σφόδρα γυμνῶς τίθησιν, ἀλλὰ συνεσ-
κιασμένως· τὸ δὲ ἀπὸ τοῦ πάθους κέρδος <u>σαφέστερον ἐπάγει</u>[4]
λέγων οὕτως· ἵνα πᾶς ὁ πιστεύων εἰς αὐτὸν μὴ ἀπόληται [ ][5].
ἐπειδὴ γὰρ εἶπεν, ὑψωθῆναι δεῖ, καὶ τὸν θάνατον ἠνίξατο, ἵνα μὴ
140 κατηφὴς ὁ ἀκροατὴς <u>γένηται ὑπὸ τούτων</u>[6] τῶν[7] ῥημάτων, <u>ἀν-</u>
<u>θρωπινότερον</u> [ ][8] περὶ <u>αὐτῶν</u>[9] ὑποπτεύων, καὶ τὸν θάνατον
αὐτοῦ νομίζων ἀνυπαρξίαν εἶναι, σκόπει πῶς αὐτὸ διορθοῦται,
Υἱόν τε Θεοῦ <u>εἶναι λέγων</u>[10] τὸν διδόμενον, καὶ ζωῆς αἴτιον [ ][11].
οὐκ ἂν δὲ ὁ τοῖς ἄλλοις ζωὴν παρέχων διὰ τοῦ θανάτου, αὐτὸς
145 ἔμελλεν εἶναι ἐν τῷ θανάτῳ διηνεκῶς. εἰ γὰρ οἱ πιστεύοντες εἰς
τὸν ἐσταυρωμένον οὐκ ἀπόλλυνται, πολλῷ μᾶλλον αὐτὸς <u>τῆς</u>
<u>ἀπωλείας ἀπήλλακται</u>[12]· ὁ γὰρ[13] τοῖς ἄλλοις παρέχων ζωῆς, πολ-
λῷ μᾶλλον ἑαυτῷ πηγάζει ζωήν· ὁρᾷς ὅτι πανταχοῦ πίστεως
χρεία[14]; τὸν γὰρ σταυρὸν πηγὴν ζωῆς εἶναί φησιν, ὃ λογισμὸς

---

1. *Om.* οὐκ ἀρχ. : M (même au même).

2. = B M. - *Add.* φησί: Migne.

3. = B M. - παῖδα: Migne.

4. = B M. - σαφῶς καὶ ἀνακεκαλυμμένως: Migne.

5. = B M. - *Add.* ἀλλ᾽ ἔχῃ ζωὴν αἰώνιον: Migne.

6. = B M. - ἀπὸ τούτων γένηται: Migne.

7. *Om.*: M (hapl.)

8. = B M. - ἀνθρώπινόν τι: Migne,

9. = B M. αὐτοῦ: Migne.

10. = B M. - 2 1: Migne.

11. = B M. - *Add.* εἶναι καὶ ζωῆς αἰωνίου: Migne.

12. = B M. - αὐτὸς σταυρωθεὶς οὐκ ἀπολεῖται. ὁ γὰρ τῶν ἄλλων τὴν ἀπώ-
λειαν ἀναιρῶν πολλῷ μᾶλλον αὐτὸς ταύτης ἀπήλλακται: Migne.

13. = B M. - *Om.*: Migne.

14. χρή: M.

Non pas un serviteur, ni un ange, ni un archange. Et pourtant, nul ne manifesterait pour des enfants un zèle aussi grand que Dieu pour ses familiers, et des ingrats!

D'une part donc, il expose la Passion, non pas clairement, mais obscurément. D'autre part, il ajoute le fruit de la Passion d'une façon très claire, en disant: «Afin que quiconque croit en lui ne périsse pas» (Jn 3,16). En effet, après avoir dit "il faut que soit élevé" (Jn 3,14), faisant ainsi allusion à la mort, de peur que l'auditeur ne devienne triste en raison de ces paroles, en les interprétant de façon trop humaine et en pensant que sa mort serait un anéantissement, considère comment il redresse cette idée fausse en disant que c'est le Fils de Dieu qui est donné, la cause de la vie. Impossible que celui qui, par sa mort, communique la vie aux autres, que lui, il reste dans la mort! Si donc ceux qui croient en le Crucifié ne périssent pas, combien plus lui-même échappe-il à la perdition! Celui qui communique la vie aux autres, combien plus fait-il jaillir pour lui la vie! Tu vois que partout il faut la foi. Il déclare que la croix est source de vie, ce que la raison   ...

xxvii μὲν νῦν[1] οὐκ ἂν ῥᾳδίως παραδέξαιτο· καὶ μαρτυροῦσιν ἔτι καὶ νῦν Ἕλληνες καταγελῶντες· ἡ δὲ τῶν λογισμῶν ἀσθένειαν ὑπερβαίνουσα πίστις, ῥᾳδίως ἂν αὐτὸ καὶ δέξαιτο καὶ κατάσχοι. πόθεν δὲ οὕτως ἠγάπησεν ὁ Θεὸς τὸν κόσμον; ἄλλοθεν μὲν οὐδαμόθεν, ἐξ ἀγαθότητος δὲ μόνης.

---

1. = M. - *Om.*: B Migne.

ne saurait accepter facilement, comme en témoignent encore maintenant les Grecs qui tournent cela en dérision. Mais la foi, qui passe par dessus la faiblesse des raisonnements, l'accepterait facilement et le tiendrait fermement. D'où vient donc que Dieu ait ainsi aimé le monde? De nulle autre source que de sa seule bonté.

xxviii   Οὐκ [ ]¹ ἀπέστειλεν ὁ Θεὸς τὸν Υἱὸν αὐτοῦ ἵνα κρίνῃ τὸν κόσμον ἀλλ᾽ ἵνα σώσῃ τὸν κόσμον.

    Πολλοὶ τῶν ῥᾳθυμοτέρων εἰς ἁμαρτημάτων μέγεθος καὶ
5 ὀλιγωρίας ὑπερβολὴν τῇ τοῦ Θεοῦ φιλανθρωπίᾳ κεχρημένοι²,
ταῦτα φθέγγονται τὰ ῥήματα· οὐκ ἔστι γέεννα, οὐκ ἔστι κόλασις,
πάντα ὁ Θεὸς ἀφίησιν ἡμῖν τὰ ἁμαρτήματα· οὕσπερ ἐπιστομίζων
σοφός τις ἀνὴρ λέγει³· μὴ εἴπῃς ὁ οἰκτιρμὸς αὐτοῦ πολύς, τὸ
πλῆθος τῶν ἁμαρτίων μου ἐξιλάσεται, ὅτι ἔλεος καὶ ὀργὴ παρ᾽
10 αὐτῷ καὶ ἐπὶ ἁμαρτωλοὺς καταπαύσει ὁ θυμὸς αὐτοῦ. καὶ [ ]⁴
κατὰ τὸ πολὺ ἔλεος αὐτοῦ, πολὺς καὶ ὁ ἔλεγχος αὐτοῦ⁵. καὶ
ποῦ⁶, φησί, τὰ τῆς φιλανθρωπίας εἰ καὶ τὰ κατ᾽ ἀξίαν ἀπο-
ληψόμεθα τῶν ἁμαρτημάτων; ὅτι μὲν τὰ⁷ κατ᾽ ἀξίαν ἀποληψό-
μεθα, ἄκουε καὶ τοῦ Προφήτου καὶ τοῦ Παύλου λέγοντος· τοῦ
15 μὲν ὅτι· σὺ ἀποδώσεις ἑκάστῳ κατὰ τὰ ἔργα αὐτοῦ· τοῦ δὲ· ὃς
ἀποδώσει ἑκάστῳ κατὰ τὸ ἔργον αὐτοῦ⁸. ὅτι δὲ καὶ οὕτω πολλὴ
ἡ φιλανθρωπία τοῦ Θεοῦ, καὶ τοῦτο ἐντεῦθεν δῆλον. εἰς γὰρ
δύο ζωῆς αἰῶνας τὰ ἡμέτερα διελὼν ὁ Θεός [ ]⁹, τόν τε παρόντα
καὶ τὸν μέλλοντα βίον¹⁰, καὶ τὸν μὲν ἐν ἀγώνων τάξει, τὸν δὲ ἐν
20 χώρᾳ στεφάνων ποιήσας εἶναι, πολλὴν [ ]¹¹ τὴν φιλανθρωπίαν

---

1. = M. - οὐ γάρ: B Migne.
2. = B M. - 2 1: Migne.
3. = M. - φησὶν ἀνήρ: B. - ἀνήρ φησι: Migne.
4. = B. - Add. πάλιν: Migne.
5. Om. καὶ κατά... ὁ ἔλεγχος αὐτοῦ: M (même au même).
6. = B M. - ποῦ οὖν: Migne.
7. τὸ μέν: M.
8. Om. τοῦ δέ... αὐτοῦ: B* (même au même).
9. = M. - Add. τούτους: B Migne.
10. = Migne. - Om.: B M (cf. note à la traduction française).
11. = B M. - Add. κἀντεῦθεν: Migne.

TRAITÉ XXVIII

Dieu n'a pas envoyé son Fils afin de juger le monde mais afin de sauver le monde (Jn 3,17).

Beaucoup de gens fort insouciants, abusant de la bonté de Dieu pour multiplier les péchés et faire surabonder la négligence, parlent ainsi: il n'y a pas de géhenne, il n'y a pas de châtiment, Dieu nous remet tous nos péchés. Pour leur fermer la bouche, un homme sage a dit: «Ne dis pas: Sa miséricorde est grande, il me pardonnera la multitude de mes péchés, car il y a chez lui pitié et colère et son courroux s'abat sur les pécheurs» (Sir 5,6); et: «Autant que sa miséricorde, autant est grande sa sévérité» (Sir 16,12). Et où, dira-t-on, est la bonté si nous devons recevoir le prix de nos péchés? Que nous devions recevoir le prix de nos péchés, écoute ce que disent le Prophète et Paul. Le premier: «Tu rendras à chacun selon ses œuvres» (Ps 61,13); le second: «Lui qui rendra à chacun selon son œuvre» (Rom 2,6). Mais que, même ainsi, grande est la bonté de Dieu, c'est clair ici. En effet, parce que Dieu a partagé notre destin en deux vies éternelles, la vie[1] présente et la future, l'une qu'il a fait être en ordre de joutes et l'autre en champ de couronnes, il a montré sa grande bonté.   ...

---

1. Dans le texte grec, le mot βίον est grammaticalement indispensable; il a dû tomber par erreur dans l'archétype commun à B et à M.

xxviii ἐπεδείξατο.   πῶς καὶ τίνι τρόπῳ; ὅτι ἐπράξαμεν¹ πολλὰ[ ]² χα-
λεπὰ ἁμαρτήματα, καὶ οὐ διελείπομεν³ ἀπὸ νεότητος εἰς ἔσχατον
γῆρας μυρίοις τὴν ψυχὴν καταρρυπαίνοντες [ ]⁴ κακοῖς, οὐδενὸς
τούτων ἀπήτησεν εὐθύνας ἡμᾶς⁵ τῶν ἁμαρτημάτων, ἀλλ' ἔ-
25 δωκεν αὐτῶν ἄφεσιν διὰ λουτροῦ παλιγγενεσίας, καὶ δικαιοσύνην καὶ ἁγιασμὸν ἐχαρίσατο.

  Τί οὖν; φησίν, [ ]⁶ ἐκ πρώτης ἡλικίας μυστηρίων κατα-
ξιωθεὶς καὶ⁷ μετὰ ταῦτα μυρία ἁμάρτων⁸, καὶ οὗτος [ ]⁹ μειζόνος
κολάσεως ἄξιος· τῶν γὰρ αὐτῶν ἁμαρτημάτων οὐ τὰς αὐτὰς
30 τίννυμεν δίκας, ἀλλὰ πολλῷ χαλεπωτέρας, ὅταν καὶ¹⁰ μετὰ
μυσταγωγίαν πλημμελήσωμεν. καὶ δηλοῖ Παῦλος οὕτω λέγων·
ἀθετήσας τις νόμον Μωϋσέως χωρὶς οἰκτιρμῶν ἐπὶ δυσὶ¹¹ καὶ¹²
τρισὶ μάρτυσιν ἀποθνήσκει· πόσῳ δοκεῖτε χείρονος ἀξιωθήσεται
τιμωρίας ὁ τὸν Υἱὸν τοῦ Θεοῦ καταπατήσας καὶ τὸ αἷμα τῆς δια-
35 θήκης κοινὸν ἡγησάμανος καὶ τὴν χάριν τοῦ Πνεύματος ἐν-
υβρίσας; μείζονος οὖν ἔσται κολάσεως ἄξιος ὁ τοιοῦτος.

  Πλὴν ἀλλὰ καίτοι¹³ τούτῳ μετανοίας ἀνέῳξε θύρας καὶ
πολλοῖς τρόποις ἔδωκεν ἀπονίψασθαι τὰ πλημμαλήματα [ ]¹⁴.
ταῦτ' οὖν, εἰπέ μοι, μικρὰ¹⁵ φιλανθρωπίας τὰ¹⁶ δείγματα, τὸ [ ]¹⁷

---

1. = B M. - πράξαντας: Migne.
2. = B M. - *Add.* καί: Migne.
3. = B M. - διαλιπόντας: Migne.
4. = B M. = B M. - καταρρυπαίνειν ἑαυτῶν: Migne.
5. = Migne. - *Om.*: B (hapl.). - ἁμαρτημάτων ἡμᾶς: M.
6. = B M. - ἄν: Migne.
7. = B M. - τις: Migne.
8. = B M. ἁμάρτῃ: Migne.
9. = B M. - ὁ τοιοῦτος λοιπόν: Migne.
10. = M. - *Om.*: B Migne.
11. δύο: M.
12. = M Migne. - ἤ: B (= Hebr 10,28).
13. = B* M. - καί: Migne.
14. = B M. - πεπλημμελημένα ἂν ἐθέλῃ: Bᶜ Migne.
15. = B M. - ἐννόησον οὖν ἡλίκα ταῦτα: Migne.
16. = B M. - *Om.*: Migne.
17. = B M. - *Add.* καὶ χάριτι ἀφεῖναι καὶ μετὰ τὴν χάριν: Migne.

Comment et de quelle façon? C'est que, nous avons commis de nombreux péchés insoutenables, et nous n'avons pas cessé, depuis notre jeunesse jusqu'à notre extrême vieillesse, de souiller nos âmes de milliers de maux, et d'aucun de ces péchés il ne nous a demandé de rendre compte, mais il nous en fait remise grâce au bain de la régénération (cf. Tt 3,5) et il nous a accordé justice et sainteté.

Quoi donc? dit-il: Celui qui, dès sa prime jeunesse, a été jugé digne des mystères et ensuite a commis mille péchés, celui-ci mérite un plus grand châtiment. En effet, des mêmes péchés, nous ne tirons pas les mêmes châtiments; mais des châtiments beaucoup plus durs lorsque nous commettrons des fautes après l'initiation. Et Paul le montre en disant: «Quelqu'un rejette-t-il la loi de Moïse? Impitoyablement il est mis à mort sur la déposition de deux et trois témoins. D'un châtiment combien plus grave sera jugé digne, ne pensez-vous pas, celui qui aura foulé aux pieds le Fils de Dieu, tenu pour profane le sang de l'alliance et outragé la grâce de l'Esprit?» (Hebr 10,28-29). Un tel homme méritera donc un plus grand châtiment.

Mais cependant, même à celui-là Il a ouvert les portes du repentir et Il lui a donné, de bien des façons, de se laver des fautes commises. Et donc, dis-moi, sont-elles bien faibles ces preuves de la bonté: le fait   ...

xxviii τὸν [ ]¹ ἄξιον [ ]² κολάσεως μὴ κολάζειν ἀλλὰ διδόναι καιρὸν καὶ
προθεσμίαν ἀπολογίας αὐτῷ; διὰ ταῦτα πάντα ὁ Χριστὸς πρὸς
τὸν Νιδόδημον ἔλεγεν· οὐκ ἀπέστειλεν ὁ Θεὸς τὸν Υἱὸν αὐτοῦ ἵνα
κρίνῃ τὸν κόσμον ἀλλ᾽ ἵνα σώσῃ τὸν κόσμον³.

   Δύο γάρ εἰσιν αἱ τοῦ Χριστοῦ παρουσίαι· ἡ ἤδη γεγενημένη
45 καὶ ἡ μέλλουσα. ἀλλ᾽⁴ οὐκ ἐπὶ τοῖς αὐτοῖς [ ]⁵ αἱ δύο, ἀλλ᾽ἡ μὲν
προτέρα γέγονεν, οὐχ ἵνα ἐξετάσῃ τὰ πεπραγμένα ἡμῖν ἀλλ᾽ἵνα
ἀφῇ· ἡ δευτέρα δέ⁶, οὐχ ἵνα ἀφῇ ἀλλ᾽ἵνα ἐξετάσῃ. διὰ τοῦτό φησι
περὶ [ ] τῆς προτέρας⁷· οὐκ ἦλθον ἵνα κρίνω τὸν κόσμον ἀλλ᾽ ἵνα
σώσω τὸν κόσμον. [ ]⁸. καίτοι γε [ ]⁹ κρίσεως ἦν καὶ οὗτος ὁ και-
50 ρός¹⁰· διατί; ὅτι πρὸ τῆς αὐτοῦ παρουσίας, [ ]¹¹ καὶ προφῆται καὶ
[ ]¹² νόμος καὶ διδασκαλίαι¹³ καὶ μυρίαι ἐπαγγελίαι καὶ σημείων
ἐπιδείξεις καὶ κολάσεις καὶ τιμωρίαι καὶ νόμος φύσικός¹⁴ καὶ
πολλὰ ἕτερα τὰ διορθοῦντα ἡμᾶς¹⁵, καὶ ἀκόλουθον ἦν τούτων
πάντων ἀπαιτῆσαι εὐθύνας· ἀλλ᾽ἐπεὶ¹⁶ φιλάνθρωπός ἐστι, οὐ
55 ποιεῖται ἐξέτασιν ἀλλὰ συγχώρησιν [ ]¹⁷· ἐπεὶ εἰ τοῦτο ἐποί-

---

1. = B M. - Add. ἁμαρτόντα καί: Migne.
2. = B M. - Add. ὄντα: Migne.
3. Om. ἀλλ᾽ ἵνα σώσῃ τὸν κόσμον: B* (même au même).
4. = B M. - Om.: Migne.
5. = B M. - Add. δέ: Migne.
6. = M. - 2 1: B Migne.
7. = B M. - περὶ μὲν τῆς προτέρας φησίν: Migne.
8. = B M. - Add. περὶ δὲ τῆς δευτέρας· ὅταν δὲ ἔλθῃ ὁ Υἱὸς ἐν τῇ δόξῃ τοῦ
   Πατρὸς αὐτοῦ στήσει τὰ μὲν πρόβατα ἐκ δεξιῶν, καὶ τὰ ἐρίφια ἐξ
   εὐονύμων καὶ ἀπελεύσονται οἱ μὲν εἰς ζωὴν οἱ δὲ εἰς κόλασιν αἰώνιον:
   Migne.
9. = B M. - Add. καὶ ἡ προτέρα παρουσία: Migne.
10. = B M. - κατὰ τὸν τοῦ δικαίου λόγον: Migne.
11. = B M. - Add. νόμος ἦν φυσικός: Migne.
12. = B M. - Add. γραπτὸς πάλιν: Migne.
13. = B M. - διδασκαλία: Migne.
14. = M. - καὶ νόμος φύσεως: B. - Om.: Migne.
15. = B M. - διορθοῦν δυνάμενα: Migne.
16. = M. - ἐπειδή: B Migne.
17. = B M. - Add. τέως: Migne.

de ne pas punir celui qui mérite une punition, mais de lui donner le temps et l'occasion de se justifier. *Pour tout cela, le Christ disait à Nicodème: «Dieu n'a pas envoyé son Fils pour juger le monde mais pour sauver le monde»* (Jn 3,17).

Car il y a deux avènement du Christ: l'un déjà arrivé et l'autre futur. Mais les deux n'ont pas même but: le premier est arrivé, non pour éprouver ce que nous avons accompli, mais pour pardonner; tandis que le second, non pour pardonner, mais pour éprouver. C'est pourquoi il dit du premier: «Je ne suis pas venu pour juger le monde mais pour sauver le monde» (Jn 12,47). *Toutefois, ce temps-là était aussi pour le jugement. Pourquoi? Parce que, avant son avènement, il y avait: et prophètes, et Loi, et enseignements, et mille promesses, et preuves venant des signes, et châtiments, et supplices, et loi naturelle, et beaucoup d'autres moyens de nous remettre dans la droite voie, et tout cela offrait l'occasion de rendre des comptes. Mais puisqu'il est bon, il ne fait pas "épreuve" mais "pardon". Parce que, s'il avait fait*   ...

xxviii ησεν <u>ἂν πάντες</u>[1] ἀθρόον ἀνηρπάσθησαν. πάντες γὰρ ἥμαρτον, φησίν, καὶ ὑστεροῦνται τῆς δόξης τοῦ Θεοῦ.

 Εἶδες φιλανθρωπίας ἄφατον ὑπερβολήν; ὁ πιστεύων εἰς αὐτὸν οὐ κρίνεται [ ][2]· καὶ μὴν εἰ μὴ διὰ τοῦτο ἦλθεν ἵνα κρίνῃ
60 τὸν κόσμον, πῶς ὁ μὴ πιστεύων ἤδη κέκριται εἰ <u>δὲ μὴ</u>[3] πάρεστι τῆς κρίσεως ὁ καιρός; ἢ τοῦτο οὖν φησιν ὅτι αὐτὸ τὸ ἀπιστεῖν <u>ἀμετανοήτως</u>[4], κόλασίς ἐστι, τὸ γὰρ ἐκτὸς εἶναι τοῦ φωτὸς καὶ μεγίστην ἔχει τὴν τιμωρίαν, ἢ τὸ μέλλον προαναφωνεῖ. καθάπερ γὰρ ὁ φονεύων, κἂν μὴ τῇ ψήφῳ τοῦ κρίνοντος καταδικασθῇ, τῇ
65 τοῦ πράγματος καταδεδίκασται φύσει, οὕτω καὶ ὁ ἄπιστος. <u>ὥσπερ οὖν</u>[5] καὶ ὁ Ἀδὰμ ᾗ ἡμέρᾳ ἔφαγεν [ ][6] τοῦ ξύλου ἀπέθανεν, [ ][7] καίτοι γε ἔζη, <u>ἀλλὰ</u>[8] τῇ ἀποφάσει καὶ τῇ τοῦ πράγματος φύσει <u>τεθνηκὼς ἦν</u>[9]. ὁ γὰρ ὑπεύθυνον <u>τῇ κολάσει ἑαυτὸν</u>[10] ποιή- σας ὑπὸ τὴν τιμωρίαν ἐστί, κἂν μὴ τῷ πράγματι [ ][11] ἀλλὰ τῇ
70 ψήφῳ·

 Ἵνα γὰρ μὴ ἀκούσας τις ὅτι οὐκ ἦλθον <u>κρίναι</u>[12] τὸν κόσμον, ἀτιμωρητὶ νομίσῃ ἁμαρτάνειν καὶ ῥᾳθυμότερος γένηται καὶ ταύτην <u>ἐπιστρέφει</u>[13] τὴν ὀλιγωρίαν [ ][14]. καὶ τοῦτο δὲ αὐτὸ πολ- λῆς φιλανθρωπίας ἐστί, τὸ μὴ μόνον δοῦναι τὸν Υἱὸν ἀλλὰ καὶ

---

1. = M. - ἅπαντες ἄν: B Migne.
2. = B M. - *Add.* ὁ δὲ μὴ πιστεύων ἤδη κέκριται: Migne.
3. = B* M. - μηδέπω: B^c Migne.
4. = B M. - ἀμετανόητα: Migne.
5. = B M. - ἐπεί: Migne.
6. = B M. - *Add.* ἀπό: Migne.
7. = B M. - *Add.* οὕτω γὰρ καὶ ἡ ἀπόφασις εἶχεν· ᾗ ἂν ἡμέρᾳ φάγητε ἀπὸ τοῦ ξύλου, φησίν, ἀποθανεῖσθε: Migne.
8. = B M. - πῶς οὖν ἀπέθανε: Migne.
9. = B M. *Om.*: Migne.
10. = B M. - 3 1 2: Migne.
11. = B M. - *Add.* τέως: Migne.
12. = B M. - ἵνα κρίνω: Migne.
13. = B M. - ἀποτειχίζει:
14. = B* M. - *Add.* λέγων· ἤδη κέκριται. ἐπειδὴ γὰρ ἔμελλεν ἡ κρίσις καὶ οὕτω παρῆν ἐγγὺς ἄγει τὸν φόβον τῆς τιμωρίας καὶ δείκνυσιν ἤδη τὴν κόλασιν: Migne.

"épreuve", tous ensemble ils auraient été arrachés: «Car tous ont péché, dit-il, et ont besoin de la gloire de Dieu» (Rom 3,23).

Vois-tu l'indicible surbondance de la bonté? «Celui qui croit en lui n'est pas jugé» (Jn 3,18). Et cependant, s'il n'était pas venu pour juger le monde, comment celui qui ne croit pas est-il déjà jugé si le temps du jugement n'est pas encore là? Ou bien veut-il donc dire que le fait même de refuser de croire, définitivement, c'est un châtiment? Le fait d'être hors de la lumière serait le plus grand châtiment, ou annoncerait à l'avance l'avenir. En effet, comme le meurtrier, même s'il n'est pas condamné par la décision du juge, est condamné par la nature même du forfait, ainsi également celui qui refuse de croire. De même donc que Adam aussi mourut le jour même où il mangea de l'arbre, même s'il continuait à vivre, mais il était mort en vertu de la sentence et en vertu de la nature du forfait. En effet, celui qui s'est fait lui-même soumis à la punition, il est sous le châtiment: si ce n'est pas en raison du forfait, c'est en raison de la décision.

En effet, de peur que quelqu'un, entendant que "je ne suis pas venu juger le monde", ne pense qu'il puisse pécher à l'abri du châtiment et devenir plus insouciant, il détourne aussi cette négligence. Et c'est même d'une grande bonté, non seulement donner son Fils, mais encore

xxviii τὸν τῆς κρίσεως ἀναβάλλεσθαι καιρὸν ἵνα γένηται ἐξουσία τοῖς ἡμαρτηκόσι [ ]¹ ἀπονίψασθαι τὰ πεπλημμελημένα.

Ὁ πιστεύων, *φησίν*², εἰς τὸν Υἱὸν οὐ κρίνεται· ὁ πιστεύων, οὐχ ὁ περιεργαζόμενος· ὁ πιστεύων, οὐχ ὁ πολυπραγμονῶν· τί οὖν, ἂν ἀκάθαρτον βίον ἔχῃ καὶ πράξεις οὐκ ἀγαθάς; μάλιστα μὲν
80 τοὺς τοιούτους οὐδὲ γνησίους εἶναι πιστοὺς ὁ Παῦλός φησι· Θεὸν γὰρ ὁμολογοῦσιν εἰδέναι, τοῖς δὲ ἔργοις ἀρνοῦνται. πλὴν ἐνταῦθα ἐκεῖνό φησιν ὅτι κατ᾽ αὐτὸ τοῦτο οὐ κρίνεται, ἀλλὰ τῶν μὲν ἔργων χαλεπωτέραν δώσει δίκην, ἀπιστίας δὲ *ἕνεκεν*³ οὐ κολαζέ-ται διὰ τὸ πιστεῦσαι ἅπαξ.

85 Ὁρᾷς πῶς ἀπὸ φοβερῶν ἀρξάμενος, εἰς αὐτὰ [ ]⁴ πάλιν *τὸν* *λόγον*⁵ κατέλεξεν; *ἀρξάμενος γὰρ φησιν*⁶· ἐὰν μή τις γεννηθῇ ἐξ ὕδατος καὶ Πνεύματος⁷ οὐ δύναται εἰσελθεῖν εἰς τὴν βασιλείαν [ ]⁸· *καὶ*⁹ ἐνταῦθα δὲ πάλιν [ ]¹⁰· ὁ μὴ πιστεύων εἰς τὸν Υἱὸν ἤδη κέκριται. [ ]¹¹ μὴ νομίσῃς, *φησίν*¹², τὴν ἀναβολὴν ὠφελεῖν τι τὸν
90 ὑπεύθυνον ἤδη *γενόμενον*¹³ ἐὰν μὴ καταβάληται. τῶν γὰρ ἤδη καταδικασθέντων [ ]¹⁴ οὐδὲν ἄμεινον διακείσεται ὁ μὴ¹⁵ πιστεύ-σας.

Αὕτη δέ ἐστιν ἡ κρίσις ὅτι ἦλθε τὸ φῶς εἰς τὸν κόσμον καὶ ἠγάπησαν οἱ ἄνθρωποι μᾶλλον τὸ σκότος ἢ τὸ φῶς. [ ]¹⁶. ἐνταῦθα

---

1. = B M. - *Add.* καὶ τοῖς ἀπιστοῦσιν: Migne.

2. = B M. - *Om.*: Migne.

3. = B M Cr. - ἕνεκα: Migne.

4. = B M. - *Add.* δὴ ταῦτα Migne.

5. = B M. - *Om.*: Migne.

6. = B M. - ἀρχόμενος μὲν γὰρ ἔλεγεν: Migne.

7. *Om.* ἐκ τοῦ πνεύματος: M (même au même)

8. = B M. - *Add.* τοῦ Θεοῦ: Migne.

9. = B M. - *Om.*: Migne.

10. = B M. - *Add.* ὅτι: Migne.

11. = B M. - *Add.* τουτέστι: Migne.

12. = B M. - *Om.*: Migne.

13. = B M. - γεγενημένον: Migne.

14. = B M. - *Add.* καὶ κολαζομένων: Migne.

15. = Bᶜ Migne. - *Om.*: B* M (erreur de l'archétype commun).

16. = B M. - *Add.* ὃ δὲ λέγει τοιοῦτόν ἐστι· διὰ τοῦτο κολάζονται ὅτι σκότος ἀφεῖναι καὶ φωτὶ προσδραμεῖν οὐκ ἠβουλήθησαν: Migne.

différer le temps du jugement afin qu'il y ait possibilité pour ceux qui ont péché de se laver des fautes commises.

«*Celui qui croit, dit-il, n'est pas jugé*» (Jn 3,18a). *Celui qui croit, et non celui qui recherche avec curiosité; celui qui croit, et non celui qui se mêle de beaucoup de choses. Quoi donc? Même s'il a une vie impure et pratique des actions mauvaises? Mais Paul dit que de tels gens ne sont pas d'authentiques croyants:* «*Ils font profession de connaître Dieu, mais, par leur conduite, ils le renient*» (Tt 1,16). *D'ailleurs ici il dit qu'il n'est pas jugé sur ce point précis, mais qu'il fera justice très durement contre les œuvres, tandis qu'il ne sera pas puni pour incroyance du fait qu'il a cru une fois.*

Vois-tu comment, après avoir commencé par des choses effrayantes, il continue son discours de même. En effet, il dit pour commencer: «*Si quelqu'un ne naît pas d'eau et d'Esprit, il ne peut entrer dans le royaume*» (Jn 3,5). *Et ici de nouveau:* «*Celui qui ne croit pas dans le Fils est déjà jugé*» (cf. Jn 3,18b). *Ne penses pas, dit-il, que le délai accordé profite en quelque sorte à celui qui doit déjà rendre compte, à moins qu'il ne s'amende. En effet, celui qui aura refusé de croire n'aura pas un sort meilleur que ceux qui ont déjà été condamnés.*

«*Or tel est le jugement : la lumière est venue dans le monde et les hommes ont préféré les ténèbres à la lumière*» (Jn 3,19). *Ici*   ...

xxviii λοιπὸν καὶ ἀπολογίας αὐτοὺς ἀποστερεῖ πάσης. εἰ μὲν γὰρ ἦλθον
κολάζων, φησί, καὶ ἀπαιτῶν εὐθύνας τῶν πεπραγμένων, εἶχον εἰπεῖν ὅτι διὰ τοῦτο ἀπεπηδήσαμεν· νῦν δὲ ἦλθον ἀπαλλάξαι
σκότους καὶ πρὸς τὸ¹ φῶς ἀγαγεῖν. τίς οὖν τὸν μὴ βουλόμενον
ἀπὸ σκότους φωτὶ προσελθεῖν ἐλεήσειεν ἄν; οὐδὲν γὰρ ἔχοντες
100   ἡμῖν ἐγκαλεῖν ἀλλὰ μυρία εὐεργετούμενοι, φησίν, ἀποπηδήσω-
σιν² ἡμῶν. τοῦτο καὶ ἀλλαχοῦ ἐγκαλῶν [P³ ἔλεγεν ὅτι⁴· ἐμίσησάν
με δωρεάν. καὶ πάλιν· εἰ μὴ ἦλθον καὶ ἐλάλησα αὐτοῖς, ἁμαρτίαν
οὐκ εἶχον⁵. ὁ μὲν γὰρ ἐν ἀπουσίᾳ φωτὸς ἐν σκότῳ⁶ καθήμενος,
ἴσως ἂν συγγνώμην σχοίη· ὁ δὲ μετὰ τὴν παρουσίαν αὐτοῦ⁷ τῷ
105   σκότει προσεδρεύων, διεστραμμένης γνώμης καὶ φιλονείκου τεκ-
μήριον ἐκφέρει⁸ καθ᾽ ἑαυτοῦ.

Εἶτα ἐπειδὴ ἐδόκει τὸ εἰρημένον ἄπιστον εἶναι [P⁹ (οὐδεὶς
γὰρ ἂν σκότος προτιμήσειε φωτός), τίθησι καὶ τὴν αἰτίαν ἀφ᾽ ἧς
ἔπαθον. Τίς δὲ ἦν¹⁰ αὕτη; πονηρὰ ἦν αὐτῶν, φησίν¹¹, τὰ ἔργα·
110   πᾶς δὲ ὁ τὰ φαῦλα πράσσων μισεῖ τὸ φῶς καὶ οὐκ ἔρχεται πρὸς τὸ
φῶς ἵνα μὴ φανερωθῇ αὐτοῦ τὰ ἔργα. καὶ μὴν οὐ κρίνων οὐδὲ
ἐξετάζων ἦλθεν, ἀλλὰ συγχωρῶν καὶ ἀφιείς [ ]¹² καὶ ἀπὸ
πίστεως σωτηρίαν διδούς. πῶς οὖν διὰ τοῦτο¹³ ἔφυγον; εἰ μὲν γὰρ
[ ] δικαστήριον [ ]¹⁴ ἐκάθισεν, εἶχέ τινα λόγον τὸ εἰρημένον· ὁ γὰρ
115   πονηρὰ συνειδὼς ἑαυτῷ, τὸν δικάζοντα φεύγειν εἴωθε· τῷ δὲ
συγχωροῦντι καὶ προστρέχουσιν οἱ πεπλημμεληκότες. εἰ τοίνυν
συγχωρῶν ἦλθε, τούτους μάλιστα προσδραμεῖν ἔδει, τοὺς πολλὰ

---

1. = B M. - Om.: Migne.
2. = B* M. - ἀποπηδῶσιν: Bᶜ Migne.
3. = B M. - Add. αὐτοῖς: Migne.
4. = B M. - Om.: Migne.
5. εἴχοσαν: M (= Jn 15,22).
6. = B M. - σκότει: Migne.
7. = B M. - αὐτῷ: Migne.
8. = B M. - ἐπιφέρει: Migne.
9. = B M. - Add. τοῖς πολλοῖς: Migne.
10. = B M. - οὖν ἐστιν: Migne.
11. = B M. - ἦν γὰρ αὐτῶν, φησί, πονηρά: Migne.
12. = B M. - Add. τὰ πλημμεληθέντα: Migne.
13. = B M. - Om.: Migne.
14. = B M. - Add. εἰς... ἐλθών: Migne.

*maintenant il les prive de toute excuse. En effet, si j'étais venu pour punir,
dit-il, et pour demander compte des actions, ils pourraient dire que c'est
pour cette raison que nous avons renoncé. Mais en réalité je suis venu
rejeter les ténèbres et conduire à la lumière. Qui donc aurait pitié de celui
qui ne voudrait pas aller des ténèbres vers la lumière? En effet, alors qu'ils
n'ont rien à nous reprocher mais ayant reçu des milliers de biens, dit-il, ils
se sépareront de nous. C'est ce qu'il reprochait ailleurs en disant: «Ils
m'ont haï sans raison» (Jn 15,25). Et encore: «Si je n'étais pas venu et
que je ne leur avais pas parlé, ils n'auraient pas de péché» (Jn 15,22). En
effet celui qui en l'absence de la lumière est assis dans les ténèbres,
pourrait obtenir son pardon; mais celui qui, après Son avènement reste
assis auprès des ténèbres, il porte contre lui-même la preuve d'un esprit
dépravé et rebelle.*

*Ensuite, puisque ce qu'il avait dit semblait incroyable (car nul ne
pourrait préférer les ténèbres à la lumière), il donne aussi la raison pour
laquelle ils en sont venus là. Quelle était-elle? «Mauvaises, dit-il, étaient
leurs œuvres; or quiconque commet le mal hait la lumière et ne vient pas à
la lumière de peur que ses œuvres ne soient démontrées coupables» (Jn
3,20). Et pourtant, il n'est pas venu pour juger et pour examiner, mais
pour pardonner et pour remettre et accorder le don de la foi. Comment
donc ont-ils fui à cause de cela? S'il s'était assis sur le tribunal, ce qui a
été dit plus haut aurait quelque justification: car celui qui n'a pas la
conscience tranquille a coutume de fuir le juge, tandis que ceux qui ont
commis des fautes accourent vers celui qui pardonne. Si donc il est venu
pour pardonner, il fallait que ce soient surtout ceux-là qui accourent,   ...*

xxviii συνειδότας ἑαυτοῖς ἁμαρτήματα. ὅπερ οὖν καὶ ἐπὶ πολλῶν γέ–
γονε. καὶ γὰρ καὶ τελῶναι καὶ ἁμαρτωλοὶ ἐλθόντες συνανέκειντο
120 τῷ Ἰησοῦ.

ceux qui ont conscience d'avoir beaucoup de péchés. De fait, c'est ce qui est arrivé pour beaucoup; «car beaucoup de publicains et de pécheurs venaient prendre place auprès de Jésus» (Mt 9,10).

ΛΟΓΟΣ ΚΘ

Ἐξῆλθεν δὲ¹ εἰς τὴν Ἰουδαίαν γῆν αὐτὸς καὶ οἱ μαθηταὶ αὐτοῦ καὶ ἐκεῖ διέτριβε μετ᾽ αὐτῶν καὶ ἐβάπτιζεν.

Οὐδὲν τῆς ἀληθείας φανερώτερον οὐδὲ ἰσχυρότερον γένοιτ᾽
5 ἄν, ὥσπερ τοῦ ψεύδους οὐδὲν ἀσθενέστερον, κἂν μυρίοις παρα-
πετάσμασι συσκιάζηται. εὐφώρατον [ ]² γὰρ καὶ οὕτω γίνεται
καὶ καταρρεῖ ῥαδίως. ἡ δὲ ἀλήθεια γυμνὴ πρόκειται πᾶσι τοῖς
βουλομένοις αὐτῆς τὴν ὥραν περισκοπεῖν. καὶ οὔτε λανθάνειν
βούλεται, οὔτε κίνδυνον δέδοικεν, οὔτε³ ἐπιβούλας τρέμει, οὐ
10 δόξης ἀφίεται τῆς παρὰ τῶν πολλῶν, οὐκ ἄλλῳ τινὶ τῶν
ἀνθρωπίνων ἐστὶν ὑπεύθυνος· ἀλλὰ πάντων ἕστηκεν ἀνωτέρω,
δεχομένη μὲν μυρίας ἐπιβουλάς, μένουσα δὲ ἀκαταγώνιστος, καὶ
τοὺς πρὸς αὐτὴν καταφεύγοντας ὥσπερ ἐν ἀσφαλεῖ τειχίῳ
φυλάττουσα, τῇ τῆς οἰκείας δυνάμεως ὑπερβολῇ, καὶ τὰς μὲν
15 λαθραίους ἐκτρεπομένη καταδύσεις, πᾶσιν δὲ εἰς τὸ μέσον προ-
τιθεῖσα τὰ παρ᾽ ἑαυτῆς. τοῦτο γοῦν καὶ ὁ Χριστὸς τῷ Πιλάτῳ
διαλεγόμενος ἐδήλου λέγων· ἐγὼ πάντοτε παρρησίᾳ ἐδίδαξα καὶ
[ ]⁴ κρυφῇ ἐλάλησα οὐδέν· τοῦτο καὶ τότε εἶπε, καὶ νῦν ἔπραξεν·
Μετὰ ταῦτα, φησίν, ἐξῆλθεν⁵ εἰς τὴν Ἰουδαίαν γῆν καὶ⁶
20 αὐτὸς καὶ οἱ μαθηταὶ αὐτοῦ καὶ ἐκεῖ διέτριβε μετ᾽ αὐτῶν καὶ
ἐβάπτιζεν. ἐν μὲν γὰρ ταῖς ἑορταῖς εἰς τὴν πόλιν ἀνῄει ὥστε ἐν
μέσοις αὐτοῖς προτιθέναι [ ]⁷ δόγματα καὶ τὴν ἀπὸ τῶν
θαυμάτων ὠφέλειαν· μετὰ δὲ τὸ λυθῆναι τὰς ἑορτάς, ἐπὶ τὸν

---

1. μετὰ ταῦτα ἐξῆλθεν ὁ Ἰησοῦς: Bᶜ.
2. = B M. - *Add.* τε: Migne.
3. = B M. - οὐκ: Migne.
4. = B M. - *Add.* ἐν: Migne.
5. = B M. - [ ] ἦλθεν: Migne.
6. = B* M. - *Om.*: Bᶜ Migne.
7. = B M. - *Add.* τά: Cr Migne.

Or il partit pour la terre de Judée, lui et ses disciples, et il y demeurait avec eux et il baptisait (Jn 3,22).

Rien n'est plus évident ni plus fort que la vérité, comme rien n'est plus faible que le mensonge, même s'il se dissimule sous des milliers de voiles; car il est ainsi facile à démasquer et il s'écroule facilement. Mais la vérité nue est offerte à tous ceux qui veulent observer sa beauté. Elle ne veut pas se cacher, elle ne craint pas le danger, elle ne tremble pas devant les embûches, elle ne se glorifie pas aux yeux de la multitude, elle ne dépend pas de quelqu'autre des réalités humaines. Mais elle se tient au dessus de tout, supportant des milliers d'embûches mais demeurant invaincue, protégeant comme d'un mur solide ceux qui se réfugient auprès d'elle, par la surabondance de sa puissance; elle évite de se cacher, mais au contraire elle expose devant tous, en public, ce qui la concerne. C'est ce que le Christ, dialoguant avec Pilate, montrait en disant: «J'ai toujours enseigné en public et je n'ai rien dit en cachette» (Jn 18,20). Cela, il l'avait dit jadis, il l'a mis maintenant en pratique.

«Après cela, dit (l'évangéliste), il partit pour la terre de Judée, et lui et ses disciple, et il y demeurait avec eux et il baptisait» (Jn 3,22). En effet, durant les fêtes il montait à la ville pour, au millieu d'eux, proposer des dogmes et montrer l'utilité que l'on retire des prodiges. Mais une fois les fêtes terminées,
                                                                    ...

xxix Ἰορδάνην [ ]¹ ἤρχετο ἐπειδὴ καὶ ἐνταῦθα πολλοὶ συνέτρεχον.
25 τοὺς δὲ πολυοχλουμένους ἀεὶ κατελάμβανε τόπους, οὐκ ἐπιδει-
κνύμενος οὐδὲ φιλοτιμούμενος, ἀλλὰ πλείοσι τὴν παρ' ἑαυτοῦ
παρέχειν ὠφέλειαν σπεύδων².

  Καίτοι προιὼν φησιν ὁ εὐαγγελιστὴς ὅτι Ἰησοῦς οὐκ ἐβάπτιζεν ἀλλ' οἱ μαθηταὶ αὐτοῦ· ὅθεν δῆλον, ὅτι καὶ ἐνταῦθα τοῦ-
30 το φησί³, ὅτι [ ]⁴ ἐβάπτιζον μόνοι. καὶ τίνος ἕνεκεν αὐτὸς⁵ οὐκ
ἐβάπτιζεν; προλαβὼν ὁ⁶ Ἰωάννης εἶπεν ὅτι αὐτὸς ὑμᾶς βαπτίσει
ἐν Πνεύματι ἁγίῳ [ ]⁷. Πνεῦμα δὲ οὐκ ἦν δεδωκώς· εἰκότως οὖν⁸
οὐκ ἐβάπτιζεν. οἱ δὲ μαθηταὶ αὐτοῦ⁹ ἔπραττον, βουλόμενοι πολλοὺς προσαγαγεῖν¹⁰ τῇ σωτηριώδει διδασκαλίᾳ.

35 Καὶ τί δήποτε τῶν μαθητῶν τοῦ Ἰησοῦ βαπτιζόντων, οὐκ
ἐπαύσατο τοῦτο ποιῶν ὁ Ἰωάννης¹¹, ἀλλὰ μεμένηκε καὶ αὐτὸς
βαπτίζων, καὶ μέχρι τῆς εἰς τὸ δεσμωτήριον εἰσαγωγῆς τοῦτο
ἔπραττε; τὸ γὰρ εἰπεῖν [ ]¹² ὅτι¹³ οὔπω [ ]¹⁴ ἦν βεβλημένος εἰς τὴν
φυλακήν ὁ Ἰωάννης¹⁵, δηλοῦντος ἦν ὅτι ἕως τότε οὐκ ἐπαύσατο
40 βαπτίζων¹⁶. τίνος οὖν [ ]¹⁷ ἕνεκεν ἕως τότε ἐβάπτιζε; καίτοι γε
σεμνοτέρους [ ]¹⁸ ἀπέφηνε τοὺς μαθητὰς τοῦ Ἰησοῦ, εἴ γε ἐκείνων
ἀρξαμένων αὐτὸς ἐπαύσατο;

---

1. = B M Cr. - *Add.* πολλάκις: Migne.
2. = B M. - σπουδάζων: Cr Migne.
3. = B M. - λέγει: Migne.
4. = M. - *Add.* αὐτοί: B Cr Migne.
5. = M Cr. - φησίν: Migne. - αὐτός φησιν: B.
6. = B M Cr. - *Om.*: Migne.
7. = B M Cr. - *Add.* καὶ πυρί: Migne.
8. *Om.*: M (hapl.).
9. = M. - τοῦτο: B Cr Migne.
10. = B M Cr. - προσάγειν: Migne.
11. = M. - 3 4 1 2: B Cr. - 4 1 2: Migne.
12. = B M Cr. - *Add.* ἦν δὲ καὶ Ἰωάννης βαπτίζων ἐν Αἰνὼν καὶ ἐπαγαγεῖν:
    Migne.
13. = B M. - *Om.*: Cr Migne.
14. = M Cr. - *Add.* γάρ: B Migne.
15. = B M Cr. - *Om.*: Migne.
16. = B M Cr. - τοῦτο ποιῶν: Migne.
17. B M Cr. - καὶ τίνος φησίν: Migne.
18. = B M. - *Add.* ἄν: Migne.

il s'en allait au Jourdain parce que beaucoup de gens y accouraient. Mais s'il recherchait les lieux remplis de foules, ce n'était pas pour se faire voir ni pour se faire honorer, mais pour se hâter de se rendre utile au plus grand nombre.

Toutefois, l'évangéliste déclare que Jésus ne baptisait pas, mais ses disciples (Jn 4,2). D'où il est clair, puisqu'il le déclare ici, qu'ils étaient seuls à baptiser. *Et pour quelle raison lui ne baptisait-il pas? Jean avait dit à l'avance que "lui vous baptisera dans l'Esprit saint" (Mt 3,11). Mais l'Esprit n'avait pas encore été donné; c'est donc avec raison qu'il ne baptisait pas. Mais ses disciples le faisaient, voulant amener beaucoup de gens à l'enseignement salvifique.*

Mais pourquoi, puisque les disciples de Jésus baptisaient, Jean n'avait-il pas cessé de le faire? Il continua lui aussi à baptiser et il le fit jusqu'à son emprisonnement. En effet, le fait de dire que "Jean n'avait pas encore été jeté en prison" (Jn 3,24) indiquait que jusqu'alors il n'avait pas cessé de baptiser. Pour quelle raison donc baptisait-il encore? *Et cependant, il aurait fait paraître plus imposants les disciples de Jésus si, tandis que, eux, ils commençaient., lui, il avait cessé.*

xxix   Τίνος οὖν ἕνεκεν ἐβάπτιζεν;

ἵνα μὴ τοὺς ἑαυτοῦ μαθητὰς εἰς πλείονα ζῆλον ἀγάγῃ¹ καὶ φιλο-
45 νεικοτέρους ἐργάσηται. εἰ γὰρ μυριάκις βοῶν, καὶ τῶν πρωτείων
ἀεὶ τῷ Χριστῷ παραχωρῶν, καὶ τοσοῦτον ἑαυτὸν ἐλαττῶν, οὐκ
ἔπεισεν αὐτοὺς αὐτῷ² προσδραμεῖν· εἰ καὶ τοῦτο προσέθηκε,
πολλῷ φιλονεικοτέρους [ ]³ ἐποίησε.

Διὰ τοῦτο καὶ ὁ Χριστὸς τότε μάλιστα ἤρξατο κηρύττειν
50 ὅτε ἐκποδὼν ὁ Ἰωάννης ἐγένετο. οἶμαι δὲ καὶ διὰ τοῦτο συγ-
χωρηθῆναι τὴν τελευτὴν Ἰωάννου [ ]⁴ ταχίστην [ ]⁵ γενέσθαι,
ὥστε πᾶσαν τοῦ πλήθους τὴν διάθεσιν ἐπὶ τὸν Χριστὸν μετ-
ελθεῖν καὶ μηκέτι ταῖς περὶ ἀμφοτέρων αὐτὴν⁶ σχίζεσθαι γνώ-
μαις.

55   Χωρὶς δὲ τούτων, καὶ ἐν τῷ βαπτίζειν οὐκ ἐπαύσατο
συνεχῶς ἐπαινῶν⁷ καὶ μεγάλα καὶ σεμνὰ δεικνὺς τὰ τοῦ Ἰησοῦ.
**Ἐβάπτιζε γὰρ⁸ οὐδὲν ἕτερον λέγων⁹ ἢ [ ]¹⁰ εἰς τὸν ἐρ-
χόμενον μετ' αὐτὸν ἵνα πιστεύσωσιν.**

ὁ τοίνυν τοῦτο κηρύττων, πῶς ἂν σεμνοὺς ἀπέφηνε τοὺς μαθητὰς
60 τοῦ Χριστοῦ παυσάμενος; τοὐναντίον γὰρ¹¹ ἂν ἔδοξε ζηλῶν
ὀργὴν¹² τοῦτο ποιεῖν. τὸ¹³ δὲ ἐπιμεῖναι κηρύττων, ἰσχυρότερα
ταῦτα ἀπέφηνε¹⁴. οὐ γὰρ ἑαυτῷ τὴν δόξαν ἐκτᾶτο, ἀλλὰ τῷ
Χριστῷ παρέπεμπε τοὺς ἀκροωμένους· οὐχ ἧττον γὰρ¹⁵ τῶν μα-

---

1. = B M. ἀναγάγῃ: Cr - ἐμβάλῃ: Migne.
2. = Om.: M (hapl.)
3. = M. - Add. ἂν: B Cr Migne.
4. = B M Cr. - Add. καί: Migne.
5. = B M. - Add. αὐτῷ: Cr Migne.
6. = B* M. αὐτούς: Cr - ἑαυτούς: Migne.
7. = B* M. - παραινῶν: Migne,
8. = B M. - δι᾽: Migne.
9. = B M. - Om.: Migne.
10. = B M. - Add. μόνον: Migne.
11. = B. - 2 1: M Migne.
12. = M. - ζήλῳ ἢ ὀργῇ: B Migne.
13. = B M. - τῷ: Migne.
14. = Migne. - ποιεῖν: M. - ἐποιεῖ: B— (cf. lin. 59).
15. = B* M. - καὶ οὐχ ἧττον: Migne.

Pour quelle raison donc baptisait-il?

Afin de ne pas exciter plus de jalousie chez ses propres disciples et de ne pas les rendre plus agressifs. En effet, si, bien qu'il ait crié nombre de fois (cf. Jn 1,23), qu'il ait toujours accordé la prééminence au Christ, qu'il se soit lui même tant abaissé, il n'avait pas réussi à les convaincre d'accourir à lui, s'il avait en plus ajouté cela, il les aurait rendus encore plus agressifs.

C'est pour cela que le Christ aussi commença surtout à prêcher au moment où Jean fut écarté. C'est pour cela aussi, je le pense, que la fin de Jean arriva si vite et si à propos: pour transférer sur le Christ toute la disposition de la foule et que son opinion ne soit plus divisée au sujet de l'un et de l'autre.

De plus, tandis qu'il baptisait, il ne cessait de le louer sans arrêt et de montrer la grandeur et l'éclat de ce qui concernait Jésus.

En effet, **il baptisait en ne "disant" rien d'autre que "de croire en celui qui venait après lui"** (Act 19,4).

Celui qui prêchait ainsi, comment aurait-il fait briller les disciples du Christ en s'arrêtant? Car, bien au contraire, il aurait paru le faire parce qu'il brûlait de colère. Mais le fait de continuer à prêcher fit paraître ces choses plus fortes. En effet, il ne s'acquérait pas de l'honneur, mais il renvoyait ses auditeurs vers le Christ. Et il ne le faisait pas moins que les disciples,

...

xxix ϑητῶν αὐτῷ συνέπραττεν, ἀλλὰ [ ]¹ πολλῷ πλέον², ὅσῳ καὶ ἀν-
65 ύποπτος αὐτὴ³ ἡ μαρτυρία ἦν, καὶ πολλῷ μεῖζον δόξαν παρὰ
πᾶσιν εἶχεν ἐκείνων. ὅπερ οὖν καὶ ὁ εὐαγγελιστὴς αἰνιττόμενος
ἔλεγεν· ἐξήρχοντο πρὸς αὐτὸν καὶ ἐβαπτίζοντο πᾶσα ἡ Ἰουδαία
καὶ ἡ περίχωρος τοῦ Ἰορδάνου.

Καὶ τῶν μαθητῶν δὲ βαπτιζόντων, οὐ διέλιπον πολλοὶ πρὸς
70 αὐτὸν τρέχοντες. εἰ δέ τις ἐξετάζοι καὶ τί πλέον εἶχε τὸ τῶν
μαθητῶν βάπτισμα τοῦ Ἰωάννου; ἐροῦμεν [ ]⁴ οὐδέν. ἑκάτερα
γὰρ ὁμοίως τῆς ἐκ τοῦ⁵ Πνεύματος χάριτος ἄμοιρα ἦν, καὶ αἰτία
μία ἀμφοτέροις ἦν τοῦ βαπτίζειν, τὸ τῷ Χριστῷ προσάγειν τοὺς
βαπτιζομένους. ἵνα γὰρ μὴ ἀεὶ περιτρέχοντες οὕτω συνάγωσι
75 τοὺς ὀφείλοντας πιστεύειν, ὅπερ ἐπὶ τοῦ Σίμωνος ὁ ἀδελφὸς
ἐποίησε, καὶ ἐπὶ τοῦ Ναθαναὴλ ὁ Φίλιππος, τὸ βαπτίσαι ἐν-
εστήσαντο, ὥστε δι᾽ αὐτοῦ ἅπαντας ἐπάγεσθαι ἀπονητὶ καὶ τῇ
μελλούσῃ προοδοποιεῖν πίστει.

Ὅτι δὲ οὐδὲν πλέον εἶχεν ἀλλήλων τὰ βαπτίσματα, τὰ
80 ἑπόμενα⁶ δηλοῖ. ποῖα δὴ ταῦτα; ἐγένετο, φησίν, ζήτησις ἐκ τῶν
μαθητῶν Ἰωάννου μετὰ Ἰουδαίου⁷ περὶ καθαρισμοῦ. ζηλοτύπως
γὰρ ἔχοντες ἀεὶ πρὸς τοὺς τοῦ Χριστοῦ μαθητὰς οἱ μαθηταὶ
Ἰωάννου, καὶ πρὸς αὐτὸν δὲ τὸν Χριστόν, ἐπειδὴ δὲ⁸ εἶδον αὐτοὺς βαπτίζοντας, ἤρξαντο διαλέγεσθαι πρὸς τοὺς βαπτιζομένους
85 ὡς τοῦ παρ᾽ αὐτοῦ⁹ βαπτίσματος πλέον τι τοῦ τῶν μαθητῶν [ ]¹⁰
ἔχοντος. καὶ λαβόντες ἕνα τῶν βαπτισθέντων, ἐπεχείρουν τοῦτον
πείθειν, ἀλλ᾽ οὐκ ἔπειθον. ὅτι γὰρ αὐτοὶ οἱ ἐπιδραμόντες εἰσίν,
ἀλλ᾽ οὐκ ἐκεῖνος ἐπιζήτησεν, ἄκουσον πῶς τοῦτο ὁ εὐαγγελιστὴς
ἠνίξατο· οὐ γὰρ εἶπεν ὅτι Ἰουδαῖός τις μετ᾽ αὐτῶν ἐζήτησεν, ἀλλ᾽

1. = B M. - Add. καί: Migne.
2. = B M. - μᾶλλον: Migne.
3. = B M. - αὐτοῦ: Migne.
4. = M. - Add. ὅτι: B Cr Migne.
5. Add. ἁγίου: M.
6. = B M. - ἐχόμενα: Migne.
7. Om. μετὰ Ἰουδαίου: M (même au même).
8. = M. - Om.: B Migne.
9. = B M. - αὐτῶν: Cr - αὐτοῖς: Migne.
10. = B M. - Add. τοῦ Χριστοῦ: Cr Migne.

mais beaucoup plus: dans la mesure où le témoignage lui-même était indiscutable, il avait auprès de tous une plus grande renommée. C'est ce que l'évangéliste insinue lorsqu'il dit: «Partaient vers lui et se faisaient baptiser toute la Judée et la région du Jourdain» (Mt 3,5-6a).

Et tandis que les disciples baptisaient, beaucoup de gens ne cessaient d'accourir vers lui. Et si l'on demandait: le baptême administré par les disciples, qu'avait-il de plus que celui de Jean? Nous dirions: rien du tout! Tous les deux, en effet, étaient également dépourvus de la grâce de l'Esprit, et tous deux n'avaient qu'une seule raison de baptiser: amener au Christ ceux qui se faisaient baptiser. Et afin qu'ils ne soient pas obligés de courir à droite et à gauche pour rassembler ceux qui devaient croire, ce que fit son frère à propos de Simon et Philippe à propos de Nathanaël, ils instituèrent le baptême afin, grâce à lui, de les amener tous sans fatigue et de préparer le chemin à la foi à venir.

Et que ces baptêmes n'avaient rien de plus les uns que les autres, les événements suivants le montrent. Et quels sont-ils? «Il y eut, dit (l'évangéliste), une question venant des disciples de Jean (posée) à un Juif au sujet de purification» (Jn 3,25). Les disciples de Jean, en effet, ne regardaient pas sans jalousie les disciples du Christ, et même le Christ lui-même; lors donc qu'ils les virent baptiser, ils se mirent à discuter avec ceux qui se faisaient baptiser disant que le baptême administré par lui (Jean) avait quelque chose de plus que celui qu'administraient les disciples (de Jésus). Et prenant l'un des baptisés, ils entreprirent de le convaincre, mais sans succès. Et pour prouver que c'étaient eux qui prenaient l'initiative, et non celui-là qui posait la question, écoute comment l'évangéliste l'a insinué. Il n'a pas dit, en effet, qu'un Juif leur posa la question, mais

...

xxix ὅτι ζήτησις ἐκ τῶν μαθητῶν Ἰωάννου ἐγένετο μετὰ Ἰουδαίου τινός [ ]¹.

Σκόπει δέ μοι καὶ τὸ ἀνεπαχθὲς τοῦ εὐαγγελιστοῦ· οὐ γὰρ καταφρονικῶς ἐχρήσατο τῷ λόγῳ, ἀλλ᾽ ὅση δύναμις, παραμυθεῖται τὸ ἔγκλημα, ζήτησιν γενέσθαι λέγων ἁπλῶς².

95   Ἐπεὶ ὅτι γε ἀπὸ ζηλοτυπίας ἐλέγετο τὰ λεγόμενα, τὰ ἑξῆς δηλοῖ, ἃ καὶ αὐτὸ ἀνεπαχθῶς τέθεικεν· ἦλθον γὰρ, φησίν, πρὸς τὸν Ἰωάννην καὶ λέγουσιν [ ]³· ῥαββί, ὃς ἦν μετὰ σοῦ πέραν τοῦ Ἰορδάνου, ᾧ σὺ μεμαρτύρηκας, ἴδε οὗτος βαπτίζει καὶ πάντες ἔρχονται πρὸς αὐτόν. τουτέστιν, ὃν ἐβάπτισας σύ. τοῦτο γὰρ αἰ-
100   νίττονται λέγοντες· ᾧ σὺ μεμαρτύρηκας, [ ]⁴ ὃν σὺ λαμπρὸν ἔδειξας καὶ περίβλεπτον ἐποίησας, ταῦτά⁵ σοι τολμᾷ. ἀλλ᾽ οὐκ εἶπον ὃν⁶ σὺ ἐβάπτισας· οὕτω⁷ γὰρ [ ]⁸ ἠναγκάσθησαν καὶ τῆς φωνῆς ἀναμνῆσαι τῆς ἄνωθεν κατενεχθείσης, καὶ τῆς τοῦ Πνεύματος ἐπιφοιτήσεως. ἀλλ᾽ ὅτι⁹· ὃς ἦν μετὰ σοῦ [ ]¹⁰. τουτέστιν, ὃς
105   μαθητοῦ τάξιν ἐπεῖχεν, ὃς ἡμῶν πλέον εἶχεν οὐδέν, οὗτος νῦν¹¹ ἀποσχίσας βαπτίζει.

Οὐ τούτῳ δὲ μόνον ᾤοντο παρακνίζεσθαι [ ]¹² λοιπόν· **πάντες γάρ, φησίν, ἔρχονται πρὸς αὐτόν.** ὅθεν δῆλον ὅτι οὔτε τοῦ Ἰουδαίου περιεγένοντο μεθ᾽ οὗ τὴν ζήτησιν ἔσχον. ταῦτα
110   **δὲ ἔλεγον, ἀτελέστερον [ ]¹³ διακείμενοι, καὶ οὐδέπω φιλο-**

---

1. = Β Μ. - *Add.* περὶ καθαρισμοῦ: Migne.
2. = Β Μ. - 2 1: Migne.
3. = Β Μ. - εἶπον αὐτῷ: Migne.
4. = Β Μ Cr. - *Add.* οἷον: Migne.
5. = Β Μ. - τὰ αὐτά: Cr Migne.
6. *Om.*: Β Μ (hapl.).
7. = Β Μ. - ἤ: Migne.
8. = Β Μ. - *Add.* ἂν: Migne.
9. = Β Μ. - ἀλλὰ τί: Migne.
10. = Β Μ. - *Add.* πέραν τοῦ Ἰορδάνου ᾧ σὺ μεμαρτύρηκας: Migne.
11. = Β Μ. - ἑαυτόν: Migne.
12. = Β* Μ. - παρακνίζειν αὐτὸν ἀλλὰ καὶ τῷ τὰ αὐτῶν παρευδοκιμεῖσθαι : Migne.
13. = Β Μ. - *Add.* ἔτι: Migne.

qu'il y eut une question venant des disciples de Jean (posée) à un Juif.

Et considère aussi comment l'évangéliste n'a pas noirci le tableau. Il n'a pas utilisé une façon de parler méprisante mais, dans la mesure du possible, il adoucit l'accusation en disant simplement qu'il y eut une question posée.

Mais que les paroles prononcées provenaient de la jalousie, la suite le montre, ce qu'il a encore raconté sans noircir le tableau. *Il déclare en effet: «Ils vinrent vers Jean et ils lui disent: "Rabbi, celui qui était avec toi au-delà du Jourdain, à qui tu as rendu témoignage, voilà qu'il baptise et tous viennent à lui"»* (Jn 3,26). *C'est-à-dire "celui que toi, tu as baptisé".* Car ils l'insinuent en disant "celui à qui tu as rendu témoignage", *celui que tu as montré magnifique et que tu as rendu célèbre, il ose faire les mêmes choses que toi. Mais ils n'ont pas dit "celui que tu as baptisé", car ainsi, ils auraient été obligés de rappeler, et la voix descendue d'en haut, et la manifestation de l'Esprit, mais "celui qui était avec toi", c'est-à-dire: celui qui tenait la place de disciple, qui n'avait rien de plus que nous, maintenant il s'est séparé de nous et baptise.*

Ce n'est pas seulement ainsi qu'ils pensaient l'exciter. «Car **tous, dit (l'évangéliste), vont à lui**» (Jn 3,26d). D'où il est clair qu'ils n'avaient pas convaincu le Juif auquel ils avaient posé la question. **Mais ils disaient cela, montrant qu'ils demeuraient imparfaits et qu'ils n'étaient pas encore exempts**

...

xxix τιμίας ὄντες καθαροί. τί οὖν ὁ Ἰωάννης; οὐδὲ αὐτὸς <u>αὐ-
τοὺς</u>[1] σφοδρῶς <u>ἐπεστόμισεν</u>[2], δεδοικὼς μὴ καὶ αὐτοῦ πάλιν
ἀποσχισθέντες ἕτερόν τι κακὸν ἐργάσωνται. ἀλλὰ τί φησιν;
οὐδεὶς δύναται [ ][3] λαμβάνειν οὐδὲν ἐὰν μὴ ᾖ δεδομένον
115 αὐτῷ ἐκ τοῦ οὐρανοῦ <u>ἄνωθεν</u>[4]. [ ][5]

Θέλει τέως αὐτοὺς καταπλῆξαι καὶ φοβῆσαι καὶ δεῖξαι ὅτι
οὐχ ἑτέρῳ ἀλλ᾽ ἢ τῷ θεῷ πολεμοῦσιν, αὐτῷ πολεμοῦντες. ὅπερ
οὖν καὶ ὁ Γαμαλιὴλ ἔλεγεν· [ ][6] μήποτε καὶ θεομάχοι <u>εὑρεθῶ-
μεν</u>[7]. τοῦτο καὶ αὐτὸς λανθανόντως ἐνταῦθα κατασκευάζει. τὸ
120 γὰρ εἰπεῖν· οὐδεὶς δύναται λαμβάνειν ἐὰν μὴ ᾖ δεδομένον αὐτῷ
<u>ἄνωθεν</u>[8], [ ][9] οὐδὲν ἄλλο δηλοῦντός ἐστιν ἢ ὅτι καὶ ἀδυνάτοις
ἐπιχειροῦσι, καὶ ὅτι θεομάχοι <u>πάλιν ἐντεῦθεν</u>[10] εὑρίσκονται. τί
οὖν; οἱ περὶ Θευδᾶν οὐκ ἔλαβον ἀφ᾽ ἑαυτῶν; [ ][11] ἀλλ᾽ εὐθέως
διελύθησαν καὶ ἀπώλοντο. τὰ δὲ τοῦ Χριστοῦ οὐ τοιαῦτα· ἐν-
125 τεῦθεν αὐτοὺς καὶ παραμυθεῖται ἠρέμα, δεικνὺς ὅτι οὐκ ἄνθρωπος ἀλλὰ Θεός ἐστιν ὁ παρευδοκιμῶν <u>ἡμᾶς</u>[12].

καὶ ἡμεῖς δέ, φησίν, **οὐδὲν οἴκοθεν ἔχομεν ἀλλὰ πάντα
ἐκ τοῦ Θεοῦ**[13].

<u>εἰ δὲ καὶ λαμπρότερα</u>[14] τὰ ἐκείνου, καὶ πάντες πρὸς αὐτὸν ἔρχον-
130 ται, θαυμάζειν οὐ χρή· τοιαῦτα γὰρ τὰ θεῖα καὶ Θεός ἐστιν ὁ

---

1. = B M. - αὐτοῖς : Migne.

2. = B M. - ἐπιτιμᾷ: Migne.

3. = B M. - Add. ἀνθρώπων: Migne.

4. = B M. - Om.: Migne.

5. = B M. - Add. **εἰ δὲ ταπεινότερον ἔτι φθέγγεται περὶ τοῦ Χριστοῦ μὴ
   θαυμάσῃς οὐ γὰρ ἦν τοιούτῳ πάθει προκατειλημμένους ἀθρόον καὶ
   ἐκ προοιμίων διδάξαι τὸ πᾶν**: Migne.

6. = B M. - Add. οὐ δύνασθε καταλῦσαι αὐτό: Migne.

7. = B M. - εὑρεθῶμεν: Migne.

8. = B M Cr. - ἐκ τοῦ οὐρανοῦ: Migne.

9. = B M Cr. - Add. ἐντεῦθεν: Migne.

10. = M. - 2 1: B Migne.

11. = B M. - Add. ἔλαβον: Migne.

12. = B M Cr. - αὐτούς: Migne.

13. = B M Cr. - Om.: Migne.

14. = B M Cr. - ὅθεν εἰ καὶ λαμπρά: Migne.

de jalousie. **Que (dit) donc Jean? Lui-même ne leur impose pas durement silence, craignant que, après s'être séparés de lui, il ne fassent quelque autre mal. Mais que dit-il? «Nul ne peut rien recevoir si cela ne lui a pas été donné du ciel, d'en haut»** (Jn 3,27).[1]

Il veut les frapper, leur faire peur, leur montrer qu'en lui faisant la guerre ils font la guerre à nul autre qu'à Dieu. C'est ce que Gamaliel disait: «De peur que nous ne nous trouvions en guerre contre Dieu» (Act 5,39). *C'est ce qu'il veut faire comprendre ici discrètement ; en effet, le fait de dire "Nul ne peut recevoir si cela ne lui a pas été donné d'en haut" n'a pas d'autre signification que: ils entreprennent l'impossible, ils se trouvent ici encore en guerre avec Dieu. Quoi donc? Theudas et ses compagnons ne reçurent-ils pas d'eux-mêmes? Mais ils furent aussitôt dispersés et ils périrent* (Act 5,36). *En ce qui concerne le Christ, il n'en va pas de même. Ici, il les encourage peu à peu, leur montrant que ce n'est pas un homme, mais Dieu qui nous rend estimés.*

Mais nous aussi, dit-il, **nous n'avons rien qui vienne de nous, mais tout vient de Dieu.**

mais si celui-là (Jean) réussit, et si tous viennent à lui, il ne faut pas s'en étonner: telles sont en effet les choses divines, et c'est Dieu qui   ...

---

1. Addition (d'après notre ms. A): **Mais s'il parle encore du Christ d'une façon trop humble, ne t'en étonnes pas; en effet, il ne fallait pas tout enseigner à la fois et dès le début à ceux qui étaient sous le coup d'un tel sentiment.**

xxix [ ]¹ κατασκευάζων· <u>οὐ γὰρ ἄνθρωπος τοσαῦτα ἂν² ἴσχυσέν ποτε·</u>
<u>τὰ γὰρ ἀνθρώπων πάντα³</u>, εὐφώρατα καὶ σαθρά, καὶ καταρρεῖ
ταχέως καὶ ἀπόλλυται· ταῦτα δὲ οὐ τοιαῦτα, οὐκ ἄρα ἀνθρώ–
πινα.

135   <u>Εἶτα ἐπειδὴ ἔλεγον⁴·</u> ᾧ σὺ μεμαρτύρηκας, τότε καὶ <u>ὅπερ⁵</u>
ᾤοντο προβαλέσθαι <u>ἐντεῦθεν⁶</u> εἰς τὴν τοῦ Χριστοῦ καθαίρεσιν,
εἰς αὐτοὺς αὐτὸ περιέτρεψεν, [ ]⁷ πρότερον δείξας ὅτι οὐ παρὰ
τῆς αὐτοῦ μαρτυρίας τὸ λάμψαι αὐτῷ γέγονε. [ ]⁸ εἰ <u>γὰρ⁹</u> ὅλως
ἔχεσθε τῆς ἐμῆς¹⁰ μαρτυρίας, φησί, καὶ ἀληθῆ ταύτην ἡγεῖσθε,
140 μάθετε ὅτι διὰ ταύτην μάλιστα οὐκ ἐμὲ ἐκείνου, ἀλλ᾽ ἐκεῖνον
ἐμοῦ προτιμᾶν <u>χρή¹¹</u>. τί γὰρ ἐμαρτύρησα; <u>ὑμεῖς ἴστε¹²</u> ὅτι οὐκ
εἰμὶ [ ]¹³ Χριστός, ἀλλὰ ἀπεσταλμένος εἰμὶ ἔμπροσθεν ἐκείνου.

Εἰ τοίνυν ἔχεσθε¹⁴ τῆς ἐμῆς μαρτυρίας, ταύτην γὰρ
προβάλλεσθε νῦν, οὐκ¹⁵ ἠλάττωται ἐκ τοῦ τὴν ἐμὴν δέξασ–
145 **θαι μαρτυρίαν, ἀλλὰ πλεονεκτεῖ μάλιστα [ ]¹⁶. ἄλλως δὲ¹⁷**
οὐδὲ ἐμὴ ἡ μαρτυρία, ἀλλὰ τοῦ Θεοῦ [ ]¹⁸. εἰ γὰρ¹⁹ ἀξιό–

---

1. = B M. - *Add.* ταῦτα: Migne.

2. = B M. - οὐδὲ γὰρ [ ] τοσαῦτα [ ]: Migne.

3. = B M. - μὲν οὖν ἀνθρώπινα ἅπαντα: Migne.

4. = B M. - καὶ ὅρα πῶς ὅτι εἶπον: Migne.

5. = B M. - τοῦτο ὅ: Migne.

6. = B M. - *Om.*: Migne.

7. = B M. - *Add.* καὶ γάρ: Migne.

8. = B M. - *Add.* μετὰ ταῦτα δὲ καὶ ἐντεῦθεν αὐτοὺς ἐπιστομίζει· οὐ γὰρ
δύναται, φησίν, ἄνθρωπος λαμβάνειν ἀφ᾽ ἑαυτοῦ οὐδὲ ἓν ἐὰν μὴ ᾖ δεδο–
μένον αὐτῷ ἐκ τοῦ οὐρανοῦ : Migne.

9. = B M. - *Om.*: Migne.

10. *Om.*: M (hapl.).

11. = B M. - ἐχρῆν: Migne.

12. = B M. - ὑμᾶς καλῶ τούτου μάρτυρας. διὸ καὶ ἐπάγει· αὐτοὶ ὑμεῖς μοι
μαρτυρεῖτε ὅτι εἶπον: Migne.

13. = M. - *Add.* ἐγώ: B Migne.

14. = B M Cr. - ἐχόμενοι: Migne.

15. = B M. - ταῦτα προτείνεσθέ μοι λέγοντες ᾧ σὺ μεμαρτύρηκας οὐ μόνον
οὐδέν: Migne.

16. = M. - *Add.* ἐκ τούτου: Migne.

17. = B M. - τε: Migne.

18. = B* M. - *Add.* ἦν: Migne.

19. = B M. - ὥστε εἰ : Migne.

dispose. Car jamais un homme n'aurait pu faire de telles choses. Car les affaires des hommes sont faciles à reconnaître et fragiles: elles passent rapidement et disparaissent; mais celles-là ne sont pas ainsi, elles ne sont donc pas humaines.

Ensuite, après qu'ils eurent dit "à qui tu as rendu témoignage", alors, l'argument qu'ils pensaient mettre en avant pour dénigrer le Christ, il le retourne contre eux, en montrant d'abord que ce n'est pas en suite de son témoignage qu'Il est devenu célèbre.[1] Si en effet vous retenez complètement mon témoignage et si vous le tenez pour vrai, apprenez que, par lui, ce n'est pas moi qu'il faut préférer à Lui, mais Lui à moi. En effet, quel était ce témoignage? «Vous savez que je ne suis pas Christ, mais que j'ai été envoyé devant Lui» (Jn 3,28).

Si cependant vous retenez mon témoignage, car vous le mettez en avant maintenant, Il n'est pas diminué du fait que vous recevez mon témoignage, mais Il en devient bien supérieur. D'ailleurs, ce n'est pas mon témoignage, mais celui de Dieu. Car si   ...

---

1. Addition (d'après notre ms A): *Or après cela, ici, il leur ferme la bouche: «Un homme, dit-il, ne peut rien recevoir de lui-même si cela ne lui a pas été donné du ciel.»*

xxix πιστὸς ὑμῖν εἶναι δοκῶ, μετὰ τῶν ἄλλων καὶ τοῦτο εἶπον ὅτι ἀπεσταλμένος εἰμὶ ἔμπροσθεν αὐτοῦ[1].

Ὁρᾷς πῶς δείκνυσι κατὰ μικρὸν θείαν τὴν φωνὴν οὖσαν; ὁ
150 δὲ[2] λέγει τοιοῦτόν ἐστι. διάκονός εἰμι καὶ τὰ τοῦ πέμψαν-τος[3] λέγω, οὐκ ἀνθρωπίνῃ χάριτι κολακεύων αὐτόν, ἀλλὰ τῷ[4] Πατρὶ [ ][5] τῷ[6] πέμψαντί με διακονούμενος. οὐκ ἄρα ἐχαρίσαμην τὴν μαρτυρίαν, ἀλλ' ὅπερ ἀπεστάλην εἰπεῖν, εἶπον. μὴ τοίνυν διὰ τοῦτο νομίσατε μέγαν εἶναι ἐμέ· τοῦτο
155 γὰρ ἐκεῖνον δείκνυσι μέγαν. ὁ γὰρ κύριος τῶν πραγμάτων ἐκεῖνός[7] ἐστιν.

Διὸ καὶ ἐπάγει λέγων[8]· ὁ ἔχων τὴν νυμφὴν νυμφίος ἐστίν· ὁ δὲ φίλος τοῦ νυμφίου, ὁ ἑστηκὼς καὶ ἀκούων αὐτοῦ, χαρᾷ χαίρει [ ][9]. καὶ πῶς ὁ λέγων· οὐκ εἰμὶ ἄξιος λῦσαι[10] αὐτοῦ τὸν ἱμάντα
160 τοῦ ὑποδήματος, φίλον αὐτοῦ [ ][11] φησιν εἶναι εαυτον[12]; οὐκ ἐπαίρων τὰ[13] καθ' ἑαυτὸν, οὐδὲ κομπάζων ταῦτα λέγει, ἀλλὰ δεῖξαι βουλόμενος ὅτι καὶ αὐτὸς τοῦτο μάλιστα σπεύδει[14], καὶ οὐκ[15] ἄκοντος αὐτοῦ οὐδὲ λυπουμένου ταῦτα γίνεται, ἀλλ' ἐπιθυμοῦντος καὶ σπουδάζοντος, καὶ [ ][16] ταῦτά ἐστιν ὑπὲρ ὧν

---

1. = B M. - ἐκείνου: Migne.
2. = B M. γάρ: Migne.
3. Add. οὐ: M.
4. Om.: M.
5. = B M. - Add. αὐτοῦ: Migne.
6. Om. B.
7. ἱκανός: M.
8. = B M. - ὃ καὶ δηλῶν πάλιν ἐπάγει καὶ λέγει: Migne.
9. = B* M. - Add. διὰ τὴν φωνὴν τοῦ νυμφίου: Migne.
10. ἵνα λύσω: M.
11. = B M. - Add. νῦν: Migne.
12. = B M. - 2 1: Migne.
13. = B M. - τό: Migne.
14. = Migne. - παιδεύει: B M.
15. = B M. - οὔτε: Migne.
16. = B M. - Add. ὅτι: Migne.

je vous semble digne de foi, entre autre choses j'ai dit que j'ai été envoyé devant Lui.

Tu vois comment il montre peu à peu que cette voix est divine. **Or voici le sens de ce qu'il dit. Je suis un serviteur et je dis ce qui concerne celui qui m'a envoyé, non pour le flatter par une faveur humaine, mais en servant le Père qui m'a envoyé. Je n'ai pas fait une faveur en rendant témoignage, mais ce que l'on m'a envoyé dire, je l'ai dit. Toutefois, n'en concluez pas que je sois grand; car cela montre que c'est Lui qui est grand. C'est Lui qui est maître de toute l'affaire.**

C'est pourquoi il ajoute aussi: «Celui qui a l'épouse est l'époux; mais l'ami de l'époux, qui se tient là et qui l'écoute, est ravi de joie» (Jn 3,29). *Et comment celui qui a dit "je ne suis pas digne de dénouer le lacet de sa sandale"* (Jn 1,27) *peut-il déclarer qu'il est son ami? Ce n'est pas pour s'exalter ou se vanter qu'il le dit, mais parce qu'il veut montrer que lui-même veut surtout hâter cela, et que tout arrive, non pas contre son gré ni qu'il s'en lamente, mais selon son désir et sa hâte, et que c'est ce pour quoi* ...

xxix μάλιστα πάντα¹ ἔπραττεν. καὶ ταῦτα πάντα² διὰ τῆς τοῦ φίλου
φωνῆς³ ἐδήλωσεν. οὐ γὰρ οὕτως οἱ διάκονοι τοῦ νυμφίου ὡς οἱ
φίλοι χαίρουσιν [ ]⁴. οὐ τοίνυν τὸ ὁμότιμον. [ ]⁵ ἀλλὰ τὸ πολὺ τῆς
ἡδονῆς παραστῆσαι βουλόμενος, [ ]⁶ φίλον ἑαυτὸν εἶναί φησι⁷ ἐπεὶ
καὶ τὴν διακονίαν ἐδήλωσεν εἰπὼν⁸ ὅτι ἀπεσταλμένος εἰμὶ ἔμ-
170 προσθεν ἐκείνου.

Διὰ δὴ ταῦτα καὶ ὅτι αὐτὸν προσεδόκων⁹ δάκνεσθαι τοῖς
λεγομένοις, φίλον ἑαυτὸν ἐκάλεσε τοῦ νυμφίου, δεικνὺς ὅτι οὐ
μόνον οὐ δάκνεται, ἀλλὰ καὶ σφόδρα χαίρει· τοῦτο γὰρ ἦλθον
ἀνύσαι· καὶ εἰ μὴ τοῦτο ἐγένετο, τότε ἂν ἤλγησα, εἰ μὴ¹⁰ προσ-
175 ῆλθεν ἡ νύμφη τῷ νυμφίῳ, τότε ἂν ἐδήχθην. ἀλλ᾽ οὐχὶ νῦν, φησίν,
ὅτε¹¹ τὰ ἡμέτερα ἤνυσται. καὶ [ ]¹² τῶν ἐκείνου προσκοπτόντων,
ἡμεῖς ἔσμεν οἱ εὐδοκιμοῦντες· ὃ γὰρ ἐβουλόμεθα γέγονε, καὶ
ἐπιγινώσκει τὸν νυμφίον ἡ νύμφη. καὶ ὑμεῖς [ ]¹³ μαρτυρεῖτε [ ]¹⁴
ὅτι πάντες ἔρχονται πρὸς αὐτόν. τοῦτο γὰρ καὶ ἐσπούδαζον καὶ
180 διὰ τοῦτο πάντα ἔπραττον. [ ]¹⁵ καὶ τοῦτο νῦν ἐκβεβήκος ὁρῶ
καὶ¹⁶ χαίρω καὶ ἀγάλλομαι καὶ σκιρτῶ.

Τί δέ ἐστιν· ὁ ἑστηκὼς καὶ ἀκούων αὐτοῦ [ ]¹⁷; ἀπὸ τῆς
παραβολῆς τὸν λόγον μετήγαγεν ἐπὶ τὸ προκείμενον. ἐπειδὴ γὰρ

---

1. *Om.*: M (même au même).
2. = B M. ἃ καὶ σφόδρα συνετῶς: Migne.
3. = B M. - προσηγορίας : Migne.
4. = B M. - *Add.* καὶ εὐφραίνονται ἐν τοῖς τοιούτοις: Migne.
5. = B* M. - ἄπαγε: Migne.
6. = B M. - *Add.* ἅμα δὲ καὶ συγκαταβαίνων αὐτῶν τῇ ἀσθενείᾳ: Migne.
7. = B M. - λέγειν εἶναι: Migne.
8. = B M. - ᾐνίξατο τῷ εἰπεῖν: Migne.
9. = B M. - τὸ νομίζειν αὐτούς: Migne.
10. = B M. - ἐπεὶ τοίνυν τοῦτο παρεγενόμην ἀνύσαι τοσοῦτον ἀπέχω τοῦ
    ἀλγῆσαι τοῖς πραττομένοις ὅτι τότε μάλιστα ἂν ἤλγησα εἰ μὴ τοῦτο
    ἐγένετο. εἰ μὴ γάρ: Migne.
11. = B M. - ὅταν: Migne.
12. = B M. - *Add.* γάρ: Migne.
13. = B M. - *Add.* δέ: Migne.
14. = B M. - *Add.* αὐτοὶ λέγοντες: Migne.
15. = B M. - *Add.* ὅθεν: Migne.
16. = B* M. - ὁρῶν [ ]: Migne.
17. = B M. - *Add.* χαρᾷ χαίρει διὰ τὴν φωνὴν τοῦ νυμφίου: Migne.

il a tout fait. Et tout cela, il l'a montré grâce au terme de "ami". En effet, les serviteurs de l'époux ne se réjouissent pas comme les amis. Il n'y a pas cependant égalité de dignité. Mais voulant faire voir la grandeur de son plaisir, il se déclare être "ami" puisqu'il a montré son état de serviteur en disant qu'il a été envoyé devant Lui.

Pour cela, et parce qu'ils s'attendaient à ce qu'il soit blessé par ces paroles, il se nomme ami de l'époux, montrant ainsi que, non seulement il n'est pas blessé, mais qu'il se réjouit beaucoup. En effet, c'est cela que je suis venu achever, et si ce n'était pas arrivé, alors j'aurais eu mal; si l'épouse ne s'était pas approchée de l'époux, alors j'aurais été blessé. Mais, déclare-t-il, pas maintenant que nos affaires sont achevées. Et tandis que Ses affaires progressent, c'est nous qui sommes honorés. Car ce que nous voulions est arrivé, et l'épouse reconnaît l'époux, et vous rendez témoignage que tous vont à lui. C'est ce que je voulais hâter et le but de tout ce que je faisais. Et maintenant que c'est arrivé, je vois et je me réjouis et je suis dans l'allégresse et je bondis.

Qu'est-ce que "celui qui se tient là et qui l'écoute"? De l'exemple, il passe à la chose signifiée. En effet, après.   ...

xxix καὶ¹ νυμφίου καὶ νύμφης ἐμνημόνευσε, δείκνυσι πῶς ἡ νυμφαγω-
185 γία² γίνεται, πῶς³ διὰ φωνῆς καὶ διδασκαλίας. οὕτω γὰρ [ ]⁴ ἡ
ἐκκλησία ἁρμόζεται τῷ Θεῷ. διὸ καί τις⁵ ἔλεγεν· ἐξεχύθη ἡ χάρις
ἐν χείλεσί σου⁶. διὰ ταύτην [ ]⁷ ἐγὼ χαίρω τὴν φωνήν.

Καὶ τὸ [ ]⁸ ἑστηκὼς δὲ οὐχ ἁπλῶς τέθεικεν ἀλλὰ
δεικνὺς⁹ ὅτι τὰ αὐτοῦ πέπαυται καὶ ὅτι αὐτὸν λοιπὸν
190 ἑστάναι χρὴ καὶ ἀκούειν, ἐκείνῳ παραδόντα τὴν νυμφήν,
καὶ ὅτι λειτουργός ἐστι καὶ διάκονος [ ]¹⁰. διὰ τοῦτό φησι¹¹·
αὕτη οὖν ἡ ἐμὴ χαρὰ πεπλήρωται· [ ]¹² ἤνυσται παρ᾿ ἐμοῦ
τὸ ἔργον ὃ γενέσθαι ἐδεῖ, [ ]¹³ πλέον οὐδὲν δυνάμεθα ἐργάσασθαι λοιπόν. [ ]¹⁴. ἀλλὰ δεῖ¹⁵ τὰ μὲν ἡμέτερα ἐλαττοῦσ-
195 θαι¹⁶, αὐξάνειν δὲ ἐκείνου. τοῦτο γὰρ¹⁷ ὃ δεδοίκατε,

---

1. = B M. - *Om.*: Migne.
2. = B M. - 2 3 1: Migne.
3. = B M. - ὅτι: Migne.
4. = B M. - *Add.* καί: Migne.
5. = B* M. - Παῦλος: Bᶜ Migne.
6. = B* M. - ἡ πίστις ἐξ ἀκοῆς ἡ δὲ ἀκοὴ διὰ ῥήματος Θεοῦ: Bᶜ Migne.
7. = B M. - *Add.* οὐκοῦν: Migne.
8. = B M. - *Add.* ὁ: Migne.
9. = B M. - δηλῶν: Migne.
10. = B M. - *Add.* καὶ τὰ τῆς χρηστῆς ἐλπίδος αὐτῷ καὶ τῆς εὐφροσύνης ἐξῆλθεν εἰς ἔργον: Migne.
11. = B M. - διὸ καὶ ἐπάγει τοῦτο δεικνύς: Migne.
12. = B M. - *Add.* τουτέστιν: Migne.
13. = M. - *Add.* καί: B Migne.
14. = B M. - *Add.* εἶτα οὐχὶ τὴν παροῦσαν μονὸν ἀλλὰ καὶ τὴν μέλλουσαν τοῦ πάθους αὔξησιν γίνεσθαι κωλύων, καὶ περὶ τῶν μελλόντων ἀπο-φαίνεται λέγων, ἀπὸ τῶν εἰρημένων τε καὶ γεγενημένων ἤδη καὶ ταῦτα πιστούμενος· διὸ ἐπάγει λέγων· ἐκεῖνον δεῖ αὐξάνειν ἐμὲ δὲ ἐλαττοῦσθαι. τουτέστι: Migne.
15. = B M. - *Om.*: Migne.
16. = B M. - ἔστη καὶ ἐπαύσατο λοιπόν: Migne.
17. = B M. - οὖν: Migne.

avoir évoqué le souvenir et de l'époux et de l'épouse, il montre comment l'épouse est conduite à l'époux, comment c'est par la voix et l'enseignement. C'est ainsi en effet que l'église est unie à Dieu. C'est pourquoi quelqu'un disait: «La grâce a été répandue sur ses lèvres.» (Ps 45 [44] 3). *Moi, je me réjouis à cause de cette voix.*

Et le mot "se tient là", ce n'est pas sans intention qu'il l'a employé, mais pour montrer que son rôle est terminé et qu'il lui faut se tenir là et écouter, en remettant l'épouse à Celui-là, et qu'il est maître de cérémonie et serviteur. C'est pour cela qu'il déclare: «Cette joie qui est mienne est complète» (Jn 3,29). Quant à moi, l'œuvre est achevée qu'il me fallait accomplir, je ne puis rien faire de plus. Mais il faut, et que mes affaires diminuent, et que les siennes croissent. Car, ce que vous redoutiez, ...

xxix [ ]¹τοῦτό [ ]² ἐστιν ὃ μάλιστα λαμπρὰ δείκνυσι τὰ ἡμέτερα. διὰ τοῦτο δὴ καὶ ἦλθον καὶ χαίρω ὅτι τὰ αὐτοῦ <u>προκοπὴν ἔλαβε</u>. διὸ καὶ³ πάντα ἃ παρ᾽ ἡμῶν ἐγένετο.

---

1. = B M. - *Add.* οὐχὶ νῦν ἔσται μόνον ἀλλὰ καὶ πολλῷ μᾶλλον προιόν: Migne.

2. = B M. - *Add.* γάρ: Migne.

3. = B M. - πολλὴν ἔλαβε τὴν ἐπίδοσιν καὶ γέγονε ταῦτα δι᾽ ἅπερ: Migne.

c'est cela qui fait briller au plus haut point nos affaires. C'est pour cela que je suis venu, et je me réjouis de ce que ses affaires ont progressé, et de ce que tout est arrivé par nous.

ΛΟΓΟΣ Λ̄

xxx   Ὁ ἄνωθεν ἐρχόμενος ἐπάνω πάντων ἐστίν· ὁ ὢν ἐκ τῆς γῆς
ἐκ τῆς γῆς ἐστι καὶ ἐκ τῆς γῆς λαλεῖ.

Δεινὸν ὁ τῆς δόξης ἔρως, δεινὸν καὶ ῥίζα[1] πολλῶν γέμουσα[2]
5 ἀκάνθων καὶ[3] δυσαπόσπαστος[4], καὶ θηρίον ἀτίθασσον, καὶ πο-
λυκέφαλον θηρίον[5], κατὰ τῶν τρεφόντων αὐτὸ ὁπλιζόμενον.
καθάπερ γὰρ ὁ σκώληξ τὰ ξύλα ἀφ' ὧν τίκτεται διατρώγει, καὶ ὁ
ἰὸς τὸν σίδηρον ὅθεν πρόεισι δαπανᾷ, καὶ οἱ σῆτες τὰ ῥάκη[6],
οὕτω καὶ ἡ κενοδοξία τὴν τρέφουσαν αὐτὴν ἀπόλλυσι ψυχήν.
10 καὶ[7] πολλῆς ἡμῖν δεῖ τῆς σπουδῆς ὥστε ἀφανίσαι τὸ πάθος.
Ὅρα γοῦν καὶ ἐνταῦθα ὅσα ἐπᾴδει τοῖς μαθηταῖς τοῦτο
πάσχουσιν ὁ Ἰωάννης, καὶ μόλις αὐτοὺς καταπραΰνει· μετὰ γὰρ
τῶν ἔμπροσθεν εἰρημένων καὶ ἑτέροις [ ][8] ἐπαντλεῖ λόγοις. [ ][9] ὁ
ἄνωθεν ἐρχόμενος [ ][10] ἐπάνω πάντων ἐστίν· ὁ ὢν ἐκ τῆς γῆς ἐκ
15 τῆς γῆς [ ][11] λαλεῖ. ἐπειδὴ γὰρ[12] τὴν ἐμὴν ἄνω καὶ κάτω[13] στρέ-
φετε[14] μαρτυρίαν, καὶ ταύτῃ με ἀξιοπιστότερον εἶναί φατε,
ἐκεῖνο ὑμᾶς ἀναγκαῖον εἰδέναι ὡς οὐκ ἔνι τὸν ἐκ τῶν οὐρανῶν
ἐρχόμενον ἀξιόπιστον ἀπὸ τοῦ τὴν γῆν οἰκοῦντος γενέσθαι.

---

1. = B M. - *Om.*: Migne.
2. = B M. - γέμον: Migne.
3. = B M. - κακῶν· ἄκανθά τίς ἐστι: Migne.
4. δυσαπόσπαστον: B.
5. = B* M. - *Om.*: Migne.
6. = M. - ἔρια: B Migne.
7. = B M. - διό: Migne.
8. = B M. - *Add.* αὐτοὺς: Migne.
9. = B M. - *Add.* ποίοις δὴ τούτοις: Migne.
10. = B M. - *Add.* λέγων: Migne.
11. = M. - *Add.* ἐστι καὶ ἐκ τῆς γῆς: B Migne.
12. = B M. - φησίν: Migne.
13. *Add.* φησίν: B.
14. = B M. - περιστρέφετε: Migne.

TRAITÉ XXX

Celui qui vient d'en haut est au-dessus de tous; celui qui est de la terre est de la terre et parle de la terre (Jn 3,31).

Dangereux est l'amour de la gloire, dangereux comme une racine pleine d'une quatité d'épines et qu'il est difficile d'arracher, une bête sauvage, une bête aux mille têtes, armée contre ceux qui la nourissent. En effet, comme le ver ronge le bois dont il est né, comme la rouille consume le fer d'où il provient, comme les mites les vieux vêtements, ainsi la vaine gloire perd l'âme qui la nourrit. Et il nous faut beaucoup de soin pour faire disparaître ce vice.

Vois ici même tout ce que Jean chante à ses disciples qui en sont affectés, et comme il les calme difficilement! Après ce qui a été dit plus haut, il verse un autre flot de paroles: «Celui qui vient d'en haut est au-dessus de tous; celui qui est de la terre parle de la terre» (Jn 3,31). Puisque vous retournez en tout sens mon témoignage et que vous affirmez que je suis très digne de foi en le donnant, il faut que vous le sachiez: il n'est pas possible que celui qui vient des cieux soit rendu digne de foi par celui qui habite la terre.

xxx Τὸ δέ· ἐπάνω πάντων, τί ποτέ ἐστι, καὶ τί βούλεται ἡμῖν
20 ἐνδέξασθαι ἡ λέξις[1]; ὅτι οὐδενὸς δεῖται ἀλλ' ἀρκῶν ἐστιν
αὐτὸς ἑαυτῷ καὶ [ ][2] πάντων μείζων [ ][3]·

 Τὸν δὲ ἐκ τῆς γῆς[4] ὄντα καὶ ἐκ τῆς γῆς[5] λαλοῦντα ἑαυτόν
φησιν[6], οὐχ ὅτι ἐξ οἰκείας διανοίας ἐφθέγγετο, ἀλλ' ὥσπερ ὁ
Χριστὸς εἶπεν[7]· εἰ τὰ ἐπίγεια εἶπον ὑμῖν [ ][8], τὸ βάπτισμα οὕτω
25 καλῶν [ ][9] ἐπειδὴ πρὸς τὴν ἀπόρρητον ἑαυτοῦ[10] γέννησιν παρ–
έβαλλε αὐτό[11]. οὕτω καὶ ἐνταῦθα ἐκ τῆς γῆς λαλεῖν εἶπεν ὁ
Ἰωάννης ἑαυτὸν[12] πρὸς τὴν τοῦ Χριστοῦ διδασκαλίαν τὰ ἑαυ–
τοῦ[13] παραβάλλων. οὐδὲν γὰρ ἄλλο δηλοῖ τὸ ἐκ τῆς γῆς λαλεῖν ἢ
ὅτι μικρὰ λαλεῖν[14] καὶ ταπεινὰ καὶ εὐτελῆ τοῖς ἐκείνου[15] παρα–
30 βαλλόμενα τὰ ἐμά, καὶ τοιαῦτα οἷα εἰκὸς γηίνην δέξασθαι φύσιν.
παρὰ γὰρ ἐκείνῳ πάντες οἱ θησαυροὶ τῆς σοφίας ἀπόκρυφοι.

 Ὅτι γὰρ[16] οὐ περὶ λογισμῶν ἀνθρωπίνων λέγει, δῆλον
ἐκεῖθεν· ὁ ἐκ τῆς γῆς ὢν, φησίν, ἐκ τῆς γῆς λαλεῖ[17]· καίτοι
γε οὐκ ἐκ τῆς γῆς ἦν αὐτῷ τὸ πᾶν, ἀλλὰ γὰρ[18] τὰ κυριώ–
35 τερα οὐράνια· καὶ γὰρ ψυχὴν εἶχε καὶ πνεύματος μετεῖχε
[ ][19].

---

1. = B M. - δηλοῦν; τοῦτό ἐστιν· δείκνυσι γὰρ διὰ τούτου : Migne.

2. = B M. - Add. ὅτι: Migne.

3. = B M. - Add. ἀσυγκρίτως: Migne.

4. = B M. - [ ] ἐκ τῆς γῆς δέ: Migne.

5. = B M. - Om.: Migne.

6. = B M. - λέγει: Migne.

7. εἰπών: B.

8. = B* M. - Add. καὶ οὐ πιστεύετε: Bᶜ Migne.

9. = M. - Add. οὐκ ἐπειδὴ ἐπίγειον ἦν ἀλλ': B Migne.

10. = B M. - αὐτοῦ: Migne.

11. = B M. - τὸ εἰρημένον: Migne.

12. = B M. - 4 2 3 1: Migne.

13. = B M. - αὐτοῦ: Migne.

14. = B M. - Om.: Migne.

15. ἐκείνοις: B.

16. = B M. - δέ: Migne.

17. = B M. - ἐστίν: Migne.

18. = B* M. - Om.: Migne.

19. = B M. - Add. οὐκ ἐκ τῆς γῆς: Migne.

Mais que signifie ce "au-dessus de tous"? Que veut nous faire admettre cette expression? Qu'Il n'a besoin de personne mais qu'Il se suffit à lui-même et qu'Il est plus grand que tous.

Il (Jean) se déclare lui-même comme étant celui qui est de la terre et qui parle de la terre; cela ne veut pas dire qu'il s'exprimerait en vertu de sa propre pensée, mais c'est comme disait le Christ "Si je vous ai dit les choses terrestres..." (Jn 3,12): Il appelait ainsi le baptême parce qu'Il le comparait à sa naissance indicible. De même ici: Jean dit que lui-même parle de la terre en comparant ce qu'il dit à l'enseignement du Christ. Car l'expression "parler de la terre" ne signifie rien d'autre que parler de choses infimes, humbles, vulgaires, comme le sont les miennes comparées aux siennes, telles qu'elles ont reçu, semble-t-il, une nature terrestre. Car en Lui, en effet, sont cachés tous les trésors de la sagesse (Col 2,3).

En effet, qu'il ne parle pas de raisonnements humains, c'est clair ici: «Celui qui est de la terre, dit-il, parle de la terre» (Jn 3,31). Et pourtant, tout son être n'était pas de la terre, mais le plus important (en lui était) céleste: car il avait une âme, et il participait à l'esprit.

xxx Πῶς οὖν ἀπὸ τῆς γῆς ἦν[1]; ὁρᾶς ὅτι[2] οὐδὲν ἄλλο φησὶν[3] ἢ ὅτι μικρὸς ἐγὼ καὶ οὐδενὸς ἄξιος λόγου ἅτε χαμαὶ ἐρχόμενος καὶ ἐν τῇ γῇ τεχθείς· ὁ δὲ Χριστὸς ἄνωθεν ἡμῖν ἀφῖκται. διὰ δὴ τούτων
40 πάντων σβέσας[4] τὸ πάθος [ ][5], τότε λοιπὸν μετὰ πλείονος τῆς παρρησίας φθέγγεται περὶ τοῦ Χριστοῦ. πρὸ μὲν γὰρ τούτου περιττὸν ἦν ῥήματα[6] προίεσθαι, μηδέπω[7] χώραν ἐν τῇ διανοίᾳ τῶν ἀκροωμένων ἔχειν δυνάμενα. ἐπειδὴ δὲ τὰς ἀκάνθας ἀνέσπασεν, τότε[8] μετὰ ἀδείας λοιπὸν καταβάλλει[9] τὰ σπέρματα
45 λέγων· ὁ ἄνωθεν ἐρχόμενος ἐπάνω πάντων ἐστίν· καὶ ὃ ἤκουσεν λαλεῖ καὶ ὃ ἑώρακε [ ][10] μαρτυρεῖ καὶ τὴν μαρτυρίαν αὐτοῦ οὐδεὶς λαμβάνει. μέγα τι καὶ ὑψηλὸν εἰπὼν περὶ αὐτοῦ, πάλιν ἐπὶ τὸ ταπεινότερον τὸν λόγον ἄγει. τὸ γὰρ [ ][11] ἤκουσεν καὶ ἑώρακεν ἀνθρωπινώτερον εἴρηται. οὐ γὰρ ἀπὸ τοῦ παραλαβεῖν[12] ὄψει,
50 οὐδ᾽ ἀπὸ τοῦ ἀκοῦσαι, ᾔδει ἃ ᾔδει, ἀλλ᾽ ἐν τῇ φύσει τὸ πᾶν εἶχε, τέλειος ἐκ τῶν πατρικῶν προέλθων κόλπων, [ ][13] οὐ δεόμενος τοῦ διδάσκοντος. καθὼς γινώσκει γάρ με φησίν[14], ὁ Πατήρ μου[15], [ ][16] κἀγὼ γινώσκω τὸν Πατέρα.

---

1. = B M. - αὐτὸς εἶναι λέγει: Migne.
2. = B M. - *Om.*: Migne.
3. = B M. - ἐντεῦθεν αἰνίττεται: Migne.
4. σβέσαι: M.
5. = B M. - *Add.* πρῶτον: Migne.
6. ῥῆμα: M (hapl.).
7. = B M. - μηδέποτε: Migne.
8. = B M. - ἄρχεται: Migne.
9. = B M. - καταβάλλειν: Migne.
10. = B M. - ἑώρακε καὶ ἤκουσε τοῦτο: Migne
11. = B* M. - *Add.* ὅ: Migne.
12. παραβαλεῖν: B M.
13. = M. - *Add.* καί: B Migne.
14. = B M. - 2 4 1 3: Migne.
15. = B M. - *Om.*: Migne.
16. = B M. - οὕτω: Migne.

Comment donc était-il "de la terre"? Tu vois qu'il ne déclare rien d'autre que: «Je suis petit et de nul prix, du fait que je marche à terre et que je suis né sur la terre. Mais le Christ arrive à nous d'en haut.» Ayant calmé le vice par toutes ces paroles, alors il peut parler du Christ avec pleine assurance. Avant de le faire, en effet, il aurait été vain de proférer des paroles qui ne pouvaient en aucune manière trouver place dans l'esprit des auditeurs. Mais après avoir extirpé les épines, alors en toute sécurité il jette les semences en disant: «Celui qui vient d'en haut est au-dessus de tous, et ce qu'il a entendu, il le dit, et ce qu'il a vu, il en rend témoignage, et son témoignage, nul ne le reçoit» (Jn 3,31-32). Ayant parlé de Lui de façon grande et sublime, il revient à une façon de parler plus humble. En effet, l'expression "Il a entendu et Il a vu" ne peut se dire que d'un homme. Car ce n'est pas en voyant ou en entendant qu'il savait ce qu'il savait, mais il avait tout par nature, lui qui était sorti parfait du sein paternel (cf. Jn 1,18), sans avoir besoin d'un didascale. «Car, dit-Il, comme mon Père me connaît, et moi je connais le Père» (Jn 10,15).

xxx   Τί οὖν ἐστιν· ἃ ἤκουσε λαλεῖ καὶ ἃ[1] ἑώρακε μαρτυρεῖ;
55 ἐπειδὴ διὰ τῶν αἰσθήσεων τούτων ἡμεῖς πάντα μανθάνομεν
ἀκριβῶς, καὶ ἀξιόπιστοι δοκοῦμεν εἶναι διδάσκαλοι, ὑπὲρ ὧν ἂν
τῇ[2] ὄψει παραλάβωμεν, ἢ ἀκοῇ δεξώμεθα, ἅτε [ ] πλαττόμενοι
οὐ[3] ψευδῆ λέγοντες· τοῦτο καὶ ἐνταῦθα κατασκευάσαι βουλόμενος ὁ Ἰωάννης ἔλεγεν[4]· ἃ ἤκουσε καὶ ἑώρακε· τουτέστιν, οὐδὲν
60 τῶν παρ᾽ αὐτοῦ ψεῦδός ἐστιν, ἀλλὰ πάντα ἀληθῆ. οὕτω γοῦν[5]
καὶ ἡμεῖς περιεργαζόμενοι πολλάκις ἐρωτῶμεν; σὺ ἤκουσας; σὺ
εἶδες; κἂν δειχθῇ τοῦτο, ἀναμφίβολος ἡ μαρτυρία. καὶ αὐτὸς δὲ
ὅταν λέγει[6]· καθὼς ἀκούω κρίνω, καί, ἃ ἤκουσα παρὰ τοῦ
Πατρός μου λαλῶ, καὶ ἃ[7] ἑωράκαμεν λαλοῦμεν, καὶ ὅσα ἂν ἕτε-
65 ρα τοιαῦτα φθέγγεται, οὐχ ἵνα μάθωμεν ὅτι διδασκόμενος λέγει
[ ][8] (τοῦτο γὰρ τῆς ἐσχάτης ἀνοίας ἐστὶ νομίζειν), ἀλλ᾽ ἵνα μηδὲν
τῶν λεγομένων ὑποπτεύηται παρὰ τῶν ἀναισχύντων Ἰουδαίων.
ἐπειδὴ γὰρ οὐδέπω τὴν προσήκουσαν περὶ αὐτοῦ δόξαν εἶχον,
συνεχῶς ἐπὶ τὸν Πατέρα καταφεύγει[9], ἐκεῖθεν ἀξιόπιστα ποιῶν
70 τὰ λεγόμενα.
    Καὶ τί θαυμάζεις εἰ ἐπὶ τὸν Πατέρα καταφεύγει; ὅπου γε
[ ][10] καὶ ἐπὶ τοὺς προφήτας καὶ ἐπὶ τὰς γραφὰς πολλάκις[11]
ἔρχεται λέγων[12]· ἐκεῖναι γάρ, φησίν[13], εἰσιν αἱ μαρτυροῦσαι περὶ
ἐμοῦ. ἆρ᾽ οὖν καὶ τῶν προφητῶν ἐλάττονα αὐτὸν εἶναι φήσομεν,
75 ἐπειδὴ τὰς ἐκεῖθεν ἕλκει μαρτυρίας; ἄπαγε. διὰ γὰρ τὴν τῶν
ἀκουόντων ἀσθένειαν οὕτω μεθοδεύει τὸν λόγον, καὶ παρὰ τοῦ

---

1. = B M (bis). - ὅ: Migne.
2. = B M. - ἤ: Migne.
3. = M. - οὐ... οὐδέ: B Migne.
4. = B M. - εἶπε τό: Migne.
5. = B M. - δήπου: Migne.
6. = B M. - λέγῃ: Migne.
7. = B M. - ὅ: Migne.
8. = B M. - Add. ἃ λέγει: Migne.
9. Om.: B*.
10. = B M. - Add. αὐτὸς πολλάκις: Migne.
11. = B M. - Om.: Migne.
12. = B M. - ὡς ὅταν λέγῃ: Migne.
13. = B M. - Om.: Migne.

Que signifie donc "Ce qu'il a entendu, il le dit, et ce qu'il a vu, il en témoigne" (Jn 3,32)? *Puisque c'est par ces sens que nous apprenons tout avec exactitude, et que nous jugeons dignes de foi les didascales au sujet des choses que nous atteignons par la vue ou que nous recevons par ouï-dire, du fait qu'en les imaginant ils ne disent pas de mensonges, voulant donc ici aussi utiliser ce fait, Jean disait: «Ce qu'il a entendu et vu.» C'est-à-dire: rien de ce qui vient de lui n'est mensonger, mais tout est vrai. Ainsi nous, lorsque nous menons une enquête, souvent nous demandons: «Toi, l'as-tu entendu? Toi, l'as-tu vu?» Et dans l'affirmative, le témoignage est incontestable. Et Lui-même, lorsqu'il dit: «Comme j'entends, je juge» (Jn 5,30), et «Ce que j'ai entendu d'auprès du Père, je le dis» (Jn 8,26), et «Ce que nous avons vu, nous le disons» (Jn 3,11), et toute autre parole semblable, ce n'est pas pour nous enseigner qu'il dit ce qu'il a appris (le penser serait de la dernière stupidité), mais pour que rien de ce qu'il dit ne soit mis en doute par les Juifs impudents. En effet, comme ils n'avaient pas de lui l'opinion qui convenait, il a souvent recours au Père, rendant alors ses paroles dignes de foi.*

Et pourquoi t'étonnes-tu qu'il ait recours au Père? Lorsqu'il renvoie souvent aux prophètes et aux Écritures en disant: «Ce sont elles qui témoignent de moi» (Jn 5,39), est-ce que nous déclarons qu'il est plus petit que les prophètes puisqu'il a recours à leurs témoignages? Nullement! En effet, c'est en raison de la faiblesse de ses auditeurs qu'il a recours à cette façon de parler, qu'il déclare dire ce qu'il dit ...

xxx *Πατρός φησιν ἀκηκοὼς[1] λαλεῖν ἅπερ λαλεῖ[2], οὐχ ὡς διδασκάλου*
δεόμενος, ἀλλ᾽ ἵνα ἐκεῖνοι πιστεύσωσι μηδὲν εἶναι ψεῦδος τῶν
λεγομένων.

80 Ὁ δὲ λέγει ὁ[3] Ἰωάννης τοιοῦτόν ἐστιν· ἐγὼ δέομαι
ἀκοῦσαι τῶν παρ᾽ ἐκείνου· ἄνωθεν γὰρ ἔρχεται τὰ ἐκεῖθεν
ἀπαγγέλλων ἃ αὐτὸς μόνος οἶδε σαφῶς. τὸ γὰρ ἑώρακε καὶ
ἤκουσε τοῦτό ἐστι [ ][4].

   Καὶ τὴν μαρτυρίαν αὐτοῦ οὐδεὶς λαμβάνει. τί τό· οὐ-
85 *δεὶς, ἐνταῦθα δηλοῖ[5]; καίτοι καὶ μαθητὰς εἶχε καὶ ἀλλοὶ δὲ[6]*
προσεῖχον τοῖς λεγομένοις, πῶς οὖν φησιν ὅτι οὐδείς; [ ][7] ἀντὶ
τοῦ ὀλίγοι [ ][8]· ἐπεὶ εἰ μηδεὶς[9] ἔλεγε, πῶς ἐπήγαγεν. ὁ
λαβὼν αὐτοῦ τὴν μαρτυρίαν ἐσφράγισεν ὅτι ὁ Θεὸς ἀληθής
ἐστιν;

90   *Ἐνταῦθα καὶ τῶν ἰδίων καθάπτεται μαθητῶν ὡς οὐ σφό-*
δρα μελλόντων αὐτῷ πιστεύειν [ ][10]. ὅτι γὰρ οὐδὲ μετὰ ταῦτα
ἐπίστευσαν αὐτῷ [ ][11], δῆλον [ ][12] ἐκ τῶν [ ][13] λεχθέντων. διὰ
τοῦτο γὰρ αὐτοὺς [ ][14] ἐκεῖθεν ἔπεμψε πρὸς αὐτὸν ἵνα αὐτῷ
συνδήσῃ μᾶλλον. οἱ δὲ καὶ τότε μόλις ἐπίστευον, ὅπερ [ ][15] καὶ ὁ
95 *Χριστὸς αἰνιττόμενος εἶπε· [ ][16] μακάριος ὃς ἐὰν μὴ σκανδαλισθῇ*
ἐν ἐμοί. διὰ τοῦτο καὶ τότε ἔλεγε[17]· καὶ τὴν μαρτυρίαν αὐτοῦ οὐ-

---

1. = B M. - 2 1: Migne.
2. = B* M. - ἐλάλει: Migne. - *Om.* λαλεῖν ἅπερ: M.
3. = B M. - *Om.*: Migne.
4. = B* M. - *Add.* δηλοῦντος: B^c Migne.
5. = B*(vid) M. - *Om.*: B^c Migne.
6. = B M. - πολλοί: Migne.
7. = B M. - *Add.* τοῦτο: Migne.
8. = B M. - *Add.* εἴρηται νῦν: Migne.
9. = B M. - ἐπειδὴ εἰ μηδένα: Migne.
10. = B M. - *Add.* τέως: Migne.
11. = B M. - *Add.* τὰ ῥήματα: Migne.
12. = B M. - *Add.* καί: Migne.
13. = B M. - *Add.* μετέπειτα: Migne.
14. = B* M. *Add.* καὶ δεσμωτήριον οἰκῶν: Migne.
15. = B M. - *Add.* δή: Migne.
16. = B M. - ἔλεγε καί: Migne.
17. = B M. - δι᾽ οὐδὲ τοίνυν ἕτερον εἶπε: Migne.

après l'avoir entendu du Père, non qu'il ait besoin d'un didascale, mais pour que ces gens-là croient qu'il n'y a pas de mensonge dans ce qu'il dit.

Tel est le sens de ce que dit Jean. «Il faut que j'entende ce qui vient de Lui. Il vient en effet d'en haut pour annoncer ici ce que Lui seul connaît clairement. Car c'est ce que signifie l'expression "Il a vu et entendu" (Jn 3,32).

Et son témoignage, personne ne le reçoit **(Jn 3,32). Que signifie ici le mot "personne"?** *Il avait cependant des disciples, et d'autres s'attachaient à ses paroles, comment donc peut-il dire "personne"?* **(Il le dit) au lieu de "un petit nombre". Car s'il avait voulu dire "personne", comment pourrait-il ajouter: «Celui qui reçoit son témoignage a certifié que Dieu est véridique»** (Jn 3,33).

Ici, il s'attaque à ses propres disciples car ils n'allaient pas croire fortement en Lui. En effet, que même après cela ils n'aient pas cru en Lui, c'est clair d'après les paroles qui sont dites. Pour cette raison en effet ils les a envoyés vers Lui (cf. Mt 11,2) afin de les lier davantage à Lui. Mais eux avaient alors de la peine à croire, ce à quoi le Christ faisait allusion en disant: «Bienheureux celui qui ne sera pas scandalisé à cause de moi» (Mt 11,6). Pour cette raison il disait maintenant: «Et son témoignage, ...

xxx δεὶς λαμβάνει.   Καὶ¹ τοὺς μαθητὰς ἀσφαλιζόμενος τοὺς
ἑαυτοῦ, καὶ μονονουχὶ λέγων· μὴ ἐπειδὴ μέλλουσιν αὐτῷ
ὀλίγοι [ ]² πιστεύειν, διὰ τοῦτο ψευδῆ νομίσητε εἶναι τὰ
100 λεγόμενα. ἃ γὰρ ἑώρακε λαλεῖ [ ]·
    Ἅμα δὲ³ καὶ τῆς Ἰουδαϊκῆς καθάπτεται⁴ ἀναισθησίας.
ὅπερ οὖν καὶ ὁ εὐαγγελιστὴς ἀρχόμενος ἐπετίμησεν αὐτοῖς οὕτω
λέγων ὅτι εἰς τὰ ἴδια ἦλθεν καὶ οἱ ἴδιοι αὐτὸν οὐ παρέλαβον.
τοῦτο δὲ οὐκ αὐτοῦ ἔγκλημα ἀλλὰ τῶν μὴ δεξαμένων κατηγορία.
105   Ὁ λαβὼν αὐτοῦ τὴν μαρτυρίαν ἐσφράγισεν ὅτι ὁ Θεὸς
ἀληθής ἐστιν. ἐνταῦθα αὐτοὺς [ ]⁵ φοβεῖ δεικνὺς [ ]⁶ ὅτι ὁ μὴ
τοῦτο πιστεύων⁷ οὐκ αὐτῷ μόνῳ⁸ ἀλλὰ καὶ τῷ Πατρὶ ἀπιστεῖ.
    [ ]⁹ ῍Ον γὰρ ἀπέστειλεν ὁ Θεός, φησίν¹⁰, τὰ ῥήματα
τοῦ Θεοῦ λαλεῖ. ἐπεὶ οὖν τὰ ἐκείνου φθέγγεται ὅ τε πιστεύ–
110 ων, ὅ τε ἀπιστῶν, ἐκείνῳ καὶ¹¹ πιστεύει καὶ ἀπιστεῖ.
    Τὸ δὲ ἐσφράγισεν ἀντὶ τοῦ ἔδειξεν. εἶτα¹² αὔξων τὸν
φόβον φησὶν¹³ ὅτι ὁ Θεὸς ἀληθής ἐστι, οὐ γὰρ¹⁴ ἂν ἄλλως τις
ἀπιστήσειε τούτῳ εἰ μὴ ψεῦδος καταγνοίη τοῦ πέμψαντος αὐτὸν
Θεοῦ. ἐπειδὴ [ ]¹⁵ οὐδὲν ἐκτὸς [ ]¹⁶ τοῦ Πατρὸς ἀλλὰ πάντα [ ]¹⁷

---

1. = B M. - ἤ: Migne.

2. = B M. - Add. τέως: Migne.

3. = B M. - μαρτυρεῖ φησί· ταῦτα δὲ λέγει ἅμα: Migne.

4. = B M. - καθαπτόμενος: Migne.

5. = B M. - Add. καί: Migne.

6. = B M. - δείκνυσι γάρ: Migne.

7. Add. ὅτι: B*.

8. = B M. - μόνον: Migne.

9. = B M. - Add. διὸ καὶ ἐπάγει: Migne.

10. = B M. - Om.: Migne.

11. Om.: M (habet Cr).

12. = Cr (silet post ἔδειξεν)(cf. lignes 86-87; vi/13). - τί ἐστιν ἔδειξεν εἶτα: B M.
    - ἔδειξεν ἐστίν. οὕτως εἰπὼν καὶ ἔτι: Migne.

13. = B M. - προστίθησιν: Migne.

14. = B M. - δεικνὺς ὡς: Migne.

15. = B M. - ἐπεὶ τοίνυν: Migne.

16. = M. - Add. τῶν: B Migne.

17. = M. - Add. τά: B Migne.

personne ne le reçoit» (Jn 3,32). **Et pour affirmer ses propres disciples, comme s'il disait: «Ce n'est pas parce que peu de gens vont croire en lui qu'il faut penser que ce qu'il dit est mensonger. «Car ce qu'il a vu, il le dit»** (Jn 3,32).

Mais en même temps, il s'attaque à la stupidité juive. Ce que l'évangéliste aussi avait commencé à leur reprocher en disant: «Il est venu vers les siens et les siens ne l'ont pas reçu» (Jn 1,11). *Ceci n'est pas un grief contre Lui, mais une accusation contre ceux qui ne l'ont pas reçu.*

«Celui qui a reçu son témoignage a certifié que Dieu est véridique» (Jn 3,33). *Ici, il leur fait peur en montrant que celui qui ne croit pas cela, ce n'est pas à Lui seul qu'il ne croit pas, mais au Père.*

«Car celui que Dieu a envoyé, dit-il, dit les paroles de Dieu» (3,34). **Et donc, puisqu'il exprime Ses paroles, qu'il croie ou qu'il ne croie pas, c'est à Celui-là qu'il croit ou qu'il ne croit pas.**

Or le mot "il a certifié", au lieu de "Il a montré". *Ensuite, pour augmenter la peur, il déclare que "Dieu est véridique" (Jn 3,33). En effet, personne ne refuserait de croire en lui à moins d'admettre qu'est menteur Dieu qui l'a envoyé. Puisque rien n'est étranger au Père mais que tout vient de lui, celui qui refuse d'entendre Celui-ci (le Christ) refuse d'entendre celui qui l'a envoyé.*

xxx ἐκείνου, ὁ δὲ¹ παρακούων τούτου τοῦ πέμψαντος παρήκουσεν.
[ ]² τέως γὰρ οὐδὲν μέγα ἐνόμισεν³ εἶναι παρὰ⁴ τοῦ Χριστοῦ.
   Ὁρᾷς ὅσον⁵ κίνδυνον ἐπεκρέμασε τοῖς ἀπίστοις πείσας
ὡς⁶ αὐτοῦ τοῦ Θεοῦ παρακούουσιν οἱ τοῦ Χριστοῦ παρ-
ακούοντες.
120   Εἶτα καὶ ἐπεξέρχεται τῷ λόγῳ [ ]⁷· οὐ γὰρ ἐκ μέτρου δίδωσιν
ὁ Θεὸς τὸ Πνεῦμα. ὁρᾷς πῶς⁸ πάλιν [ ]⁹ ἐπὶ τὸ ταπεινότερον
προσάγει¹⁰ τὸν λόγον, ποικίλλων [ ]¹¹ καὶ εὐπαράδεκτον ποιῶν
τοῖς ἀκούουσι [ ]¹². οὐ γὰρ ἦν ἄλλως ἐπᾶραι καὶ αὐξῆσαι τὸν
φόβον. εἰ μὲν γάρ τι περὶ αὐτοῦ εἶπε [ ]¹³, οὐκ ἂν ἐπίστευσαν ἀλ-
125 λὰ καὶ κατεφρόνησαν [ ]¹⁴. διὰ τοῦτο ἐπὶ τὸν Παρέρα ἀνάγει τὸν
λόγον¹⁵ πάλιν ὡς περὶ ἀνθρώπου τοῦ Χριστοῦ τέως διαλεγόμενος.
   Τί δέ ἐστιν ὅ φησιν· οὐκ ἐκ μέτρου δίδωσιν ὁ Θεὸς τὸ
Πνεῦμα; [ ]¹⁶ ἡμεῖς μὲν γὰρ πάντες¹⁷ μέτρῳ τὴν τοῦ Πνεύματος
130 ἐνέργειαν ἐλάβομεν·
   Πνεῦμα γὰρ ἐνταῦθα τὴν ἐνέργειαν λέγει¹⁸·

---

1. = B* M. - Om. : Bᶜ Migne.
2. = B M. - Add. ὁρᾷς πῶς αὐτοὺς καὶ διὰ τούτων καταπλήττει: Migne.
3. =B*(vid) M. - ἐνόμισον: Migne.
4. = B*(vid) M. - παρακοῦσαι: Migne.
5. = B M. - διὰ τοῦτο τηλικοῦτον: Migne.
6. =B M. -ἵνα μάθωσιν ὅτι: Migne.
7. = B M. - Add. τούτῳ πρὸς τὸ ταπεινὸν τῆς διανοίας αὐτῶν καταβαίνων
   καὶ λέγων: Migne.
8. = B M. - Om.: Migne.
9. = B M. - Add. ὅπερ ἔφην: Migne.
10. = B M. - ἄγει: Migne.
11. = M. - Add. αὐτόν: B Migne.
12. = B M. - Add. τότε: Migne.
13. = B M. - Add. μέγα καὶ ὑψηλόν: Migne.
14. = B M. - Add. ἄν: Migne.
15. = B M. - τὸ πᾶν: Migne.
16. = B M. - Add. θέλει δεῖξαι ὅτι: Migne.
17. = B M. - πάντες [ ] ἡμεῖς: Migne.
18. = B M. - φησίν: Migne.

Jusqu'à maintenant, il n'a rien jugé de grand au sujet du Christ.

Tu vois quelle menace il a suspendu sur les non croyants, en leur persuadant que refusent de croire à Dieu ceux qui refusent de croire au Christ.

Ensuite, il poursuit son discours: «Car ce n'est pas avec mesure que Dieu donne l'Esprit» (Jn 3,34). Tu vois comment il revient à une façon de parler plus humble, la rendant habilement plus accessible aux auditeurs. Car on ne pouvait pas autrement élever et augmenter la peur. Car s'il avait dit quelque chose à son sujet, ils n'auraient pas cru mais ils auraient méprisé. Pour cette raison, il oriente le discours à nouveau vers le Père, parlant du Christ comme d'un homme.

Mais que veut dire ce qu'il dit: «Ce n'est pas avec mesure que Dieu donne l'Esprit» (Jn 3,34). Nous tous, en effet, nous avons reçu avec mesure la force de l'Esprit.

Ici, en effet, **il appelle "esprit" la force.**

xxx αὕτη γάρ ἐστιν ἡ μεριζομένη· οὗτος δὲ ἀμέτρητον ἔχει καὶ ὁλόκληρον πᾶσαν τὴν ἐνέργειαν. εἰ δὲ ἡ ἐνέργεια αὐτοῦ ἀμέτρητος,
πολλῷ μᾶλλον ἡ οὐσία. ὁρᾷς καὶ τὸ Πνεῦμα ἄπειρον; ὁ τοίνυν
135 πᾶσαν τοῦ Πνεύματος δεξάμενος τὴν ἐνέργειαν, ὁ τὰ τοῦ Θεοῦ
εἰδώς, ὁ λέγων, ἃ ἠκούσαμεν λαλοῦμεν καὶ ἃ ἑωράκαμεν
μαρτυροῦμεν, πῶς ἂν εἴη δίκαιος ὑποπτεύεσθαι;

c'est elle qui est partagée. Mais lui, il a toute l'énergie sans mesure et intégrale. Mais si son énergie est sans mesure, combien plus son essence. Vois-tu que l'Esprit aussi est sans limite? Celui donc qui a reçu toute l'énergie de l'Esprit, celui qui connaît les choses de Dieu, celui qui dit "ce que nous avons entendu, nous le disons, et ce que nous avons vu, nous en rendons témoignage, comment pourrait-il être soupçonné?

ΛΟΓΟΣ ΛΑ

Ὁ Πατὴρ ἀγαπᾷ τὸν Υἱὸν καὶ πάντα δέδωκεν ἐν τῇ χειρὶ
αὐτοῦ· ὁ πιστεύων εἰς τὸν Υἱὸν ἔχει ζωὴν αἰώνιον, ὁ δὲ ἀπειθῶν[1]
τῷ Υἱῷ οὐκ ὄψεται ζωὴν ἀλλ᾽ ἡ ὀργὴ τοῦ Θεοῦ μένει ἐπ᾽ αὐτόν.

5   Πολὺ τῆς συγκαταβάσεως τὸ κέρδος ἐν πᾶσι[2] διεκνύνται
τοῖς[3] πράγμασιν. οὕτω γὰρ τέχνας κατωρθώσαμεν οὐκ ἀθρόον
παρὰ τῶν διδασκάλων πάντα μανθάνοντες· οὕτω πόλεις ἐδειμά-
μεθα, ἠρέμα καὶ κατὰ μικρὸν αὐτὰς συνιστῶντες· οὕτω τὴν ζωὴν
διακρατοῦμεν τὴν ἡμετέραν. καὶ μὴ θαυμάσῃς εἰ ἐπὶ τῶν βιω-
10 τικῶν τὸ πρᾶγμα τοσαύτην ἔχει [ ][4] ἰσχύν, ὅπου γε καὶ ἐν τοῖς
πνευματικοῖς πολλὴν ἄν τις εὕροι ταύτης τῆς φιλοσοφίας[5] οὖσαν
τὴν δύναμιν. οὕτω γοῦν[6] ἠδυνήθησαν ἀπαλλαγῆναι τῆς εἰδωλο-
λατρείας Ἰουδαῖοι, ἠρέμα καὶ κατὰ μικρὸν ἐναγόμενοι, καὶ μηδὲν
ἐξ ἀρχῆς ὑψηλότερον[7] ἀκούοντες, μήτε δογμάτων, μήτε πολι-
15 τείας[8] ἔνεκεν. οὕτω μετὰ τὴν τοῦ Χριστοῦ παρουσίαν, ὅτε καὶ
ὑψηλοτέρων δογμάτων ὁ καιρὸς ἦν, ἅπαντας προσήγοντο οἱ
ἀπόστολοι, οὐδὲν ἐκ πρώτης ὑψηλὸν φθεγγόμενοι.
Οὕτω καὶ ὁ Χριστὸς τοῖς πλείοσι διελέγετο παρὰ τὴν ἀρχήν·
οὕτω καὶ Ἰωάννης ἐποίησε νῦν, ὡς περὶ ἀνθρώπου διαλεγόμενός
20 τινος[9] θαυμαστοῦ καὶ τὰ[10] ὑψηλὰ συνεσκιασμένως παρεντιθείς.

---

1. = B M. - ἀπιστῶν: Migne.
2. = M. - ἄπασιν: B Migne.
3. = M. - Om.: B Migne.
4. = M. - Add. τήν: B Migne.
5. = B. - ὠφελείας: M. - σοφίας: Migne.
6. = B M. - γὰρ καί: Migne.
7. = M. - ὑψηλόν: B Migne.
8. προφητείας: M.
9. Om.: B*(vid.) (même au même).
10. Om.: B.

Le Père aime le Fils et il a tout remis en sa main. Celui qui croit au Fils a la vie éternelle; mais celui qui refuse de croire au Fils ne verra pas la vie mais la colère de Dieu demeure sur lui (Jn 3,35-36).

On gagne beaucoup à se montrer condescendant dans toutes les actions. Ainsi nous maîtrisons les arts sans tout apprendre en même temps de la part des maîtres. Ainsi nous construisons des villes en les édifiant lentement et peu à peu. Ainsi nous nous maintenons en vie. Et ne t'étonnes pas si dans les choses temporelles cette façon d'agir possède une telle force alors que dans les spirituelles on trouvera que grande est la puissance de cette philosophie. Ainsi les Juifs ont pu rejeter l'idolâtrie, y étant amenés lentement et peu à peu, sans rien entendre au début de très sublime concernant soit les dogmes, soit les institutions. Ainsi, après la venue du Christ, lorsque c'était le temps des dogmes les plus sublimes, les apôtres y amenèrent les gens sans rien dire de sublime dès le début.

C'est ainsi que le Christ aussi parlait à la multitude au début. C'est ainsi aussi que Jean a agi dans le cas présent, parlant comme s'il ne s'agissait que d'un homme étonnant et ne faisant que des allusions voilées aux réalités sublimes. ...

xxxi ἀρχόμενος γοῦν [ ] εἶπεν[1]· οὐ δύναται ἄνθρωπος λαμβάνειν ἀφ᾽
ἑαυτοῦ[2] οὐδέν· εἶτα ὑψηλόν τι συνάψας καὶ εἰπών· ὁ ἐκ τοῦ
οὐρανοῦ ἐρχόμενος ἐπάνω πάντων ἐστί, πάλιν εἰς τὰ ταπεινὰ τὸν
λόγον κατάγει [ ][3]· οὐ γὰρ ἐκ μέτρου δίδωσι, φησίν[4], ὁ Θεὸς τὸ
25 Πνεῦμα, [ ][5] λέγων· ὁ γὰρ[6] Πατὴρ ἀγαπᾷ τὸν Υἱὸν καὶ πάντα
δέδωκεν ἐν τῇ χειρὶ αὐτοῦ. εἶτα [ ][7] εἰδὼς πολλὴν[8] τῆς κολάσεως
οὖσαν τὴν ἰσχύν[9], καὶ οὐχ οὕτω τῇ τῶν χρηστῶν ἐπαγγελίᾳ τοὺς
πολλοὺς ἐπαγομένους ὡς τῇ τῶν φοβερῶν ἀπειλῇ, ἐνταῦθα
κατακλείει τὸν λόγον οὕτω λέγων[10]· ὁ πιστεύων εἰς τὸν Υἱὸν ἔχει
30 ζωὴν αἰώνιον, ὁ δὲ ἀπειθῶν τῷ Υἱῷ οὐκ ὄψεται τὴν[11] ζωὴν ἀλλ᾽ ἡ
ὀργὴ τοῦ Θεοῦ μένει ἐπ᾽ αὐτόν. πάλιν καὶ ἐνταῦθα[12] ἐπὶ τὸν
Πατέρα ἀνάγει τὰ[13] τῆς κολάσεως [ ][14]· οὐ γὰρ εἶπεν, ἡ ὀργὴ τοῦ
Υἱοῦ, καίτοι γε αὐτός ἐστιν ὁ κριτής, ἀλλὰ τὸν Πατέρα αὐτοῖς
ἐπέστησε, μᾶλλον φοβῆσαι βουλόμενος.
35   Ἆρα οὖν ἀρκεῖ τὸ πιστεῦσαι εἰς τὸν Υἱὸν [ ][15] πρὸς τὸ ζωὴν
ἔχειν αἰώνιον; οὐδαμῶς· [ ][16] οὐ γὰρ[17] πᾶς ὁ λέγων μοι, Κύριε,
Κύριε, φησίν[18], εἰσελεύσεται εἰς τὴν βασιλείαν τῶν οὐρανῶν,

---

1. = B M. - οὕτως ἔλεγεν: Migne.
2. = B M. - 2 3 1: Migne.
3. = B M. - Add. λέγων ἄλλα τε πολλὰ καὶ ὅτι : Migne.
4. = B M. - Om.: Migne.
5. = B M. - Add. εἶτα ἐπάγει: Migne.
6. = B M. - Om.: Migne.
7. = B M. - Add. καί: Migne.
8. = B M. - ἀπὸ τοῦ λόγου: Migne.
9. = B M. - γινομένην τὴν ὄνησιν: Migne.
10. = B M. - λοιπὸν καὶ φησίν: Migne.
11. Om.: B.
12. = B M. - κἀνταῦθα: Migne.
13. = M. - τόν: B Migne.
14. = B* M. - Add. λόγον· B^c Migne.
15. = B M. - Add. φησίν: Migne.
16. = B M. - Add. καὶ ἄκουε τοῦ Χριστοῦ τοῦτο δεικνύντος καὶ λέγοντος:
    Migne.
17. = B M. - Om.: Migne.
18. = B M. - Om.: Migne.

Pour commencer donc il a dit: «Un homme ne peut rien recevoir de lui-même» (Jn 3,27); ensuite, après avoir ajouté quelque chose de sublime en disant: «Celui qui vient du ciel est au-dessus de tous» (Jn 3,31), il abaisse à nouveau le discours vers les humbles réalités en disant: «Ce n'est pas avec mesure que Dieu donne l'Esprit» (Jn 3,34), puis: «Car le Père aime le Fils et il a tout remis en sa main (Jn 3,35). Ensuite, sachant que grande est la force de la menace, et que la plupart des gens ne sont pas mus par la promesse des biens comme ils le sont par la menace de maux effrayants, il termine ici son discours en disant: «Celui qui croit dans le Fils a la vie éternelle, mais celui qui refuse de croire au Fils ne verra pas la vie mais la colère de Dieu demeure sur lui» (Jn 3,35-36). Ici encore une fois il fait remonter vers le Père ce qui concerne le châtiment; en effet, il n'a pas dit "la colère du Fils", bien que ce soit lui le juge, mais il leur a imposé le Père, voulant leur faire peur davantage.

Est-ce qu'il suffit alors de croire dans le Fils pour avoir la vie éternelle? Pas du tout. En effet: «Ce n'est pas quiconque me dit "Seigneur, Seigneur", dit (le Christ), qui entrera dans le royaume des cieux» (Mt 7,21), ...

xxxi καὶ ἡ <u>κατὰ τοῦ Πνεύματος</u>¹ δὲ² βλασφημία ἀρκεῖ καὶ μόνη εἰς
γέενναν ἐμβαλεῖν. καὶ τί λέγω περὶ μέρους δόγματος; κἂν γὰρ εἰς
40 τὸν Πατέρα [ ]³ καὶ⁴ τὸν Υἱὸν <u>καὶ τὸ Πνεῦμα</u>⁵ ὀρθῶς πιστεύσῃ <u>τις</u>
[ ]⁶, βιὸν δὲ ⁷μὴ ἔχῃ ὀρθόν⁸, οὐδὲν αὐτῷ κέρδος τῆς πίστεως [ ]⁹.
οὐκοῦν καὶ ὅταν λέγῃ· αὐτὴ γάρ ἐστιν ἡ αἰώνιος ζωὴ ἵνα γινώσ-
κουσί σε τὸν μόνον ἀληθινὸν Θεόν, μὴ νομίσωμεν ἀρκεῖν [ ]¹⁰ εἰς
σωτηρίαν τὸ λεγόμενον· δεῖ γὰρ ἡμῖν καὶ βίου καὶ πολιτείας <u>κα-</u>
45 <u>θαρωτάτης</u>¹¹.

<u>Καίτοι γε ἐνταῦθα σφοδρότερον εἴρηκεν [ ]</u>¹²

<u>Οὐκ</u>¹³ **ἀπὸ τῶν χρηστῶν** [ ]¹⁴ **ἀλλὰ καὶ ἀπὸ τῶν ἐν-
αντίων τὸν λόγον <u>συντιθείς</u>**¹⁵. **[ ]¹⁶ ὁ γὰρ μὴ πιστεύων εἰς
τὸν Υἱὸν**¹⁷ **οὐκ ὄψεται τὴν**¹⁸ **ζωὴν ἀλλ᾽ ἡ ὀργὴ τοῦ Θεοῦ μέ-**
50 **νει ἐπ᾽ αὐτόν**¹⁹.

[ἀλλ᾽ ὅμως οὐδὲ ἐντεῦθέν φαμεν ἀρκεῖν τὴν πίστιν εἰς
σωτηρίαν μόνην. καὶ δείκνυσι τὰ περὶ βίου πολλαχοῦ
τῶν εὐαγγελίων εἰρημένα. διά τοι τοῦτο οὐκ εἶπεν,
αὕτη δέ ἐστιν ἡ αἰώνιος ζωὴ μόνη· οὐδὲ, ὁ πιστεύων εἰς

---

1. = B M. - εἰς τὸ πνεῦμα: Migne.
2. *Om.*: B.
3. = B M. - *Add.* τις: Migne.
4. *Add.* εἰς: M.
5. = B. - καὶ εἰς τὸ ἅγιον πνεῦμα: M. - *Om.*: Migne.
6. = B M. - [ ] καὶ εἰς τὸ μνεῦμα τὸ ἅγιον: Migne.
7. *Om.*: B.
8. *Om.*: B M.
9. = B M. - *Add.* εἰς σωτηρίαν: Migne.
10. = M. - *Add.* ἡμῖν: Migne. - ἡμῖν ἀρκεῖν: B.
11. = B M. - ἀκριβεστάτης: Migne.
12. = B M. - **ἐπεὶ καὶ ἐνταῦθα εἴρηκεν· ὁ πιστεύων εἰς τὸν Υἱὸν ἔχει
    ζωὴν αἰώνιον, ἀλλὰ τὸ τούτου ἐξῆς τέθεικε σφοδρότερον**: Migne.
13. = B M. - οὐδὲ γάρ: Migne.
14. = B M. - *Add.* μόνον: Migne.
15. = B M. - ὑφαίνει: Migne.
16. = B M. - *Add.* καὶ ὅρα πῶς· ἐπήγαγεν γάρ: Migne.
17. = B M. - δὲ ἀπειθῶν τῷ υἱῷ: Migne.
18. *Om.*: B.
19. Le paragraphe qui suit, mis entre crochets, est omis par B, M et aussi A.

et le blasphème contre l'Esprit suffit à lui seul pour jeter dans la géhenne (cf. Mt 12,31; 5,39). *Et que dirai-je en ce qui concerne les dogmes? En effet, même si quelqu'un a une foi correcte dans le Père et dans le Fils et dans l'Esprit, s'il n'a pas une manière de vivre correcte, sa foi ne lui sert à rien. De même lorsqu'Il dit: «Telle est la vie éternelle qu'ils te connaissent, toi, le seul Dieu véritable»* (Jn 17,3), *nous ne pensons pas que cela suffise pour être sauvé; il nous faut aussi un genre de vie des plus pur.*

Et cependant il a dit ici quelque chose de très dur[1]

Ayant conclu son discours, non pas par des biens, mais même par des menaces: «Celui qui ne croit pas dans le Fils, en effet, ne verra pas la vie mais la colère de Dieu demeure sur lui» (Jn 3,36).

[Mais pourtant, même ici nous n'affirmons pas que la foi seule suffise pour être sauvé. Et le montrent les nombreuses paroles des évangiles concernant le genre de vie. Pour cette raison, il n'a pas dit "Cela seul est la vie éternelle", ni "celui qui, seulement, croit   ...

---

1. En note: **Après avoir dit ici "Celui qui croit dans le Fils a la vie éternelle", la phrase qu'il dit ensuite est très dure**

xxxi   τὸν Υἱὸν μόνον ἔχει αἰώνιον ζωήν· ἀλλ' ἐν ἑκατέρῳ
τοῦτο <u>ἐδήλου</u> ὅτι ἔχει ζωὴν τὸ πρᾶγμα. ἂν μέντοι τὰ
τῆς πολιτείας μὴ <u>ἔπηται</u>, πολλὴ ἔψεται ἡ κόλασις.]

Καὶ οὐκ εἶπε, μένει αὐτὸν, ἀλλ' ἐπ' αὐτόν, <u>τουτέστιν</u>[1]
οὐδέποτε [ ][2] αὐτοῦ ἀποστήσεται. ἵνα γὰρ μὴ νομίσῃς θάνατον
60 εἶναι πρόσκαιρον τό, οὐκ ὄψεται <u>τὴν</u>[3] ζωήν, ἀλλὰ πιστεύσῃς
ὅτι διηνεκὴς ἡ κόλασις, τοῦτο τέθεικε [ ][4], διὰ τούτων αὐτοὺς
τῶν ῥημάτων ὠθῶν πρὸς τὸν Χριστόν.

Διόπερ οὐδὲ <u>ἰδίαν</u>[5] πρὸς αὐτοὺς τὴν παραίνεσιν ἐποιήσατο
ἀλλὰ καθολικήν· <u>οὕτω γὰρ</u>[6] μάλιστα αὐτοὺς ἐπαγαγέσθαι ἐδύ-
65 νατο. οὐ γὰρ εἶπεν, [ ][7] ἐὰν μὴ πιστεύσητε, ἀλλ' ἐπὶ τοῦ κοινοῦ
προάγει τὸν λόγον ὥστε ἀνύποπτα γενέσθαι τὰ λεγόμενα· καὶ
σφοδρότερον ἢ ὁ Χριστὸς τοῦτο πεποίηκεν· ὁ μὲν γὰρ Χριστός
φησιν ὅτι, ὁ μὴ πιστεύων ἤδη κέκριται, οὗτος δέ, οὐκ ὄψεται τὴν[8]
ζωὴν ἀλλ' ἡ ὀργὴ τοῦ Θεοῦ μένει ἐπ' αὐτόν. καὶ μάλα εἰκότως· οὐ
70 γὰρ <u>ὅμοιον</u>[9] ἦν αὐτόν τινα περὶ ἑαυτοῦ λέγειν, καὶ ἕτερον περὶ
αὐτοῦ. τὸν μὲν γὰρ Χριστὸν ἐνόμισαν [ ][10] φιλαυτίας ἕνεκεν
ταῦτα πολλάκις φθέγγεσθαι καὶ κομπάζειν· ὁ δὲ Ἰωάννης ταύτης
ἀπήλλακτο τῆς ὑποψίας. εἰ δὲ μετὰ ταῦτα καὶ ὁ Χριστὸς σφοδρο-
τέρῳ κέχρηται λόγῳ, ἀλλ' <u>ὅταν</u>[11] μεγάλην τὴν περὶ αὐτοῦ δόξαν
75 ἔσχον λοιπόν.

Ὡς οὖν ἔγνω ὁ Ἰησοῦς, <u>φησίν</u>[12], ὅτι ἤκουσαν οἱ Φαρισαῖοι
ὅτι Ἰησοῦς πλείονας μαθητὰς ποιεῖ καὶ βαπτίζει ἢ[13] Ἰωάννης –

---

1. = B M. - δηλῶν ὅτι: Migne.
2. = B M. - Add. ἀπ': Migne.
3. = M. - Om.: B Migne.
4. = B M. - Add. τὸ ῥῆμα δεικνὺς ὅτι ἐνιζάνει αὐτῷ διηνεκῶς. ἐποίησε δὲ
τοῦτο: Migne.
5. = B M. - ἰδίᾳ: Migne.
6. = B M. - καὶ ὡς ἄν: Migne.
7. = B M. - Add. ἐὰν πιστεύσητε καί: Migne.
8. Om.: B.
9. = B M. - ὁμοίως: Migne.
10. = B* M. - Add. ἂν: B^c Migne.
11. = B. - ὅτε: M Migne.
12. = B M. - Om.: Migne.
13. Om.: B*.

dans le Fils a la vie éternelle"; mais à chaque phrase il montrait que c'est l'agir qui a la vie. Si la façon d'agir ne suit pas, il s'ensuivra un grand châtiment.]

Et il n'a pas dit "demeure lui" (i.e. "l'attend"), mais "sur lui", c'est-à-dire ne se retirera jamais de lui. **Pour que** *tu ne penses pas que la* **mort n'aura qu'un temps, le "il ne verra pas la vie"** – mais *pour que tu croies que le châtiment est sans fin,* – cela **il a placé (là)** – *les poussant vers le Christ grâce à ces paroles.*

Aussi, il n'adresse pas cette exhortation à eux seulement, mais à tout le monde, car il n'a pas dit "si vous ne croyez pas", mais il poursuit le discours au singulier afin que les paroles soient sans équivoque. Et il l'a fait plus durement que le Christ. Car le Christ dit: «Celui qui ne croit pas est déjà jugé» (Jn 3,18); mais lui: «Il ne verra pas la vie mais la colère de Dieu demeure sur lui» (Jn 3,36). Et à très juste titre. Ce n'est pas la même chose en effet si quelqu'un parle à son propre sujet, ou si c'est un autre qui parle de lui. Car ils auraient pu penser que le Christ répétait souvent ces choses par égoïsme et pour se vanter; mais Jean n'en pouvait pas être soupçonné. Si donc plus tard le Christ aussi utilisera une parole plus dure, ce sera lorsqu'ils auront une grande opinion de lui.

"Lorsque donc Jésus eut appris, dit-il, que les Pharisiens avaient entendu dire que Jésus faisait des disciples et baptisait plus que Jean   ...

xxxi καίτοι γε αὐτὸς ὁ Ἰησοῦς οὐκ ἐβάπτιζεν [ ]¹ – ἀνεχώρησεν ἀπὸ
τῆς Ἰουδαίας καὶ ἦλθεν εἰς τὴν Γαλιλαίαν. αὐτὸς μὲν οὖν οὐκ
80 ἐβάπτιζεν· οἱ δὲ ἀπαγγέλοντες, βουλόμενοι διεγεῖραι τοὺς ἀκου-
όντας εἰς φθόνον, οὕτως ἀπήγγελλον. τίνος οὖν ἕνεκεν [ ]² ἀνα-
χώρει³; οὐ δειλίας ἕνεκεν, ἀλλὰ ἀνακόπτων αὐτῶν τὴν βασκα-
νίαν καὶ παραμυθούμενος τὸν φθόνον.

Δύνατος μὲν γὰρ ἦν καὶ ἐπελθόντας ἐπισχεῖν, ἀλλ᾽ οὐκ
85 ἐβούλετο συνεχῶς τοῦτο ποιεῖν ὥστε μὴ ἀπιστεῖσθαι τῆς σαρκὸς
τὴν οἰκονομίαν. εἰ γὰρ συνεχῶς κρατούμενος διέφευγε, τοῦτο ἂν
ὑπωπτεύθη [ ]⁴. διὰ [ ]⁵ τοῦτο τὰ⁶ πολλὰ ἀνθρωπινώτερον ᾠκο-
νόμει. ὥσπερ γὰρ ἐβούλετο πιστευθῆναι ὅτι Θεὸς ἦν, οὕτως ὅτι
Θεὸς ὢν σάρκα ἐφόρει. διὰ τοῦτο καὶ μετὰ τὴν ἀνάστασιν πρὸς
90 τοὺς μαθητὰς⁷ ἔλεγε· ψηλάφησον καὶ ἴδε ὅτι πνεῦμα σάρκα καὶ
ὀστέα οὐκ ἔχει⁸.

Διὰ τοῦτο καὶ Πέτρῳ ἐπετίμησεν, εἰπόντι· ἵλεώς σοι, οὐ μὴ
ἔσται τοῦτο, οὕτω σφόδρα αὐτῷ τὸ πρᾶγμα περισπούδαστον ἦν
ἐπεὶ καὶ τῶν τῆς ἐκκλησίας δογμάτων οὐ μικρὸν τοῦτο τὸ⁹ μέρος
95 ἐστί, καὶ τῆς [ ]¹⁰ ἡμῶν σωτηρίας τὸ κεφάλαιον [ ]¹¹, καὶ δι᾽ οὗ
πάντα γεγένηται καὶ κατώρθωται. οὕτω γὰρ καὶ θάνατος ἐλύθη,
καὶ ἁμαρτία ἀνῃρέθη, καὶ κατάρα ἠφανίσθη, καὶ τὰ μυρία εἰσ-
ῆλθεν εἰς τὸν βίον ἡμῶν ἀγαθά. διὸ μάλιστα ἐβούλετο πιστεύ-
εσθαι τὴν οἰκονομίαν, τὴν ῥίζαν καὶ πηγὴν [ ]¹² τῶν μυρίων [ ]¹³

---

1. = B. - Add. ἀλλ᾽ οἱ μαθηταὶ αὐτοῦ: M Migne.
2. = B M. - τί δήποτε οὖν φησίν: Migne.
3. = B. - ἀνεχώρει: M Migne.
4. = B M. - Add. παρὰ πολλοῖς: Migne.
5. = B M. - Add. τοι: Migne.
6. Om. B (hapl.).
7. = B. - τὸν μαθητήν: Migne. - τὸν μαθητήν Θωμᾶν: M.
8. ψηλάφησον καὶ... οὐκ ἔχει: B* aliter?
9. Om.: B (hapl.).
10. = B M. - Add. ὑπέρ: Migne.
11. = B M. - Add. τοῦτο: Migne.
12. = B M. - Add. ἡμῖν: Migne.
13. = B. - Add. γενομένην: Migne (post πηγὴν: M vid.). -

– bien que Jésus lui même ne baptisait pas - il se retira de la Judée et il vint en Galilée" (Jn 4,1-3). Lui-même donc ne baptisait pas. Mais ceux qui le prétendaient, c'est parce qu'ils voulaient rendre envieux ceux qui l'apprenaient qu'ils agissaient ainsi. Pourquoi donc se retire-t-il? Ce n'est pas par peur, mais c'est pour couper leur jalousie et pour calmer leur envie.

Il était capable en effet de contraindre ceux qui survenaient, mais il ne voulait pas le faire trop souvent afin de ne pas saper la foi en l'économie de la chair. En effet, s'il avait souvent échappé à ceux qui le tenaient, on aurait mis en doute cette économie. Pour cette raison, il agit la plupart du temps de façon très humaine. En effet, il voulait qu'on crût qu'il était Dieu, et de même aussi qu'étant Dieu, il portait une chair. C'est pourquoi aussi après la résurrection il disait aux disciples: «Palpe et vois qu'un esprit n'a ni chair ni os» (Lc 24,39).

C'est pourquoi aussi il réprimanda Pierre qui disait: «(Dieu) t'en préserve, cela ne sera pas!» (Mt 16,22); ainsi, il recherchait avec empressement cette action (contre lui) puisque c'était la partie importante des dogmes de l'église, et le point le plus important de notre salut, et ce par quoi tout devient et est achevé. Ainsi, en effet, et la mort fut détruite, et le péché fut enlevé, et la malédiction disparut, et des milliers de biens entrèrent dans notre vie. Aussi, il voulait que l'on crût à cette économie (du salut), la racine et la source des milliers de biens. ...

xxxi ἀγαθῶν. οἰκονομῶν δὲ τὰ ἀνθρώπινα, οὐδὲ[1] τὰ θεῖα συσκιά–
ζεσθαι ἠφίει. ἀναχωρήσας γὰρ[2], πάλιν τῶν αὐτῶν εἴχετο ὧν καὶ
πρότερον. οὐ γὰρ ἁπλῶς ἐπὶ τὴν Γαλιλαίαν ἤρχετο[3], ἀλλὰ
μεγάλα τινὰ κατασκευάζων πράγματα τὰ κατὰ τοὺς Σαμαρεί–
τας. καὶ οὐχ ἁπλῶς οἰκονομῶν [ ][4], ἀλλὰ μετὰ τῆς προσηκούσης
105 αὐτῷ σοφίας, καὶ τοῦ μηδεμίαν παρασχεῖν[5] Ἰουδαίοις ἀναισχυν–
τίας[6] πρόφασιν. ὅπερ οὖν[7] ὁ εὐαγγελιστὴς αἰνιττόμενος ἔλεγεν[8]·
ἔδει δὲ αὐτὸν διέρχεσθαι διὰ τῆς Σαμαρίας, δεικνὺς ὁδοῦ πάρ–
εργον αὐτὸν[9] τοῦτο ποιούμενον.

   Ὅπερ[10] καὶ οἱ ἀπόστολοι ἐποίουν. καθάπερ γὰρ ἐκεῖνοι
110 διωκόμενοι ὑπὸ Ἰουδαίων, τότε ἐπὶ τὰ ἔθνη ἤρχοντο, οὕτω καὶ ὁ
Χριστός, ὅτε αὐτὸν ἀπήλασαν, τότε [ ][11] ἐκείνων ἥπτετο, ὡς καὶ
ἐπὶ τῆς Συροφοινικίσσης ἐποίησε [ ][12]. τοῦτο δὲ ἐγένετο ὥστε
πᾶσαν ἐκκοπῆναι Ἰουδαίοις ἀπολογίαν, [ ][13] ἵνα μὴ δύνωνται[14]
λέγειν ὅτι καταλιπὼν ἡμᾶς πρὸς τοὺς ἀκροβύστους ἀπῆλθε. διὰ
115 τοῦτο καὶ οἱ μαθηταὶ ἀπολογούμενοι ἔλεγον· ὑμῖν ἦν ἀναγκαῖον
πρῶτον λαληθῆναι τὸν λόγον τοῦ Θεοῦ· ἐπειδὴ δὲ ἀναξίους
ἑαυτοὺς κρίνετε[15], [ ][16] στρεφόμεθα εἰς τὰ ἔθνη· καὶ αὐτὸς πά–
λιν· οὐκ ἦλθον εἰ μὴ εἰς τὰ πρόβατα τὰ ἀπολωλότα οἴκου Ἰσ–
ραήλ· καὶ πάλιν· οὐκ ἔστι καλὸν λαβεῖν τὸν ἄρτον τῶν τέκνων

---

1. = B. - οὔτε: Migne (M illisib.)
2. = B. - γοῦν: Migne (M illisib.)
3. = B M. - ἀπήρχετο: Migne.
4. = B* M. - Add. αὐτά: B^c Migne.
5. = B. - καταλιπεῖν: M Migne.
6. = M. - ἀπολογίας: B. - ἀπολογίας μηδὲ ἀναισχύντου τινός: Migne.
7. = B M. - καί: Migne.
8. = B M. - ἐπήγαγεν: Migne.
9. Om.: B (même au même).
10. = B M. - οὕτω: Migne.
11. = B. - Add. καί: M Migne.
12. = B* M. - Add. γυναικός: B^c Migne.
13. = B M. - Add. καί: Migne.
14. = B M. - ἐξῇ αὐτοῖς: Migne.
15. = B M. - 2 1: Migne. - Add. τῆς αἰωνίου ζωῆς: M.
16. = B. - Add. ἰδού: M Migne.

Mais en disposant ainsi les réalités humaines, il ne laissait pas s'estomper les divines. En effet, en se retirant, il continuait à agir comme avant. Car il n'allait pas tout simplement en Galilée, mais il préparait de grandes actions, celles qui concernaient les Samaritains. Et il ne les disposait pas n'importe comment, mais avec la sagesse qui le caractérisait, et sans offrir aux Juifs aucun prétexte à leur impudeur. C'est ce que l'évangéliste insinuait en disant: «Il lui fallait passer par la Samarie» (Jn 4,4), montrant qu'il le faisait à l'improviste.

C'est ce que faisaient les disciples. En effet, persécutés par les Juifs, alors ils allaient vers les païens; et de même le Christ: lorsqu'ils le rejetaient, alors il se tournait vers ceux-là, comme dans le cas de la Syrophénicienne (cf. Mc 7,26). Ceci est arrivé afin d'enlever toute excuse aux Juifs, qu'ils ne puissent pas dire qu'il nous a laissés pour se tourner vers les incirconcis. Pour cette raison les disciples aussi disaient pour se justifier: «C'est à vous qu'il fallait d'abord annoncer la parole de Dieu; mais puisque vous-mêmes vous vous en jugez indignes, nous nous tournons vers les païens» (Act 13,46). Et Lui de même: «Je ne suis venu que pour les brebis perdues de la maison d'Israël» (Mt 15,24). Et encore: «Il n'est pas bon de prendre le pain des enfants   ...

xxxi καὶ βαλεῖν[1] τοῖς κυναρίοις. ἐπειδὴ δὲ αὐτὸν ἀπήλασαν, θύραν τοῖς ἔθνεσιν ἀνέῳξαν.

Καὶ οὐδὲ οὕτω προηγουμένως ἐπ᾽ ἐκείνους ἔρχεται, ἀλλὰ παρίων [ ][2]·

Ἦλθεν εἰς πόλιν [ ] λεγομένην Συχάρ, πλησίον τοῦ χω—
125 ρίου οὗ ἔδωκεν Ἰακὼβ Ἰωσὴφ τῷ υἱῷ αὐτοῦ, ὅπου πηγὴ ἦν[3] [ ][4] Ἰακώβ. τίνος ἕνεκεν ἀκριβολογεῖται ὁ εὐαγγελιστὴς περὶ τοῦ τόπου; ἵνα ὅταν ἀκούσῃς τῆς γυναικὸς λεγούσης[5], Ἰακὼβ ὁ πατὴρ ἡμῶν ἔδωκεν [ ][6] τὴν πηγὴν ταύτην, μὴ ξενισθῇς· ὁ γὰρ τόπος ἐκεῖνος ἦν ἔνθα ὑπὲρ[7] τῆς Δείνας [ ][8] ἀγ—
130 ανακτοῦντες τὸν χαλεπὸν ἐκεῖνον εἰργάσαντο φόνον.

Οὐ τῆς ἱστορίας δὲ ἕνεκεν [ ][9] τοῦ τόπου μόνον ἀνέμνησεν ἡμᾶς τοῦ Ἰακὼβ ὁ εὐαγγελιστής, ἀλλὰ καὶ ὑπὲρ τοῦ δεῖξαι τὴν ἀποβολὴν τὴν Ἰουδαικὴν πάλαι γεγενημένην. καὶ γὰρ καὶ[10] ἐπὶ
135 τῶν προγόνων αὐτῶν τοὺς τόπους ἀντ᾽ αὐτῶν κατέσχον ἐκεῖνοι. ἃ γὰρ οἱ πατέρες[11] αὐτῶν εἶχον[12] [ ][13] ταῦτα διὰ τὴν ἀσθενείαν[14] αὐτῶν [ ][15] [ ][16] ἀπώλεσαν οὗτοι. οὕτως οὐδὲν κέρδος, προγόνων εἶναι χρηστῶν, ὅταν μὴ τοιοῦτοι τυγχάνωσιν[17] οἱ ἐξ ἐκείνων ὄντες. οἱ μὲν γὰρ βάρβαροι, ἵνα λεόντων πεῖραν λάβωσι

---

1. = B M. - δοῦναι: Migne.
2. = B M. - Add. παρίων τοίνυν: Migne.
3. = B M. - ἦν δὲ ἐκεῖ: Migne.
4. = B. - Add. τοῦ: M Migne.
5. = B M Cr. - λαλούσης: Migne.
6. = B* M. - Add. ἡμῖν: B^c Cr Migne.
7. οἱ παῖδες: B.
8. = B M. - Add. οἱ περὶ τὸν Λευὶ καὶ Συμεών: Cr Migne.
9. = B M. - Add. μόνης: Migne.
10. = B M. - Om.: Migne.
11. = M. - πρόγονοι: Migne.
12. Om. ἐκεῖνοι. ἃ γὰρ οἱ πατέρες αὐτῶν εἶχον: B (même au même).
13. = M. - Add. οὐκ ὄντα αὐτῶν: B Migne.
14. = B M. - ῥᾳθυμίαν: Migne.
15. = B M. - Add. καὶ παρανομίαν: Migne.
16. = M. - Add. ὄντα αὐτῶν: B Migne.
17. = B M. - τύχωσιν: Migne.

et de le jeter aux petits chiens (Mt 15,26). Mais puisqu'ils l'ont rejeté, ils ont ouvert la porte aux païens (cf. Act 14,27).

Et ce n'est pas intentionnellement qu'il vient chez eux, mais en passant.

«Il vint dans une ville nommée Sychar, près du domaine que Jacob avait donné à son fils Joseph, où il y avait le puits de Jacob» (Jn 4,5). **Pourquoi l'évangéliste indique-t-il avec précision le lieu? Afin que tu se sois pas étonné lorsque tu entendras la femme dire: «Jacob notre père nous a donné ce puits»** (Jn 4,12). Car ce lieu était celui où, irrités au sujet de Dina, ils accomplirent ce meurtre odieux.

Ce n'est pas seulement pour une question d'histoire que *l'évangéliste nous a rappelé le lieu de Jacob, mais aussi pour montrer le rejet des Juifs arrivé autrefois. Et en effet, du temps de leurs ancêtres, c'est eux qui possédaient ces lieux à leur place. En effet, ce que leurs pères possédaient, ils l'ont perdu en raison de leur faiblesse. Ainsi, cela ne sert à rien d'être issus de bons ancêtres si ceux qui sont issus d'eux ne reçoivent rien. Car les Barbares, en vue seulement de recevoir l'expérience des lions,* ...

xxxi μόνον, πρὸς τὴν [ ]¹ εὐσέβειαν ἐπανῆλθον εὐθέως· ἐκεῖνοι δὲ τοσαύτας ὑπομένοντες τιμωρίας, οὐδὲ οὕτως ἐσωφρονίσθησαν.

Ἐνταῦθα τοίνυν ὁ Χριστὸς παρεγένετο, τὸν μὲν βάναυσον καὶ ὑγρὸν ἐκβάλλων βίον² [ ]³, τὸν δὲ ἐπίπονον εἰσάγων καὶ συνεσταλμένον. οὐ γὰρ ὑποζυγίοις κέχρηται, ἀλλ᾽ οὕτω βαδίζει συν-
145 τόνως ὡς καὶ κοπιᾶσαι ἐκ τῆς ὁδοιπορίας. τοῦτο γὰρ⁴ πανταχοῦ παιδεύει, τὸ αὐτουργὸν [ ]⁵ καὶ ἀπέριττον καὶ τὸ μὴ πολλῶν δεῖσθαι. οὕτω γὰρ βούλεται τῶν περιττῶν ἀλλοτρίους ἡμᾶς εἶναι, ὡς καὶ αὐτῶν τῶν ἀναγκαίων πολλὰ περικόπτειν. διὰ τοῦτο ἔλεγεν· αἱ ἀλώπεκες φωλεοὺς ἔχουσι, καὶ τὰ πετεινὰ τοῦ οὐ–
150 ρανοῦ κατασκηνώσεις, ὁ δὲ υἱὸς τοῦ ἀνθρώπου οὐκ ἔχει ποῦ [ ]⁶ κεφαλὴν κλίνῃ. διὰ τοῦτο καὶ ἐν τοῖς ὄρεσι τὰ πλείονα διατρίβει, οὐκ ἐν ἡμέρᾳ μόνον ἀλλὰ καὶ ἐν νυκτί, καὶ ἐν τοῖς ἐρήμοις. τοῦτο καὶ ὁ Δαυὶδ ἀνακηρύττων ἔλεγεν· ἐκ χειμάρρου ἐν ὁδῷ πίεται, τὸ εὐσταλὲς αὐτοῦ⁷ τοῦ βίου δηλῶν. τοῦτο καὶ [ ]⁸ ἐνταῦθα δείκνυται⁹. [ ]¹⁰ κεκοπιακὼς γὰρ [ ]¹¹ ἐκάθητο [ ]¹² [ ]¹³.
155 Οἱ δὲ μαθηταὶ αὐτοῦ ἀπῆλθον [ ]¹⁴ ἵνα τροφὰς ἀγοράσωσιν. ἐντεῦθεν μανθάνομεν καὶ τὸ περὶ τὰς ὁδοιπορίας εὔτονον [ ]¹⁵ καὶ τὸ περὶ τὰς τροφὰς ἠμελημένον, ὡς γὰρ¹⁶ παρέργως τῷ πράγματι κέχρηται. οὕτω γοῦν καὶ οἱ μαθηταὶ ἐπαιδεύθησαν εἰ–

---

1. = B M. - Add. Ἰουδαικήν· Migne.
2. βίον ἐκβ. : M.
3. = B M. - Add. ἀεί: Migne.
4. = B M. - καὶ τοῦτο: Migne. - Om.: Cr.
5. = B M Cr - Add. εἶναι: Migne.
6. = B*. - Add. τήν: Bᶜ M Migne.
7. = Migne - εὐτελές·[ ]: B*(vid.) M (cf. commentaire).
8. = B M. - Add. Ἰωάννης: Migne.
9. = B M. - δείκνυσι: Migne.
10. = B M. - Add. ὁ οὖν Ἰησοῦς: Migne.
11. = B. - Add. ἐκ τῆς ὁδοιπορίας: M Migne.
12. = B M. - Add. οὕτως: Migne.
13. = B. - Add. Jn 4,6b-7: M Migne.
14. = B M. - Add. εἰς τὴν ἀγοράν: Migne.
15. = B M. - Add. αὐτοῦ: Migne.
16. = B. - καὶ ὡς: M. - καὶ πῶς: Migne.

ont retrouvé aussitôt la piété religieuse. Mais eux, malgré tant de châ-timents subis, n'en sont pas devenus plus sensés.

Ici donc, le Christ est arrivé, rejetant toute vie insouciante et facile mais au contraire adoptant une vie pénible et toute simple. Il ne se sert pas de montures mais il marche péniblement à pied au point d'être fatigué de la route parcourue. Ceci enseigne à se suffire partout à soi-même, sans superflu, sans avoir beaucoup de besoins. Il veut ainsi que nous soyons insouciants des choses superflues, et que nous renoncions même à beaucoup de choses nécessaires. C'est pourquoi il disait: «Les renards ont leurs tanières et les oiseaux du ciel leurs abris, mais le Fils de l'homme n'a pas où reposer sa tête» (Mt 8,20). C'est pourquoi il demeurait la plupart du temps dans les montagnes, non seulement le jour mais aussi la nuit, et dans les déserts. *C'est ce que proclamait David en disant: «En route, il boira au torrent»* (Ps 109,7), *indiquant la frugalité de la vie. C'est ce qui est montré ici aussi: «Car fatigué, il était assis»* Jn 4,6).

«Mais les disciples étaient partis pour acheter des vivres» (Jn 4,8). Ici nous apprenons, et à être résistants lorsqu'il s'agit de faire route, et à ne pas se faire de souci lorsqu'il s'agit de nourriture, comme s'il ne fallait en user qu'en passant. Ainsi donc les disciples aussi ont appris à l'être. ...

xxxi ναι[1]. οὐ γὰρ ἐπήγοντο ἐφόδια. καὶ δηλοῖ τοῦτο ἕτερος εὐαγγελιστὴς λέγων [ ][2] ὅτι ἐκεῖνοι ἐνόμιζον[3] ὅτι ἄρτους οὐκ ἐβάστα-
σαν[4]. καὶ ὅταν πεινῶντας εἰσάγῃ, καὶ τίλλοντας [ ][5] σταχύων
καὶ ἐσθίοντας, καὶ ὅταν λέγῃ αὐτὸν ἐπὶ τὴν συκῆν διὰ τὴν πεῖ-
ναν ἐληλυθῆναι, οὐδὲν ἄλλο ἢ τοῦτο διὰ πάντων ἡμᾶς παι-
165 δεύει, τὸ καταφρονεῖν γαστρὸς καὶ μὴ περισπούδαστον τὴν αὐτῆς
νομίζειν εἶναι λειτουργίαν.

Σκόπει γοῦν αὐτοὺς καὶ [ ][6] ἐν τούτῳ τῷ καιρῷ ἐν ᾧ κατ᾽
αὐτὸν[7] ἅπαντες ἀριστοποιοῦνται τροφὰς ἀγοράζοντας[8]. ἀλλὰ
οὐχ ὡς ἡμεῖς[9], εὐθέως ἀπὸ κλίνης ἀνιστάμενοι[10] πρὸ τῶν ἄλλων
170 τοῦτο σκοπούμεθα, μαγείρους καὶ τραπεζοποιοὺς καλοῦντες, καὶ
μετὰ πολλῆς ταῦτα ἐπισκοποῦντες[11] [ ][12] σπουδῆς, καὶ μετ᾽ ἐκεῖνα τῶν ἄλλων ἁπάντων[13] ἁπτόμενοι, καὶ[14] τὰ βιωτικὰ πρὸ τῶν
πνευματικῶν [ ][15] ποιούμενοι, καὶ ἃ πάρεργα[16] ἔχειν ἐχρῆν, ὡς
ἀναγκαῖα τιμῶντες. διὰ τοῦτο πάντα ἄνω καὶ κάτω γίνεται.
175 τοὐναντίον γὰρ ἐχρῆν πρὸ πάντων τῶν[17] πνευματικῶν [ ][18] ποιη-

---

1. = B M. - τὰ καθ᾽ ἑαυτοὺς διατίθεσθαι: Migne.
2. = B*. - Add. ἡνίκα περὶ τῆς ζύμης τῶν Φαρισαίων αὐτοῖς διελέγετο: Bᶜ M
Migne.
3. διελογίζοντο: M.
4. = B M. - ἐβάσταζον: Migne.
5. = B*. - Add. τῶν: Bᶜ M Migne.
6. = B M Cr. - Add. ἐνταῦθα οὔτε ἐπιφερομένους τι οὔτε ἐπειδὴ μὴ ἐβάσταζον
ἐκ προοιμίων καὶ εὐθὺς τῆς ἡμέρας τούτου φροντίζοντας ἀλλά: Migne.
7. = B M. - ἐν ᾧ καιρῷ: Cr. - κατὰ τὸν καιρὸν καθ᾽ ὅν: Migne.
8. ἀγοράζοντες: B.
9. = B M. - ἡμεῖς οἱ: Migne.
10. = B M. - διανιστάμενοι: Migne.
11. = B. - ἐπισκήπτοντες: M Migne.
12. = B M. - Add. τῆς: Migne.
13. = B M. - οὕτως: Migne.
14. = M. - Om.: B Migne.
15. = M. - Add. σπουδαῖα: B Migne.
16. = B M. - πάρεργον: Migne.
17. Om.: B* (même au même).
18. =M. - Add. πολύν: B Migne.

Car ils n'avaient pas emporté de provisions. Et un autre évangéliste le montre aussi lorsqu'il dit qu'ils pensaient ne pas avoir emporté de pains (cf. Mt 8,16). Et lorsqu'il les met en scène affamés, et arrachant des épis pour les manger (Mt 12,1ss), et lorsqu'il dit qu'Il vint au figuier poussé par la faim (Mt 21,18s), grâce à tous ces exemples il ne nous apprend rien d'autre que ceci: mépriser le ventre et ne pas penser qu'être à son service soit la chose la plus urgente.

Regarde-les: c'est en ce moment précis où tous les gens prennent leur repas qu'ils achètent de la nourriture. Ce n'est pas comme nous: à peine hors du lit, avant toutes choses nous nous en préoccupons, nous appelons les cuisiniers et ceux qui sont chargés de dresser la table, et nous surveillons ces préparatifs avec beaucoup de soin, et après cela nous prenons encore toute sorte d'autres mets, et nous faisons passer les réalités matérielles avant les spirituelles, et ce qu'il fallait tenir pour peu important nous l'estimons nécessaire. C'est pourquoi tout est à l'envers. En effet, il fallait au contraire s'occuper avant tout des réalités spirituelles,

xxxi σαμένους λόγον, μετὰ τὸ πληρωθῆναι[1] ἐκεῖνα, τότε ἅπτεσθαι τούτων.

Οὐ τὸ ἐπίπονον δὲ[2] μόνον ἀλλὰ καὶ τὸ ἄτυφον ἐντεῦθεν δείκνυται, οὐ τὸ κοπιᾶσαι οὐδὲ τὸ[3] καθίσαι ἐπὶ τῆς ὁδοῦ μόνον, 180 ἀλλὰ καὶ τὸ[4] καταλειφθῆναι μόνον καὶ τοὺς μαθητὰς αὐτοῦ χωρισθῆναι[5]. καίτοι γε ἐξῆν εἴ γε ἐβούλετο, ἢ μὴ πάντας ἐκπέμψαι, ἢ ἀπελθόντων ἐκείνων ἑτέρους διακόνους ἔχειν· ἀλλ᾽ οὐκ ἠθέλησε· καὶ γὰρ τοὺς μαθητὰς οὕτως εἴθισε καταπατεῖν πάντα ἄτυφον[6]. [ ] ἀλλ᾽[7] ἴσως εἴποι τις ἄν, [ ] οὐκ[8] ἁλιεῖς [ ][9] ἦσαν καὶ σκηνο-185 ποιοί; ἀλλ᾽ ἀθρόον εἰς αὐτὴν ἀνέβησαν τοῦ οὐρανοῦ τὴν κορυφήν, καὶ πάντων ἐγένοντο βασιλέων σεμνότεροι, ὁμιληταὶ γενέσθαι καταξιωθέντες τοῦ τῆς οἰκουμένης Δεσπότου, καὶ παρακολουθῆσαι τῷ θαυμαζομένῳ πάντοθεν. ἴστε δὲ [ ][10] ὅτι μάλιστα οἱ ἐκ ταπεινῶν ὄντες, ὅταν ἀξιωμάτων ἐπιλάβωνται[11], εὐκολώ-190 τερον αἴρονται [ ][12], ἅτε ἀπειροκάλως ἔχοντες πρὸς τὴν τοσαύτην τίμην. κατέχων οὖν αὐτοῖς ἐπὶ τῆς αὐτῆς μετριότητος, ἐπαίδευεν αὐτοὺς ἄρτους ὠνεῖσθαι πορευομένους [ ][13].

Αὐτὸς δὲ κεκοπιακὼς [ ][14] ἐκάθητο [ ][15]. ὁρᾷς ὅτι διὰ τὸν κόπον ἡ καθέδρα γέγονε, διὰ τὸ καῦμα, διὰ τὸ περιμεῖ-195 ναι τοὺς μαθητάς; ᾔδει μὲν γὰρ συμβησόμενον τὸ κατὰ τοὺς Σαμαρείτας. οὐκ ἐπὶ τοῦτο δὲ ἦλθε προηγουμένως·

---

1. = M. - πληρῶσαι: B Migne.
2. *Om.*: B*.
3. = M (bis). - τῷ: B Migne.
4. = B M. - τῷ: Migne.
5. = B M. - ἀπελθεῖν: Migne.
6. = B*. - 2 3 1: Migne (M illisible).
7. = B. - *Add.* καὶ τί μέγα, φησίν, εἰ ἐμετρίαζον [ ]: Migne (M illisible).
8. = B*. - *Add.* ἁλιεῖς ὄντες καὶ σκηνοποιοί [ ]: Migne (M illisible)
9. = B. - *Add.* μέν: Migne (M illisible).
10. = B M. - *Add.* κἀκεῖνο: Migne.
11. = B M. - ποτὲ λάβωνται: Migne.
12. = B M. - *Add.* πρὸς ἀπόνοιαν: Migne.
13. = B M (ἄρτους δι᾽ ἑαυτῶν). - διὰ πάντων συνεστάλθαι καὶ μηδαμοῦ δεῖσθαι τῶν διακονησομένων: Migne.
14. = B* M. - *Add.* ἐκ τῆς ὁδοιπορίας φησίν : Migne.
15. = B* M. - *Add.* οὕτως ἐπὶ τῇ πηγῇ: Migne.

et, une fois celles-ci accomplies, alors seulement toucher à celles-là.

Ici, on nous montre non seulement ce qui est pénible mais aussi ce qui est sans faste, non seulement le fait d'être fatigué ou de s'asseoir sur le chemin, mais encore le fait d'être laissé seul tandis que s'en étaient allés ses disciples. Et cependant, il eut été possible, s'il l'eut voulu, soit de ne pas les envoyer tous, soit, ceux-ci une fois partis, d'avoir d'autres serviteurs. Mais il ne l'a pas voulu. En effet, il aurait ainsi habitué les disciples à fouler aux pieds tout ce qui est sans faste. Mais, pourrait-on dire, n'étaient-ils pas des pêcheurs (cf. Mt 4,18) et des fabriquants de tentes (cf. Act 18,3)? Mais en même temps ils étaient montés au sommet du ciel, et ils étaient devenus plus imposants que tous les rois, ayant été jugés dignes de devenir disciples du Maître du monde entier et de suivre partout l'Admirable. Sachez que ce sont surtout les gens d'humble origine qui, lorsqu'ils obtiennent des dignités, s'enorgueillissent le plus facilement: ils se conduisent grossièrement eu égard à tant d'honneur. Et donc, les maintenant dans cette tempérance, il leur apprenait à acheter des pains en cours de route.

«Mais lui, fatigué, était assis» (Jn 4,6). **Tu vois que le fait de s'asseoir est venu de la fatigue, de la chaleur, de l'attente des disciples. Car certes il savait ce qui allait arriver à propos des Samaritains, mais il n'est pas venu intentionnellement pour cela.**

xxxi   Οὐ μὴν ἐπειδὴ διὰ τοῦτο οὐκ ἦλϑε, παραγενόμενον τὸ
γύναιον ἀπώσασϑαι ἐχρῆν, οὕτω πολλὴν φιλομάϑειαν ἐπιδεικνύ-
μενον. οἱ μὲν γὰρ Ἰουδαῖοι καὶ πρὸς αὐτοὺς ἐρχόμενον ἀπήλαυ-
200 νον, οἱ δὲ ἐξ ἐϑνῶν καὶ ἀλλαχοῦ βαδίζοντα πρὸς ἑαυτοὺς εἷλκον·
καὶ οἱ μὲν ἐφϑόνουν, οἱ δὲ ἐπίστευον· ἐκεῖνοι ἠγανάκτουν, οὗτοι
ἐϑαύμαζον καὶ προσεκύνουν. τί οὖν; ἔδει τοσαύτην¹ σωτηρίαν
ὑπεριδεῖν καὶ προϑυμίαν οὕτω γενναίαν ἀφεῖναι; τοῦτο μὲν οὖν
ἀνάξιον ἦν αὐτοῦ τῆς φιλανϑρωπίας·
205   Διόπερ μετὰ τῆς αὐτῷ προσηκούσης² σοφίας πάντα τὰ
παρόντα οἰκονομεῖ. ἐκάϑητο μὲν γὰρ, ἀναπαύων τὸ σῶμα
καὶ παρὰ τὴν πηγὴν ἀναψύχων αὐτό³. αὐτὸ γὰρ τῆς ἡμέρας
ἦν⁴ τὸ μεσαίτατον, ὅπερ καὶ ὁ εὐαγγελιστὴς ἐδήλωσεν εἰ-
πών· ὥρα ἦν ὡς⁵ ἕκτη· καὶ ἐκάϑητο [ ]⁶, οὐκ ἐπὶ ϑρόνου [ ]⁷
210 ἀλλ᾽ ἁπλῶς καὶ ὡς ἔτυχεν ἐπ᾽ ἐδάφους.
        Ἔρχεται δὲ⁸ ἡ⁹ γυνὴ ἐκ τῆς Σαμαρίας ἀντλῆσαι ὕδωρ.
ὁρᾷς¹⁰ πῶς καὶ τὴν γυναῖκα δι᾽ ἄλλο δείκνυσιν ἐξελϑοῦ-
σαν, πανταχοῦ τὴν ἀναίσχυντον τῶν Ἰουδαίων ἐπιστομίζων
ἀντιλογίαν, [ ]¹¹ ἵνα μή τις λέγῃ ὅτι ἐναντιοῦται ἑαυτοῦ τῷ
215 προστάγματι Σαμαρειτῶν πόλιν κωλύων¹² εἰσιέναι, Σαμαρείταις δὲ διαλεγόμενος. διὸ καὶ τό· οὔπω ἐληλύϑεισαν οἱ
μαϑηταὶ αὐτοῦ,¹³ τέϑεικεν ὁ εὐαγγελιστής, πολλὰς εἰσάγων αἰτίας τῆς πρὸς αὐτὴν διαλέξεως.

---

1. = B M. - τοσούτων: Migne.

2. = B M. - 2 1: Migne.

3. = Cr Migne. - *Om.*: B M (hapl.).

4. = B M. - 3 1 2: Migne.

5. = M. - ὡσεί: B Cr Migne.

6. = B M. - *Add.* οὕτως. τί δέ ἐστιν οὕτως: Migne.

7. = B M Cr. - Add. φησὶν οὐκ ἐπὶ προσκεφαλαίου: Migne.

8. = B M. - *Om.*: Migne.

9. = B. - *Om.* M Migne.

10. = B M. - ὅρα: Migne.

11. = B M. - *Add.* καί: Migne.

12. = B M. - εἰς μὲν πόλιν κελεύων μὴ εἰσιέναι Σαμαρειτῶν : Migne.

13. = B M. - ἀπεληλύϑεισαν οἱ μαϑηταὶ αὐτοῦ εἰς τὴν πόλιν ἵνα τροφὰς
ἀγοράσωσι: Migne.

Et ce n'est pas parce qu'il n'était pas venu pour cela qu'il fallait repousser la femme alors qu'elle montrait tant de désir d'apprendre. En effet les Juifs repoussaient même celui qui venait vers eux tandis que les païens attiraient à eux celui qui marchait ailleurs; et les uns étaient envieux tandis que les autres croyaient; ceux-là s'irritaient tandis que ceux-ci s'émerveillaient et adoraient. Quoi donc? Fallait-il dédaigner un tel salut et repousser un empressement si généreux? Cela n'aurait pas été digne de son amour des hommes.

C'est pourquoi il arrange tout ce qui se présente selon la sagesse qui lui est propre. En effet, il était assis, reposant son corps et le faisant souffler près de la source. Car on était en plein milieu du jour, ce que l'évangéliste a montré en disant: «C'était environ la sixième heure.» Et il était assis, non pas sur un siège, mais tout simplement par terre.

Or vient la femme de Samarie pour puiser de l'eau. Tu vois comment il montre que la femme vient pour autre chose, réduisant au silence la contradiction impudente des Juifs, afin que personne ne dise qu'Il se contredise lui-même: d'une part interdisant d'entrer dans une ville de Samaritains, mais d'autre part s'entretenant avec des Samaritains. C'est pourquoi l'évangéliste a écrit que les disciples n'étaient pas encore arrivés (cf. Jn 4,8), justifiant pleinement le fait qu'il s'entretenait avec elle.

xxxi   Τί οὖν ἡ γυνή; <u>αἰτηθεῖσα ὕδωρ παρὰ τοῦ Χριστοῦ</u>[1],
220 **πῶς σύ, φησίν**[2], **Ἰουδαῖος ὢν αἰτεῖς παρ' ἐμοῦ πιεῖν οὔσης
γυναικὸς Σαμαρείτιδος**[3]; [ ][4]. **καὶ πόθεν αὐτὸν Ἰουδαῖον**[5]
ἐνόμιζεν εἶναι; ἀπὸ τοῦ σχήματος ἴσως καὶ ἀπὸ διαλέξεως.

    Σὺ δέ μοι σκόπει πῶς διεσκεμμένον τὸ γύναιον [ ][6]. εἰ γὰρ
ἐχρῆν φυλάξασθαι, τὸν Ἰησοῦν ἐχρῆν, οὐκ ἐκείνην. οὐ γὰρ εἶπεν
225 ὅτι Σαμαρεῖται τοῖς Ἰουδαίοις οὐ συγχρῶνται, ἀλλ' Ἰουδαῖοι
Σαμαρείτας οὐ προσίενται. ἀλλ' ὅμως ἡ γυνὴ <u>αὐτὴ τὰς ἁμαρτίας</u>[7]
ἀπηλλαγμένη, ἐπειδὴ .ἕτερον. ἐνόμισεν. αὐτῇ[8] <u>περιπίπτειν</u>[9], οὐδὲ
οὕτως ἐσίγησεν, ἀλλ' ὡς οἴεται[10] διορθοῦται τὸ μὴ κατὰ νόμον
γινόμενον. ἀλλ' ἐκεῖνο ἄν τις διαπορήσειε, πῶς ὁ Ἰησοῦς π̲α̲ρ̲'̲ α̲ὐ̲-
230 τ̲ῆ̲ς̲ ἐ̲ζ̲ή̲τ̲η̲σ̲ε̲[11] πιεῖν, τοῦ νόμου οὐκ ἐπιτρέποντος; εἰ γὰρ λέγοι τις,
ὅτι τῷ προειδέναι μὴ δώσουσαν, δι' αὐτὸ μὲν οὖν τοῦτο οὐδὲ
αἰτῆσαι ἐχρῆν. τί οὖν ἔστιν εἰπεῖν; ὅτι ἀδιάφορον[12] αὐτῷ λοιπὸν
[ ][13] τὰς τοιαύτας ἐκβάλλειν παρατηρήσεις. ὁ γὰρ τοὺς ἄλλους
ἐνάγων εἰς τὸ λύειν, πολλῷ μᾶλλον αὐτὸς αὐτὰς ἂν[14] παρέδρα-
235 μεν. οὐ γὰρ τὸ εἰσπορευόμενον[15], φησί, κοινοῖ τὸν ἄνθρωπον,
ἀλλὰ τὸ ἐκπορευόμενον.

---

1. = Β Μ(ὕδωρ πιεῖν). - ἀκούσασα δός μοι πιεῖν σφόδρα συνετῶς εἰς κατα —
    σκευὴν ἐρωτήσεως τὸν παρὰ τοῦ Χριστοῦ λόγον λαμβάνει καὶ λέγει: Mi-
    gne.
2. = Β Μ. - *Om.*: Migne.
3. αἰτεῖς... Σαμαρείτιδος: Μ = Jn 4,9 pour l'ordre des mots.
4. = Β Μ. - *Add.* οὐ γὰρ συγχρῶνται Ἰουδαῖοι Σαμαρείταις: Migne.
5. *Om.* Β*(vid)* (même au même).
6. = Β Μ. - *Add.* ἦν: Migne.
7. = Β Μ. - καίτοι κατηγορίας: Migne.
8. = Β. - 1 3 2: Μ. - 2 1 3: Migne.
9. = Β Μ. - ἀντιπίπτειν: Migne.
10. = Cr Migne. - οιοντε (= οἴονται ?): Β Μ.
11. = Β. - 2 1: Μ Migne.
12. διάφορον: Μ.
13. = Β. - *Add.* ἦν: Μ Migne.
14. = Migne. - *Om.* αὐτάς: Μ (même au même). - ἂν ταύτας: Β (correction).
15. *Add.* εἰς τὸ στόμα ἐκεῖνο: Μ (cf. Mt 15,11).

Que (dit) donc la femme? Ayant été priée par le Christ (de lui donner) de l'eau, «Comment toi, dit-elle, qui est juif, tu me demandes à boire à moi, qui suis une femme samaritaine?» (Jn 4,9). Et à quoi reconnut-elle qu'il était juif? A son allure et à sa façon de parler.

Mais toi, considère combien la femme est avisée! En effet, s'il fallait rester sur la réserve, c'était de la part du Christ, non de sa part à elle. En effet, (l'évangéliste) n'a pas dit que les Samaritains n'ont pas de rapports avec les Juifs, mais que les Juifs ne s'approchent pas des Samaritains (cf. Jn 4,9c). Mais cependant, la femme, elle-même exempte de cette faute, voyait bien qu'un autre l'avait encourue et cependant elle ne s'est pas tue mais elle corrige ce que l'on pensait aller contre la Loi. Mais on pourrait se demander: comment Jésus a-t-il pu lui demander à boire, enfreignant ainsi la Loi? En effet, si l'on voulait répondre: parce qu'il savait à l'avance qu'elle ne lui donnerait pas (à boire), même dans ce cas il ne devait rien demander. Que faut-il répondre alors? *Parce qu'il lui était indifférent de rejeter de telles observances. En effet, lui qui poussait les autres à les enfreindre, combien plus lui-même devait s'empresser de les négliger. Il dit en effet: «Ce n'est pas ce qui entre qui souille l'homme, mais ce qui sort»* (cf. Mt 15,11).

xxxi   Οὐ μικρὰ δὲ τῶν Ἰουδαίων κατηγορία γένοιτ᾽ ἂν[1] ἡ περὶ[2]
τὴν γυναῖκα διάλεξις· ἐκείνους μὲν γὰρ[3] πολλάκις ἐπεσπάσατο[4],
καὶ διὰ ῥημάτων καὶ διὰ πραγμάτων[5], καὶ οὐκ ἠνείχοντο. αὕτη
240 δέ, ὅρα πῶς κατέχεται ἀπὸ ψιλῆς ἐρωτήσεως. αὐτὸς μὲν γὰρ οὐκ
ἐνεστήσατο [ ][6] ταύτην τὴν πραγματείαν, οὐδὲ τὴν ὁδόν· εἰ δέ
τινες παρεγένοντο, οὐκ ἐκώλυε. καὶ γὰρ τοῖς μαθηταῖς τοῦτο[7]
ἔλεγεν· εἰς πόλιν Σαμαρειτῶν μὴ εἰσέλθητε[8], οὐχὶ καὶ προσιόντας
διακρούεσθαι. σφόδρα γὰρ ἀνάξιον ἦν αὐτοῦ τῆς φιλανθρωπίας.
245   Διὰ δὴ τοῦτο **καὶ ἀποκρίνεται τῇ γυναικὶ καὶ φησίν· εἰ
ᾔδεις [ ][9] τίς ἐστιν ὁ λέγων σοι δός μοι πιεῖν, σὺ ἂν ᾔτησας
αὐτὸν καὶ ἔδωκέν [ ][10] σοι ὕδωρ ζῶν.** ἀλλὰ[11] πρότερον δείκνυσι ἀξίαν οὖσαν ἀκοῦσαι καὶ μὴ παροφθῆναι, καὶ τότε ἑαυτὸν
ἐκκαλύπτει. καὶ γὰρ ἔμελλεν εὐθέως μαθοῦσα ὅστις ἐστὶν ὑπ-
250 ακούσεσθαι καὶ προσέξειν αὐτῷ. ὅπερ περὶ Ἰουδαίων οὐκ ἄν τις
εἴποι. καὶ γὰρ μαθόντες, ᾔτησαν αὐτὸν οὐδέν [ ][12], ἀλλὰ καὶ
ὕβρισαν[13] καὶ ἀπήλαυνον. ἡ δὲ γυνὴ ταῦτα ἀκούσασα, ὅρα
πῶς ἐπιεικῶς ἀποκρίνεται· κύριε [ ][14], οὔτε ἄντλημα
ἔχεις καὶ τὸ φρέαρ ἐστὶν βαθύ [ ][15]. τέως ἑαυτὴν[16] τῆς
255 ὑπονοίας τῆς ταπεινῆς ἀνέστησε, καὶ τοῦ νομίζειν ἕνα τῶν
πολλῶν εἶναι. οὐ γὰρ ἁπλῶς ἐνταῦθα καλεῖ κύριον, ἀλλὰ
πολλὴν ἀπονέμουσα τὴν τιμήν. ὅτι γὰρ τιμῶσα ταῦτα ἔλε-

---

1. = B M. - 3 4 5 1 2: Migne.
2. = B M. - πρός: Migne.
3. = B M. - διότι ἐκεῖνοι μέν: Migne.
4. = B M. - ἐπεσπῶντο: Migne.
5. *Om.* καὶ διὰ πραγμάτων: B* (même au même).
6. = B M. - *Add.* τέως: Migne.
7. = B M. - ἁπλῶς: Migne.
8. = B M. - εἰσελθεῖν: Migne.
9. = B. - *Add.* τὴν δωρεὰν τοῦ Θεοῦ: M Migne.
10. = B M. - *Add.* ἄν: Migne.
11. = B M. *Om.*: Migne.
12. = B M. - *Add.* οὐδὲ ἐπεθύμησάν τι μαθεῖν τῶν χρησίμων: Migne.
13. = B M. - ὕβριζον: Migne.
14. = B. - *Add.* φησίν: Migne (M illisible).
15. = B. *Add.* πόθεν οὖν ἔχεις τὸ ὕδωρ τὸ ζῶν: Migne (M illisible).
16. = B. - αὐτήν: Migne (M illisible).

C'était une grave accusation contre les Juifs que cette conversation avec la femme. En effet, Il les attira souvent, et par des paroles et par des actions, mais ils ne le supportaient pas. Mais elle, vois combien elle est retenue par une simple demande. Lui, en effet, il ne s'arrêtait pas à cette affaire, ni à la route; mais si des gens arrivaient, il ne les empêchait pas. Et en effet, il disait aux disciples: «N'entrez pas dans une ville des Samaritains» (Mt 10,5), mais non de repousser ceux qui s'approchaient. Cela aurait été très indigne de son amour des hommes.

*Pour cette raison **il répond à la femme et lui dit: «Si tu savais qui est celui qui de dit "Donne-moi à boire", c'est toi qui le lui aurais demandé et il t'aurait donné de l'eau vive»** (Jn 4,10). Mais il montre d'abord qu'elle mérite d'être écoutée et non pas dédaignée, et alors il se manifeste. En effet, dès qu'elle eut appris qui il était, elle allait obéir et s'attacher à lui. On ne pourrait pas en dire autant des Juifs: en effet, l'ayant appris, ils ne lui demandèrent rien mais ils le maltraitèrent et le chassèrent.* **Mais la femme, lorsqu'elle entend cela, vois combien elle répond avec patience: «Seigneur, tu n'as rien pour puiser et le puits est profond» (Jn 4,11a). Elle-même, elle s'est élevée au dessus de l'idée qu'il était d'humble condition, et de la pensée qu'il était comme tout le monde. Ici en effet, elle ne l'appelle pas simplement "Seigneur", mais elle lui rend un grand honneur. En effet, qu'elle   ...**

xxxi γεν, ἀπὸ τῶν ἑξῆς εἰρημένων δῆλον. οὐ γὰρ κατεγέλασεν, οὐδὲ ἐκωμῴδησεν, ἀλλὰ διηπόρει τέως.

260   Εἰ δὲ μὴ εὐθέως τὸ πᾶν ἐνόμισε[1], μὴ θαυμάσῃς. οὐδὲ γὰρ ὁ Νικόδημος· τί γὰρ καὶ[2] ἐκεῖνός φησι; πῶς δύναται ταῦτα γενέσθαι; [ ] μὴ[3] δύναται ἄνθρωπος γεννηθῆναι γέρων ὤν; [ ][4]. αὕτη δὲ καὶ[5] αἰδεσιμώτερον· κύριε, οὔτε ἄντλημα ἔχεις καὶ τὸ φρέαρ ἐστὶν βαθύ, πόθεν δὲ[6] ἔχεις τὸ ὕδωρ τὸ ζῶν; ἄλλο μὲν ὁ Χριστὸς[7]
265 ἔλεγεν, ἄλλο δὲ καὶ ὑπώπτευεν ἐκείνη, οὐδὲν πλέον ἀκούουσα τῶν ῥημάτων, οὐδὲ ἐννοῆσαι τέως τι ὑψηλὸν δυναμένη, καίτοι γε ἐνῆν εἰπεῖν προπετῶς φθεγγομένην, ὅτι εἰ εἶχες τὸ ὕδωρ τὸ ζῶν, οὐκ ἂν ᾔτησας παρ᾽ ἐμοῦ, ἀλλὰ σαυτῷ παρέσχες ἂν πρότερον[8]· νῦν δὲ κομπάζεις. ἀλλὰ οὐδὲν τούτων εἶπεν, ἀλλὰ μετ᾽ ἐπιεικείας
270 ἀποκρίνεται πολλῆς, καὶ ἐν ἀρχῇ καὶ μετὰ ταῦτα. καὶ γὰρ ἐν ἀρχῇ φησι· πῶς σὺ Ἰουδαῖος ὢν αἰτεῖς πιεῖν παρ᾽ ἐμοῦ[9]; καὶ οὐκ εἶπεν, ἅτε πρὸς ἀλλόφυλον καὶ ἐχθρὸν διαλεγομένη· μή μοι γένοιτό σοι δοῦναι[10] ἀνθρώπῳ πολεμίῳ [ ][11]. καὶ μετὰ ταῦτα πάλιν ἀκούσασα μεγάλα λέγοντος, ἐφ᾽ ᾧ μᾶλλον[12] δάκνονται οἱ ἐχθροί,
275 οὐ κατεγέλασεν οὐδὲ διέσυρεν[13], ἀλλὰ τί φησι; μὴ σὺ μείζων εἶ τοῦ πατρὸς ἡμῶν Ἰακὼβ ὃς ἔδωκεν ἡμῖν τὸ ὕδωρ[14] τοῦτο καὶ αὐτὸς ἔπιεν ἀπὸ τῆς πηγῆς[15] καὶ οἱ υἱοὶ αὐτοῦ καὶ τὰ θρέμματα αὐτοῦ;

---

1. = B. - ἐνενόησε: Migne (M illisible).
2. = B M. - *Om.*: Migne.
3. = B M. - καὶ πάλιν πῶς: Migne.
4. = B M. - *Add.* καὶ πάλιν· μὴ δύναται εἰς τὴν κοιλίαν τῆς μητρὸς αὐτοῦ δεύτερον εἰσελθεῖν καὶ γεννηθῆναι: Migne.
5. = B. - *Om.*: M Migne.
6. = B M. - οὖν: Migne.
7. = B M. - πρὸς αὐτήν: Migne.
8. = B M. - προτέρῳ: Migne.
9. = B M. - 2 3 1: Migne.
10. = B M. - μεταδοῦναι: Migne.
11. = B M. - *Add.* καὶ τοῦ ἔθνους ἡμῶν ἠλλοτριωμένῳ: Migne.
12. = B M. - μάλιστα: Migne.
13. = Migne. - οὐδὲ ἔσυρεν: B* (hapl.). - οὐ διέσυρεν: M (hapl.).
14. = B M. - φρέαρ: Migne.
15. = B M. - ἐξ αὐτοῦ ἔπιε: Migne.

disait cela en l'honorant, la suite le montre: en effet, elle ne s'est pas moquée de lui, elle ne l'a pas raillé, mais elle est simplement perplexe.

Si elle n'a pas tout de suite compris, ne t'en étonnes pas, car Nicodème non plus. En effet, que dit aussi celui-ci? «Comment cela peut-il se faire? Un homme peut-il naître étant vieux?» (Jn 3,4). Mais elle, très respectueusement: «Seigneur, tu n'as pas de quoi puiser et le puits est profond, d'où l'aurais-tu, l'eau vive?» (Jn 4,11). Le Christ parlait d'une façon, mais elle, elle comprenait d'une autre, s'en tenant au sens des mots et ne pouvant pas imaginer quelque chose de sublime. Et cependant, elle aurait pu dire spontanément: si tu as cette eau vive, tu ne me l'aurais pas demandée, mais tu l'aurais toi-même fournie; tu te vantes. Mais elle ne dit rien de tel, mais elle répond avec beaucoup de patience, et dès le début, et ensuite. En effet, elle dit au début: «Comment toi, qui es juif, tu me demandes à boire à moi, qui suis une femme samaritaine?» (Jn 4,9). Et elle ne dit pas, du fait qu'elle conversait avec un étranger et un ennemi: «Jamais! Que je donne, moi, à toi, un homme en guerre (contre nous)!» Et ensuite, en l'entendant dire de grandes choses, dont les ennemis auraient pris occasion pour le blesser, elle ne s'est pas moquée et ne l'a pas mis en pièces, mais que dit-elle? «Es-tu plus grand que notre père Jacob qui nous a donné cette eau et lui-même a bu de cette source et ses fils et ses troupeaux» (Jn 4,12).

xxxi   Ὁρᾷς πῶς εἰσωθεῖ ἑαυτὴν <u>πρὸς</u>[1] τὴν εὐγένειαν τὴν
280 Ἰουδαικήν; **ὃ δὲ λέγει τοιοῦτόν ἐστιν· ἐκεῖνος τούτῳ ἐκέ-**
χρητο τῷ ὕδατι καὶ πλέον ἔσχεν οὐδὲν δοῦναι.

<u>Ὁρᾷς</u>[2] πῶς ἐκ πρώτης ἀποκρίσεως ἐδέξατο νόημα μέγα καὶ
ὑψηλόν; τὸ γὰρ αὐτὸς ἔπιεν ἀπ᾽αὐτῆς καὶ οἱ υἱοὶ αὐτοῦ καὶ τὰ
θρέμματα αὐτοῦ, οὐδὲν ἄλλο αἰνιττομένης ἐστὶν ἀλλ᾽ ἢ[3] ὅτι ἔσχε
285 μὲν ἔννοιαν μείζονος ὕδατος, οὐχ εὕρισκε δὲ αὐτὸ[4] οὐδὲ ᾔδει σαφῶς. ἵνα <u>γὰρ</u>[5] εἴπω σαφέστερον[6], ὃ βούλεται εἰπεῖν, τοῦτό ἐστιν
<u>ὃ φησιν· ὅτι</u>[7] οὐκ ἔχεις εἰπεῖν [ ][8] ὅτι Ἰακὼβ μὲν ἡμῖν ταύτην
ἔδωκε τὴν πηγήν, ἑτέρᾳ δὲ αὐτὸς ἐχρήσατο· καὶ αὐτὸς καὶ οἱ υἱοὶ
αὐτοῦ ἀπ᾽αὐτῆς ἔπιον, οὐκ ἂν πιόντες[9] εἴ γε βελτίονα εἶχεν [ ][10].
290 ἀπὸ ταύτης μὲν οὖν οὐδὲ αὐτὸς δυνήσῃ δοῦναι, ἑτέραν δὲ
βελτίονα οὐκ ἔστι σε ἔχειν, εἰ μὴ καὶ τοῦ Ἰακὼβ μείζονα ὁμολο-
γεῖς[11] εἶναι σαυτόν. [ ][12]. ἀλλ᾽ οὐχὶ Ἰουδαῖοι οὕτως προσηνῶς
αὐτῷ διαλέγονται, καίτοι καὶ αὐτοῖς περὶ τῆς αὐτῆς ὑποθέσεως
διελέχθη, [ ][13] τοιούτου μνημονεύσας ὕδατος· [ ][14] οὐδὲν ἐκέρδα-
295 ναν. ὅτε δὲ τοῦ Ἀβραὰμ ἐμνημόνευσε, καὶ λίθοις βάλλειν αὐτὸν
ἐπεχείρουν; ἀλλ᾽ οὐχ ἡ γυνὴ <u>τοιοῦτον</u>[15] αὐτῷ τὸν τρόπον προσ-
φέρεται, ἀλλὰ μετὰ πολλῆς τῆς[16] ἐπιεικείας ἐν μέσῳ καύματι,
καὶ ἐν ἡμέρᾳ μέσῃ, καὶ λέγει καὶ ἀκούει πάντα μετὰ μακροθυμί-

---

1. = B M. - εἰς: Migne.
2. = B M. - ταῦτα δὲ ἔλεγε δεικνῦσα: Migne.
3. *Om.*: M.
4. *Add.* εἰπεῖν: M.
5. = B M. - δὲ καί: Migne.
6. = B M. - 2 1: Migne.
7. = B M. - *Om.*: Migne.
8. = B M. - *Add.* φησίν: Migne.
9. ἔπιον: B.
10. = B M. - *Add.* ἑτέραν: Migne.
11. = B M. - 2 1: Migne.
12. = B M. - *Add.* πόθεν οὖν ἔχεις τὸ ὕδωρ ὃ ἐπαγγέλλῃ δῶσειν ἡμῖν: Migne.
13. = B M. - *Add.* τοῦ Migne.
14. = B. - *Add.* καί: M. - *Add.* ἀλλ᾽: Migne.
15. = B* M. - τοῦτον: Migne.
16. *Om.*: M (hapl.).

Vois-tu comment elle se pousse vers la noblesse de sentiments juive? **Tel est le sens de ce qu'il dit: celui-ci se servait de cette eau mais il n'avait rien de plus à donner.**

Vois-tu comment à la première réponse elle a conçu une pensée grande et sublime? En effet, la phrase "Lui-même en a bu et ses fils et ses troupeaux" fait supposer qu'elle avait l'idée d'une eau meilleure mais sans la trouver ou sans le savoir clairement. Mais que je dise plus clairement ce qu'elle voulait dire; voici ce qu'elle dit: tu n'as pas à dire que Jacob nous a donné cette source mais que lui en a utilisé une autre; lui-même et ses fils en ont bu, et ils n'en auraient pas bu s'il en avait eu une meilleure. De cette source donc toi-même tu ne peux pas donner et tu n'en as pas une autre meilleure à moins que tu ne te reconnaisses plus grand que Jacob. Mais les Juifs ne lui parlent pas de façon aussi douce bien qu'à eux aussi il ait parlé de cette hypothèse, après avoir fait mention de l'eau (cf. Jn 5,35). Ils n'en ont rien retiré. Mais lorsqu'il a fait mention d'Abraham, ils commencèrent même à lui jeter des pierres (cf. Jn 8,58-59). Mais la femme ne s'adresse pas à lui d'une telle façon, mais avec beaucoup de patience, en pleine chaleur, au milieu du jour, et elle parle et elle écoute tout avec beaucoup de longanimité, ...

xxxi ας πολλῆς, καὶ οὐδὲν ἐννοεῖ τι τοιοῦτον οἷον εἰκὸς Ἰουδαίους εἰ-
300 πεῖν, ὅτι μαίνεται καὶ ἐξέστηκεν οὗτος, προσέδησέ με πηγῇ καὶ
φρέατι, παρέχων μὲν οὐδέν, φυσῶν δὲ τοῖς ῥήμασιν· ἀλλὰ καρτε-
ρεῖ καὶ προσεδρεύει [ ]¹.

---

1. = B M. - *Add.* ἕως ἂν εὕρῃ τὸ ζητούμενον: Migne.

et elle ne pense rien de ce que les Juifs sans doute auraient dit, qu'il divague et qu'il est hors de sens; il s'est joué de moi au sujet de source et de puits, ne donnant rien mais jouant sur les mots. Mais elle attend et elle reste là.

xxxii   Ἀπεκρίθη Ἰησοῦς καὶ εἶπεν αὐτῇ· πᾶς ὁ πίνων ἐκ τοῦ
ὕδατος τούτου διψήσει πάλιν, ὃς δ᾿ ἂν πίῃ ἐκ τοῦ ὕδατος οὗ ἐγὼ¹
δώσω αὐτῷ οὐ μὴ διψήσει εἰς τὸν αἰῶνα ἀλλὰ τὸ ὕδωρ ὃ ἐγὼ¹
δώσω αὐτῷ γενήσεται [ ]² αὐτῷ πηγὴ ὕδατος [ ]³.

5

    Τοῦ Πνεύματος⁴ τὴν χάριν ἡ γραφὴ ποτὲ μὲν πῦρ ποτὲ δὲ
ὕδωρ καλεῖ, δεικνῦσα ὅτι οὐκ οὐσίας ἐστὶ ταῦτα [ ]⁵ τὰ ὀνό-
ματα⁶, ἀλλ᾿ ἐνεργείας. οὐδὲ γὰρ ἐκ διαφόρων συνέστηκεν οὐσιῶν
τὸ Πνεῦμα, ἀόρατόν τε καὶ μονοειδὲς ὄν. καὶ ὁ μὲν⁷ Ἰωάννης
10 ταῦτα λέγει ὅτι⁸ αὐτὸς ὑμᾶς βαπτίσει ἐν Πνεύματι ἁγίῳ καὶ
πυρί. ὁ δὲ⁹ Χριστός· ποταμοὶ ἐκ τῆς κοιλίας αὐτοῦ ῥεύσουσιν
ὕδατος ζῶντος. τοῦτο δὲ ἔλεγε¹⁰ περὶ τοῦ Πνεύματος, φησίν, οὗ
ἔμελλον λαμβάνειν. οὕτω καὶ τῇ γυναικὶ διαλεγόμενος¹¹ [ ]¹²
καλεῖ τὸ Πνεῦμα· ὃς γὰρ ἂν πίῃ ἀπὸ τοῦ ὕδατος τούτου, φησίν¹³,
15 οὗ ἐγὼ δώσω αὐτῷ οὐ μὴ διψήσει εἰς τὸν αἰῶνα.

    Οὕτω δὲ καὶ¹⁴ τὸ Πνεῦμα καλεῖ διὰ μὲν τῆς τοῦ πυρὸς
προσηγορίας, τὸ θερμὸν καὶ διεγηγερμένον¹⁵ τῆς χάριτος καὶ δα-

---

1. = M. - *Om.*: B Migne.
2. = B. - *Add.* ἐν: M Migne.
3. = B. - *Add.* ἀλλομένη εἰς ζωὴν αἰώνιον: M Migne.
4. *Om.* τοῦ Πνεύματος: M.
5. = B M. - *Add.* παραστατικά: Migne.
6. *Om.* τὰ ὀνόματα: B (même au même).
7. = B M. - τὸ μὲν οὖν ὁ: Migne.
8. = B M. - δηλοῖ οὕτω λέγων: Migne.
9. = B M. - τὸ δὲ ὁ: Migne.
10. = B M. - εἶπε: Migne.
11. *Add.* ὁ χριστός: M.
12. = B M. - *Add.* ὕδωρ: Migne.
13. = B M. - *Om.*: Migne.
14. = B. - *Om.*: M Migne.
15. = B M. - 3 2 1: Migne.

Jésus répondit et lui dit: «Quiconque boit de cette eau aura encore soif, mais qui boira de l'eau que je lui donnerai n'aura plus jamais soif, mais l'eau que je lui donnerai deviendra pour lui une source d'eau (Jn 4,13-14).

Le don de l'Esprit, l'Écriture l'appelle tantôt "feu", tantôt "eau", montrant que ce ne sont pas des noms de substance mais d'énergie; car l'Esprit n'est pas constitué de substances différentes puisqu'il est invisible et non composé. Et Jean le dit puisque "Lui vous baptisera dans l'Esprit saint et le feu" (Mt 3,11). Quant au Christ: «De son sein couleront des fleuves d'eau vive; or il disait cela au sujet de l'Esprit, dit (l'évangéliste), qu'ils devaient recevoir» (Jn 7,38-39). C'est aussi ainsi que, conversant avec la femme, il appelle l'Esprit: «Car qui boira de cette eau, dit-il, que je lui donnerai n'aura plus jamais soif» (Jn 4,14a).

Ainsi il appelle l'Esprit du nom de "feu" faisant allusion à la chaleur et à la puissance du don, et à la propriété de faire cesser les péchés;   ...

xxxii πανητικὸν¹ ἁμαρτημάτων αἰνιττόμενος, διὰ δὲ τῆς² τοῦ ὕδατος,
τόν τε καθαρισμὸν³ τὸν ἐξ αὐτοῦ καὶ τὴν πολλὴν παραψυχὴν
20 ταῖς ὑποδεχομέναις αὐτὸ διανοίαις ἐμφαίνων⁴. [ ]⁵ ὥσπερ γάρ
τινα παράδεισον εὐθαλῆ δένδρεσι⁶ κομῶντα καρποφόροις [ ]⁷
ἀειθαλέσιν, οὕτω τὴν πρόθυμον κατασκευάζει ψυχήν, οὔτε ἀ-
θυμίαν οὔτε σατανικὴν συγχωροῦν ἔσεσθαι ἐπιβουλήν⁸, ἀλλὰ
σβεννύον⁹ τὰ βέλη τοῦ Πονηροῦ τὰ πεπυρωμένα πάντα¹⁰.
25   Σὺ δέ μοι σκόπει τοῦ Χριστοῦ¹¹ τὴν σοφίαν, πῶς ἠρέμα
ἐνάγει¹² τὸ γύναιον. οὐ γὰρ ἐκ πρώτης εἶπεν· εἰ ᾔδεις τίς
ἦν¹³ ὁ λέγων σοι δός μοι πιεῖν, ἀλλ᾽ ὅτε αὐτῇ ἀφορμὴν παρ-
έσχεν Ἰουδαῖον αὐτὸν καλέσαι, καὶ ὑπὸ ἔγκλημα ἤγαγεν,
ἀποκρουόμενος τὴν κατηγοριαν φησίν¹⁴· εἰ ᾔδεις τίς ἦν ὁ
30 λέγων σοι δός μοι πιεῖν [ ]¹⁵. καὶ ἀναγκάσας τῷ μεγάλα
ἐπαγγείλασθαι [ ]¹⁶, οὕτω διαβλέψαι δίδωσι¹⁷ [ ]¹⁸. λεγούσης δὲ¹⁹ ἐκείνης· μὴ σὺ μείζων εἶ τοῦ πατρὸς ἡμῶν Ἰακώβ;
οὐκ εἶπεν· ναί, μείζων εἰμί. ἔδοξε γὰρ ἂν κομπάζειν μόνον,
τῆς ἀποδείξεως μηδέπω φαινομένης· δι᾽ ὧν δὲ λέγει, τοῦτο

---

1. *Add.* τῶν: M.
2. *Om.*: M.
3. = B M. - καθαρμόν: Migne.
4. = B M. - ἐμφῆναι: Migne.
5. = B M. - *Add.* εἰκότως: Migne.
6. = B M. - παντοίοις δένδροις: Migne.
7. = B* M. - *Add.* τε καί: Migne.
8. = M. - ἀθυμίας... σατανικῆς συγχωροῦσα ἐπιβουλῆς αἰσθέσθαι: B Migne.
9. = M. - ἀλλὰ σβέννυσι: B. - ἅτε ῥᾳδίως σβεννῦσα: Migne.
10. = (B) M. - 3 4 7 5 6 2: Migne.
11. = Migne. - θεοῦ: B M (cf. commentaire).
12. = B M. - ἀνάγει: Migne.
13. ἐστίν: M. - εἴη: B.
14. = B M. - τότε τοῦτο λέγει. εἰπὼν δέ: Migne.
15. = B M. - *Add.* σὺ ἂν ᾔτησας αὐτόν: Migne.
16. = B M. - *Add.* μνησθῆναι τοῦ πατριάρχου: Migne.
17. = M. - 2 1: B Migne.
18. = B*(vid) M. - *Add.* τῇ γυναικί: Bᶜ Migne.
19. = B*(vid) M. - εἶτα ἀντεπαγαγούσης: Migne.

et du nom de "eau", manifestant la purification qu'il procure et la fraicheur qu'il donne aux esprits qui le reçoivent. En effet, il rend comme un jardin fertile qui s'enorgueillit d'arbres fruitiers toujours verts l'âme pleine d'ardeur, ne laissant place ni au découragement, ni au complot satanique, mais "éteignant tous les traits enflammés du Malin" (cf. Eph 6,16).

Mais toi, considère la sagesse du Christ, comment il conduit lentement la femme. En effet, il n'a pas dit dès l'abord "Si tu savais qui est celui qui te dit: Donne-moi à boire" (Jn 4,10), mais lorsqu'il lui eut donné l'occasion de l'appeler "juif", il l'a conduite grâce au grief; ayant repoussé cette qualification il dit: «Si tu savais qui est celui qui te dis: Donne-moi à boire.» Et l'ayant contrainte en promettant de grandes choses, il lui donne ainsi de voir nettement. Et, alors qu'elle dit "Es-tu plus grand que notre père Jacob" (Jn 4,12), il n'a pas dit: «Oui, je suis plus grand.» En effet, il aurait paru seulement se vanter puisque la preuve n'apparaissait pas. Mais c'est par ce qu'il dit   ...

xxxii **κατασκευάζει.** οὐ γὰρ¹ ἁπλῶς εἶπεν· δώσω σοι ὕδωρ, ἀλλὰ
πρότερον ἀνελὼν τὸ τοῦ Ἰακώβ, τότε ἐπαίρει τὸ ἑαυτοῦ,
ἀπὸ τῆς τῶν διδομένων φύσεως τὸ διάφορον τῆς χάριτος²
παραστῆσαι βουλόμενος καὶ τὴν ὑπεροχὴν τὴν πρὸς τὸν
πατριάρχην. εἰ γὰρ θαυμάζεις, φησί, τὸν Ἰακώβ ὅτι τοῦτο
40 ἔδωκε τὸ ὕδωρ, [ ]³ πολὺ τούτου βέλτιον δώσω ὃ λαβοῦσα
μείζονά με ὁμολογήσεις εἶναι⁴ τοῦ Ἰακώβ.

Εἰ γὰρ εἰποῦσα⁵· μὴ μείζων εἶ [ ]⁶ τοῦ Ἰακώβ, ὅτι ἐπ‐
αγγέλλῃ βέλτιον ὕδωρ διδόναι; ἂν λάβῃς ἐκεῖνο τὸ ὕδωρ, πάντως
ὁμολόγῃς⁷ μείζονα εἶναί με.

45 Ὁρᾷς κρίσιν ἀδέκαστον τῆς γυναικός, ἀπὸ τῶν γινομένων⁸
ψηφιζομένης καὶ τῷ πατριάχῃ καὶ τῷ Χριστῷ; ἀλλ᾽οὐκ Ἰουδαῖοι
οὕτως· ἀλλὰ καὶ δαίμονας ὁρῶντες ἐκβάλλοντα αὐτόν, οὐ μόνον
τοῦ πατριάρχου οὐκ ἔλεγον μείζονα, ἀλλὰ καὶ δαιμονῶντα ἐκά‐
λουν. ἡ δὲ γυνὴ οὐχ οὕτως, ἀλλ᾽ἐντεῦθεν φέρει τὴν ψῆφον, ὅθεν ὁ
50 Χριστὸς βούλεται, ἀπὸ τῆς τῶν ἔργων ἀποδείξεως. καὶ γὰρ καὶ
αὐτὸς ἐντεῦθεν δικάζεται οὕτω λέγων· εἰ μὴ ποιῶ τὰ ἔργα τοῦ
Πατρός μου, μὴ πιστεύετέ⁹ μοι· εἰ δὲ ποιῶ, κἂν ἐμοὶ μὴ πιστεύητε,
τοῖς ἔργοις πιστεύσατε. οὕτω καὶ ἡ γυνὴ τοῖς ἔργοις ἐπείσθη¹⁰.

Διὰ τοῦτο καὶ αὐτὸς ἀκούσας· μὴ μείζων εἶ τοῦ πατρὸς
55 ἡμῶν Ἰακώβ, [ ]¹¹ ἀφεὶς τὸ εἰπεῖν· ναὶ μείζων εἰμί¹², περὶ τοῦ
ὕδατος τούτου¹³ διαλέγεται λέγων· ὃς ἂν πίῃ¹⁴ ἐκ τοῦ ὕδατος

---

1. = B M. - καὶ γὰρ οὐχ: Migne.
2. = B M. - τὸ μέσον τῶν προσώπων ὅσον καὶ τὸ διάφορον τῶν διδόντων:
   Migne.
3. = B. - Add. ἄν: M Migne.
4. = B M. - δῶ σοι τί ἐρεῖς; προλαβοῦσα μείζονα ὡμολόγησας εἶναί με: Migne.
5. = B M. - τῷ ἀνθυπενεγκεῖν καὶ εἰπεῖν: Migne.
6. = B M. - Add. σύ: Migne.
7. = B M. - ὁμολογήσεις: Migne.
8. = M. - λεγομένων: B. - πραγμάτων: Migne.
9. = B M. - πιστεύσατέ: Migne.
10. = M. - τῇ πίστει προάγεται: B Migne.
11. = B M. - Add. τὸν Ἰακώβ: Migne.
12. = B M. - Om.: Migne.
13. = B M. - Om.: Migne.
14. = B M. - πᾶς ὁ πίνων: Migne.

qu'il dispose. En effet, il n'a pas dit simplement "je te donnerai de l'eau", mais ayant écarté d'abord ce qui concerne Jacob, il ajoute ce qui le concerne lui-même, voulant, grâce à la nature de ce qui est donné, montrer la différence du don et sa supériorité par rapport au patriarche. En effet, si tu admires, dit-il, Jacob parce qu'il a donné cette eau, j'en donnerai une bien meilleure et, en la recevant, tu reconnaîtras que je suis plus grand que Jacob.

Si en effet, ayant dit "es-tu plus grand que Jacob", puisque tu as promis de donner une eau meilleure?, si tu reçois cette eau, tu reconnaîtras vraiment que je suis plus grand.

Vois-tu le jugement droit de la femme qui, à partir des faits, tranche entre le patriarche et le Christ? Mais il n'en va pas de même des Juifs. Mais en le voyant chasser même les démons, non seulement ils ne le disaient pas plus grand que le patriarche, mais ils l'appelaient "démoniaque". Il n'en va pas de même de la femme, mais ici elle tranche, comme le veut le Christ, grâce à la preuve que donnent les œuvres. Et en effet lui-même ici se justifie en disant: «Si je ne fais pas les œuvres de mon Père, ne me croyez pas; mais si je les fais, même si vous ne me croyez pas, croyez du moins aux œuvres» (Jn 10,37-38). De même aussi la femme fut convaincue par les œuvres.

C'est pourquoi lui-même, ayant entendu "Es-tu plus grand que notre père Jacob?", renonce à dire "Oui, je le suis", et se met à parler de cette eau en disant: «Qui boira de cette eau   ...

xxxii τούτου διψήσει πάλιν· καὶ τὴν σύγκρισιν οὐκ ἀπὸ κατηγορίας
ἀλλ᾽ ἐξ ὑπεροχῆς ποιεῖται. οὐ γὰρ λέγει ὅτι τὸ ὕδωρ τοῦτο
οὐδέν ἐστιν, οὐδὲ¹ εὐτελὲς καὶ καταφρόνητον, ἀλλ᾽ ὅπερ καὶ ἡ
60 φύσις μαρτυρεῖ, τοῦτο τίθησι· ὃς ἂν πίῃ ἐκ τοῦ ὕδατος τούτου
διψήσει πάλιν· ὃς δ᾽ ἂν πίῃ ἐκ τοῦ ὕδατος οὗ ἐγὼ δώσω αὐτῷ οὐ
μὴ διψήσει εἰς τὸν αἰῶνα.

Ἤκουσεν ὕδωρ ζῶν ἡ γυνὴ πρὸ τούτου, ἀλλ᾽ οὐκ ἐνό-
ησεν. ἐπειδὴ γὰρ καὶ ὕδωρ ζῶν καὶ ἀέννaον τὸ² διαπαντὸς
65 ἀναβλύζον λέγεται, τῶν κρουνῶν οὐ διακοπτομένων, τοῦτο ἐνόμισεν [ ]³ λέγεσθαι. διὰ [ ]⁴ τοῦτο αὐτῇ σαφέστερον⁵
δείκνυσιν οὕτω λέγων⁶, καὶ ἀπὸ συγκρίσεως τὴν ὑπεροχὴν
ποιούμενος, τί γάρ φησιν⁷· ὃς ἐὰν⁸ πίῃ ἐκ τοῦ ὕδατος οὗ ἐγὼ
δώσω αὐτῷ οὐ μὴ διψήσει εἰς τὸν αἰῶνα. τοῦτο γὰρ μάλισ-
70 τα ἔδειξεν⁹ τὴν ὑπεροχήν, καὶ τὰ ἑξῆς εἰρημένα¹⁰· τούτων
γὰρ οὐδὲν ἔχει τὸ ὕδωρ τὸ αἰσθητόν¹¹, [ ]¹² γενήσεται
γὰρ¹³ ἐν αὐτῷ πηγή, φησίν¹⁴, ὕδατος ἁλλομένου εἰς ζωὴν
αἰώνιον. ὥσπερ γὰρ ὁ πηγὴν ἔχων ἔνδον¹⁵ ἀποκειμένην οὐκ
ἂν ἁλοίη δίψῃ ποτέ, οὕτως οὐδὲ ὁ τὸ ὕδωρ [ ]¹⁶ ἔχων.

75   Ἐπίστευσεν οὖν¹⁷ εὐθέως ἡ γυνή, πολὺ συνετωτέρα τοῦ
Νικοδήμου¹⁸ φανεῖσα· οὐ συνετωτέρα δὲ μόνον, ἀλλὰ καὶ ἀν-

---

1. = M. - ἀλλ᾽ : B. - οὐδ᾽ ὅτι : Migne.
2. = B* M. - τὸ... καί: Migne.
3. = B. - Add. ἡ γυνὴ: M Migne.
4. = B M. - Add. δή: Migne.
5. = B M. - 2 1: Migne.
6. = B M(vid). - λοίπον ὁ ἔλεγε καθιστάς: Migne.
7. = B. - ἐπήγαγεν λέγων: Migne. - (M illisible),
8. = B. - δ᾽ ἄν: Migne. - (M illisible).
9. = B. - διὰ τούτου ὥσπερ ἔφην δεικνύς: Migne. - (M illisible).
10. = B. - διὰ τῶν ἑξῆς εἰρημένων: Migne. - (M illisible).
11. = B. - 3 1: Migne. - (M illisible).
12. = B. - Add. τίνα δέ ἐστι τὰ ἑξῆς: Migne. - (M illisible).
13. = B M. - Om.: Migne.
14. = B M. - Om.: Migne.
15. = B M. - 2 1: Migne.
16. = B M. - Add. τοῦτο: Migne.
17. = B M. - καὶ ἐπιστ.: Migne.
18. = B M Cr. - 2 3 1: Migne.

aura encore soif.» Et il fonde la comparaison non pas sur le dénigrement, mais sur la supériorité. Car il ne dit pas que cette eau ne vaut rien, ni qu'elle est inutile et méprisable, mais ce que la nature témoigne, il le dit: «Qui boira de cette eau aura encore soif; mais qui boira de l'eau que je lui donnerai n'aura plus jamais soif.»

La femme entendit avant tout "eau vive" mais elle ne comprit pas. En effet, puisqu'on appelle "eau vive" et qui ne tarit pas celle qui jaillit toujours, dont le courant n'est pas interrompu, elle pensa qu'il en parlait. C'est pourquoi il lui explique plus clairement en parlant ainsi, et en soulignant la supériorité à partir de la différence; car que dit-il? «Qui boira de l'eau que je lui donnerai n'aura plus jamais soif.» Car c'est cela surtout qui montre la supériorité, et aussi ce qui est dit ensuite. Car l'eau matérielle n'a rien de ces propriétés: «Car il y aura en lui, dit-il, une source d'eau jaillissant pour la vie éternelle.» En effet, de même que celui qui aurait une source à demeure en lui n'aurait jamais soif, ainsi en va-t-il de celui qui a cette eau.

Donc, la femme crut aussitôt, se montrant beaucoup plus intelligente que Nicodème. Et non seulement plus intelligente, mais encore plus

xxxii ρειοτέρα. ἐκεῖνος μὲν γὰρ μυρίων τοιούτων ἀκούων, οὔτε ἄλλον
τινὰ ἐπὶ τοῦτο παρεκάλεσεν[1], οὔτε αὐτὸς ἐπαρρησιάσατο· αὕτη
δὲ ἀποστολικὰ ἐπιδείκνυται πράγματα, πάντας εὐαγγελιζομένη.
80 [ ][2]. κἀκεῖνος μὲν ἀκούσας ἔλεγε· πῶς δύναται ταῦτα γενέσθαι;
καὶ τοῦ Χριστοῦ θέντος παράδειγμα σαφὲς τὸ τοῦ ἀνέμου, οὐδὲ
οὕτω τὸν λόγον κατεδέχετο[3]· ἡ γυνὴ δὲ οὐχ οὕτως ἀλλὰ τὸ μὲν
πρῶτον ἠπόρει, ὕστερον δὲ οὐδὲ[4] μετὰ κατασκευῆς δεξαμένη τὸν
λόγον, ἀλλ᾽ ἐν ἀποφάσεως τάξει ἐπὶ τὴν λῆψιν εὐθέως ἐπείγεται.
85 ἐπειδὴ γὰρ εἶπεν ὁ Χριστός· γενήσεται ἐν αὐτῷ πηγὴ ὕδατος
ἁλλομένου εἰς ζωὴν αἰώνιον, εὐθέως[5] ἡ γυνή φησιν[6]· δός μοι τοῦτο τὸ ὕδωρ ἵνα μὴ διψῶ μηδὲ ἔρχωμαι ἐντάδε ἀντλεῖν.

    Ὁρᾷς πῶς κατὰ μικρὸν πρὸς τὸ τῶν δογμάτων ὕψος
ἀνάγεται; πρῶτον ἐνόμισεν αὐτὸν παράνομον εἶναι [ ][7] Ἰουδαῖον·
90 ἐπειδὴ δὲ[8] ταύτην ἀπεκρούσατο τὴν κατηγορίαν (ἔδει γὰρ τὸ
πρόσωπον μὴ εἶναι[9] ὕποπτον τὸ μέλλον τοιαῦτα αὐτὴν κατηχεῖν),
[10]ἀκούσασα ὕδωρ ζῶν, ἐνόμισε περὶ αἰσθητοῦ τοῦτο λέγεσθαι.
ὕστερον δὲ μαθοῦσα ὅτι πνευματικὰ ἦν τὰ λεγόμενα, ἐπίστευσεν
μὲν ὅτι δύναται τὸ ὕδωρ ἀναιρεῖν τοῦ δίψους τὴν χρείαν, οὔπω δὲ
95 τί ποτε τοῦτό ἐστιν ᾔδει, ἀλλ᾽ ἔτι διηπόρει, ἀνωτέρω μὲν τῶν
αἰσθητῶν εἶναι νομίζουσα, τὸ δὲ σαφὲς οὐκ ἐπισταμένη [ ][11] (δὸς
γάρ μοι, φησίν, τοῦτο τὸ ὕδωρ ἵνα[12] μὴ διψῶ μηδὲ ἔρχωμαι ἐντάδε
ἀντλεῖν[13]), τέως προετίμησεν αὐτὸν τοῦ Ἰακώβ· οὐ δέομαι γάρ,

---

1. = B M. - ἐκάλεσεν: Migne.
2. = B M. - Add. καὶ καλοῦσα πρὸς τὸν Ἰησοῦν καὶ πόλιν ὁλόκληρον ἕλκουσα
    ἔξω πρὸς αὐτόν: Migne.
3. = B M. - κατεδέξατο: Migne.
4. = B M Cr. - οὐ: Migne.
5. Add. δέ: M.
6. = B. - 3 1 2: M Migne.
7. = M. - Add. τινά: B Migne.
8. = B M. - εἶτα ἐπειδή: Migne.
9. = M. - 3 4 1 2: Migne. - (B* corrigé, illisible).
10. Add. εἶτα: B.
11. = B M. - Add. ἐνταῦθα δὲ ἀκριβέστερον μὲν διαβλέψασα οὐ μὴν τὸ πᾶν
    κατιδοῦσα: Migne.
12. Om. τὸ ὕδωρ ἵνα: B*(vid).
13. Om. ἀντλεῖν: B*.

courageuse. *Celui-là en effet, après voir entendu des milliers de paroles semblables, ne demanda rien d'autre en plus et ne parla pas franchement; mais elle, elle montre une activité apostolique en annonçant la nouvelle à tous* (cf. Jn 4,28). *Et celui-là, après avoir entendu, disait: «Comment cela peut-il se faire?»* (Jn 3,9); *et, le Christ ayant pris le vent comme exemple clair, même ainsi il ne saisissait pas le sens de la parole; il n'en va pas de même de la femme, mais elle est d'abord perplexe, puis, ayant reçu la parole sans discuter, elle se hâte aussitôt de l'accueillir comme une affirmation. En effet, après que le Christ eut dit "il y aura en lui une source d'eau jaillissant pour la vie éternelle", la femme dit aussitôt : «Donne-moi de cette eau que je n'aie plus soif et que je ne vienne plus ici pour puiser»* (Jn 4,15).

Vois-tu comment elle est élevée peu à peu vers la sublimité des dogmes? D'abord, elle a pensé qu'il était un Juif transgresseur de la Loi. Mais après qu'il eut repoussé cette accusation (il fallait en effet que la personne qui allait enseigner de telles choses ne soit pas suspecte), elle entendit parler d'eau vive et elle pensa qu'il s'agissait d'une eau matérielle. Ensuite, ayant appris qu'il s'agissait de réalités spirituelles, elle crut que cette eau pouvait faire que l'on n'ait plus soif, mais elle ne savait pas encore ce que c'était; elle était encore perplexe, pensant bien qu'il fallait dépasser les réalités matérielles, mais sans le savoir clairement (elle dit en effet: Donne-moi de cette eau que je n'aie plus soif et que je ne vienne plus ici pour puiser), jusqu'à ce qu'elle l'ait honoré plus que Jacob. Car, dit-elle, je n'ai plus besoin ...

xxxii <u>φησίν</u>[1], <u>τῆς πηγῆς ταύτης</u>[2] ἐὰν λάβω παρὰ σοῦ τὸ ὕδωρ [ ][3].

100   Ὁρᾶς πῶς <u>προτίθησιν αὐτὸν</u>[4] τοῦ πατριάρχου; τοῦτο ψυχῆς
εὐγνώμονος. ἔδειξεν ἡλίκην εἶχε περὶ τοῦ Ἰακώβ δόξαν· εἶδε τὸν
βελτίονα καὶ οὐ κατεσχέθη τῇ προλήψει. οὔτε οὖν εὔκολος ἡ
γυνή (οὐ γὰρ ἁπλῶς <u>παρεδέξατο τὸ λεγόμενον</u>[5]· πῶς γὰρ ἡ μετὰ
τοσαύτης ἀκριβείας <u>ζητήσασα</u>[6];), οὔτε[7] ἀπειθὴς καὶ φιλόνεικος.
105 καὶ τοῦτο ἔδειξεν ἀπὸ τῆς αἰτήσεως. καίτοι καὶ Ἰουδαίοις εἶπε
ποτέ· ὃς ἂν φάγῃ ἐκ τῆς σαρκός μου οὐ μὴ πεινάσει, καὶ ὁ πιστεύων εἰς ἐμὲ οὐ μὴ διψήσει [ ][8]. ἀλλ᾽ οὐ μόνον οὐκ ἐπίστευσαν ἀλλὰ
καὶ ἐσκανδαλίσθησαν. ἡ γυνὴ δὲ οὐδὲν τοιοῦτον ἔπαθεν, ἀλλὰ
καὶ παραμένει καὶ αἰτεῖ.
110   Ἰουδαίοις μὲν <u>γὰρ</u>[9] ἔλεγεν <u>ὅτι</u>[10] ὁ πιστεύων εἰς ἐμὲ οὐ
μὴ διψήσει· τῇ δὲ γυναικὶ οὐχ οὕτως, ἀλλὰ παχύτερον· ὁ πί-
νων ἐκ τοῦ ὕδατος τούτου οὐ μὴ[11] διψήσει. ἐπαγγελία γὰρ
ἦν πνευματικῶν καὶ οὐχ ὁρωμένων πραγμάτων. διὰ τοῦτο
ἐπάρας αὐτῆς τὸν νοῦν ταῖς ὑποσχέσεσιν, ἔτι τοῖς αἰσθη-
115 τοῖς ἐνδιατρίβει ῥήμασι διὰ τὸ μηδέπω δύνασθαι χωρῆσαι
τῶν πνευματικῶν τὴν ἀκρίβειαν. εἰ γὰρ εἶπεν ὅτι ἐὰν πιστεύσῃς εἰς ἐμὲ οὐ μὴ διψήσεις, οὐκ ἂν ἐνόησε τὸ εἰρημένον,
οὐκ εἰδυῖα τίς ποτέ ἐστιν ὁ διαλεγόμενος, οὐδὲ περὶ ποίου
δίψους ἔλεγεν.
120   Τίνος οὖν ἕνεκεν οὐχὶ καὶ ἐπὶ Ἰουδαίων τοῦτο ἐποίησεν; ὅτι ἐκεῖνοι μὲν[12] πολλὰ σημεῖα ἑωρακότες ἦσαν, αὐ-

---

1. = B M. - *Om.*: Migne.
2. = B M. - 2 1: Migne.
3. = B M. - *Add.* ἐκεῖνο: Migne.
4. = M. - 2 1: B Migne.
5. = B M. - κατεδέξατο τὰ λεγόμενα: Migne.
6. = B M. - ἐκζητήσασα: Migne.
7. οὐδέ: B.
8. = B M. - *Add.* πώποτε: Migne.
9. = B. - οὖν: Migne. - (M illisible).
10. = B. - *Om.*: Migne. - (M illisible).
11. *Om.* οὐ μή: B. - (M illisible).
12. *Om.*: B.

de cette source si c'est de toi que je reçois l'eau.

Vois-tu comment elle le place avant le patriarche? C'est le fait d'une âme noble. Elle a montré quelle bonne opinion elle avait de Jacob. Elle a vu quelqu'un de meilleur, mais elle n'a pas changé son opinion première. Donc, la femme n'est pas naïve (elle n'a pas accepté sans plus ce qu'on lui disait; la preuve en est qu'elle questionne avec tant de précision); elle n'est pas non plus incrédule et se plaisant à discuter. Elle l'a montré par la demande qu'elle a faite. Et pourtant, il a dit aux Juifs: «Qui mangera de ma chair n'aura plus faim et celui qui croit en moi n'aura plus soif» (cf. Jn 6,35); mais, non seulement ils ne crurent pas, mais encore ils furent scandalisés. La femme, au contraire, n'a rien éprouvé de tel, mais elle reste-là et demande.

Aux Juifs il disait: «Celui qui croit en moi n'aura plus soif.» Ce n'est pas comme à la femme (à qui il dit) plus crûment: «Celui qui boit de cette eau n'aura plus soif.» La promesse concernait les réalités spirituelles et non visibles. C'est pourquoi, élevant son esprit par des promesses, il en reste encore aux paroles matérielles du fait qu'elle ne peut pas encore comprendre la profondeur des réalités spirituelles. En effet, s'il lui avait dit "si tu crois en moi tu n'auras plus soif", elle n'aurait pas saisi cette parole, ne sachant pas qui était celui qui s'entretenait avec elle, ni de quelle soif il parlait.

Pour quelle raison n'a-t-il pas agi ainsi avec les Juifs? Parce que ceux-là avaient vu beaucoup de signes tandis qu'elle,   ...

xxxii τη δὲ σημεῖον μὲν εἶδεν οὐδέν, τῶν δὲ ῥημάτων τούτων[1]
ἤκουσε πρῶτον. διὰ τοῦτο λοιπὸν διὰ προφητείας ἀποκαλύπτει τὴν δύναμιν τὴν ἑαυτοῦ καὶ οὐκ εὐθέως ἐπάγει τὸν ἔ-
125 λεγχον. ἀλλὰ τί φησιν; ὕπαγε, φώνησόν σου τὸν ἄνδρα καὶ
ἐλθὲ ἐνθάδε[2]. ἡ δέ φησιν· οὐκ ἔχω ἄνδρα. καὶ λέγει πρὸς
αὐτήν[3]· καλῶς εἴρηκας[4] ὅτι οὐκ ἔχω ἄνδρα.[5]· πέντε γὰρ [ ][6]
ἔσχες καὶ νῦν ὃν ἔχεις οὐκ ἔστι σου ἀνήρ [ ][7]. εἶπεν δὲ ἡ
γυνή[8]· [ ][9] θεωρῶ ὅτι προφήτης εἶ σύ.

130   Βαβαί, πόση τῆς γυναικὸς[10] ἡ φιλοσοφία, πῶς πράως τὸν
ἔλεγχον δέχεται. τί γὰρ οὐκ ὤφειλεν[11], φησί; διατί, εἰπέ μοι; οὐχὶ
καὶ Ἰουδαίους ἤλεγξε πολλάκις, καὶ τούτου μείζονα; οὐ γάρ
ἐστιν ἴσον τὰ ἐν διανοίᾳ ἀπόρρητα εἰς μέσον ἀγαγεῖν[12], καὶ
πρᾶγμα γινόμενον λάθρα κατάδηλον ποιεῖν. τὸ μὲν γὰρ Θεοῦ
135 μόνον ἐστὶ καὶ οὐδεὶς ἕτερος οἶδεν ᾖ[13] ὁ ἐν διανοίᾳ ἔχων· τὰ δέ, οἱ
κοινονοῦντες πάντες ἐπίστανται[14]. ἀλλ᾽ ὅμως ἐλεγχθέντες οὐ
φέρουσι πράως· ἀλλ᾽ εἰπόντα[15]· τί με ζητεῖτε ἀποκτεῖναι; [ ][16] οὐ
θαυμάζουσιν ὡς ἡ γυνὴ [ ][17]. καίτοι γε ἐκεῖνοι μὲν ὡς[18] ἀπὸ ἄλλων σημείων εἶχον τὴν ἀπόδειξιν, αὕτη δὲ τοῦτο μόνον ἦν ἀκού-
140 σασα[19]· ἀλλ᾽ ὅμως οὐ μόνον οὐκ ἐθαύμασαν ἀλλὰ καὶ ὕβρισαν

---

1. = B M. - Om.: Migne.

2. = B M. - ὧδε: Migne.

3. = B M. - λέγει αὐτῇ ὁ Ἰησοῦς: Migne.

4. = B M. - εἶπες: Migne.

5. = B M. - 3 1 2: Migne.

6. = B. - Add. ἄνδρας: M Migne.

7. = B. - Add. τοῦτο ἀληθὲς εἴρηκας: M Migne.

8. = B. - λέγει αὐτῷ ἡ γυνή: M Migne.

9. = B M. - Add. κύριε: Migne.

10. τῆς γυν. πόση: M.

11. = B M. - πῶς... ἔμελλε: Migne.

12. ἀγεῖν: B (hapl.).

13. = B M. - εἰ μή: Migne.

14. = B M. - ἅπαντες ἐπίστανται: Migne.

15. = M. - εἰπόντος: B Migne.

16. = B M. - Add. οὐ μόνον: Migne.

17. = B M. - Add. ἀλλὰ καὶ λοιδοροῦσι καὶ ὑβρίζουσι: Migne.

18. = M. - καί: B Migne.

19. = B*(vid) M. - ἀκηκουῖα: Migne.

elle n'avait vu aucun signe; elle entendit d'abord ces paroles. C'est pourquoi il dévoile sa propre puissance grâce à la prophétie sans en apporter aussitôt la preuve. Mais que dit-il? «Va, appelle ton mari et reviens ici.» Mais elle dit: «Je n'ai pas de mari.» Et il lui dit: «Tu as bien dit "Je n'ai pas de mari" car tu en as eu cinq et celui que tu as maintenant n'est pas ton mari.» La femme lui dit: «Je vois que tu es un prophète» (Jn 4,16-19a).

Oh! Quelle philosophie montre la femme! Comme elle accepte le reproche avec calme! Ne le fallait-il pas, dira-t-on? Pourquoi, dis-le moi?» N'a-t-il pas souvent fait des reproches aux Juifs, et plus graves? Car ce n'est pas la même chose de rendre publiques des pensées honteuses ou de faire connaître une action accomplie en cachette. Car c'est le propre de Dieu, et nul autre ne les connaît, hormis celui qui a ces pensées; tandis que les actions, tous ceux qui y ont participé les connaissent. *Et pourtant, tandis que (les Juifs) sont accusés, ils ne le supportrent pas avec calme. Mais celui qui dit "Pourquoi cherchez-vous à me tuer?"* (Jn 7,20a), *ils ne l'admirèrent pas, comme la femme. Et cependant, ils avaient la preuve à partir des autres signes tandis qu'elle, elle entendait seulement. Mais pourtant, non seulement ils n'admirèrent pas, pas encore ils l'injurièrent...*

xxxii λέγοντες· δαιμόνιον ἔχεις, τίς σε ζητεῖ ἀποκτεῖναι; [ ]¹. καίτοι
μειζόνως ἂν ὁ ἔλεγχος οὗτος τῆς γυναικὸς ἥψατο, ἢ ἐκείνων
ἐκεῖνος. τοῦτο μὲν γὰρ ταύτης μόνης ἀμάρτημα ἦν, ἐκεῖνο δὲ
κοινόν. οὐχ οὕτω δὲ ἐπὶ τοῖς κοινοῖς ὡς ἐν² τοῖς ἰδίοις δακνόμεθα.
145 κἀκεῖνοι μὲν γὰρ³ μέγα ᾤοντό τι κατορθοῦ, ἂν τὸν Χριστὸν
ἀνέλωσι· τὸ δὲ τῆς γυναικὸς ὡμολόγητο παρὰ πᾶσι πονηρὸν εἶναι·
καὶ⁴ ὅμως οὐκ ἐδυσχέρανεν ἡ γυνὴ ἀλλ᾽ ἐξεπλάγη καὶ ἐθαύμαζεν.
    Καὶ ἐπὶ τοῦ Ναθαναὴλ δὲ τὸ αὐτὸ τοῦτο ἐποίησεν ὁ
Χριστός. οὐ γὰρ προηγουμένως τὴν προφητείαν εἰσήγαγεν,
150 οὐδὲ εἶπεν· εἶδόν σε ὑπὸ τὴν συκῆν, ἀλλ᾽ ὅτε ἐκεῖνος εἶπε·
πόθεν με γινώσκεις, τότε τοῦτο ἐπήγαγεν. ἐβούλετο μὲν⁵
γὰρ καὶ τῶν προρρήσεων καὶ τῶν θαυμάτων τὰς ἀρχὰς παρ᾽
αὐτῶν λαμβάνειν τῶν προσιόντων αὐτῷ, ὥστε καὶ οἰκει-
οῦσθαι τοῖς λεγομένοις⁶ μᾶλλον αὐτοὺς καὶ τὴν τοῦ κενο-
155 δοξεῖν διαφεύγειν⁷ ὑπόνοιαν. τοῦτο δὴ καὶ ἐνταῦθα ποιεῖ.
τὸ μὲν γὰρ προηγουμένως ἐλέγξαι, ὅτι ἄνδρα οὐκ ἔχει⁸,
ἐδόκει φορτικὸν εἶναι καὶ περιττόν· τὸ δὲ παρ᾽ αὐτῆς λαβόν-
τα τὴν αἰτίαν, πάντα ταῦτα διορθοῦν, καὶ σφόδρα ἀκόλουθον ἦν, καὶ τὴν ἀκούουσαν πραοτέραν εἰργάζετο.
160   Καὶ ποία ἀκολουθία, φησί, [ ]⁹ ὕπαγε, φώνησόν σου τὸν
ἄνδρα¹⁰; περὶ δωρεᾶς ἦν ὁ λόγος καὶ χάριτος ὑπερβαινούσης τὴν
ἀντρωπίνην φύσιν. καὶ¹¹ ἐπέκειτο ἡ γυνὴ ζητοῦσα λαβεῖν, καὶ
λέγει· φώνησον τὸν ἄνδρα σου ¹², ὡσανεὶ ἐνδεικνύμενος ὅτι κἀ-
κεῖνον δεῖ κοινωνῆσαι τούτων. ἡ δὲ σπεύδουσα λαβεῖν καὶ κρύπ-

---

1. = B M. - Add. αὕτη δὲ οὐ μόνον οὐχ ὑβρίζει ἀλλὰ καὶ θαυμάζει καὶ
ἐκπλήττεται καὶ προφήτην εἶναι ὑπονοεῖ : Migne.
2. = B M. - ἐπί: Migne.
3. = B M. - Om.: Migne.
4. = B. - ἀλλ᾽: Migne. - ἀλλὰ καί: M.
5. = B M. - Om.: Migne.
6. = B. - γινομένοις: M Migne,
7. = B M. - διαφύγειν: Migne.
8. = B M. - ἔχεις: Migne.
9. = B M. - Add. τὸ εἰπεῖν: Migne.
10. = B M. 2 3 1: Migne.
11. = M. - Om.: B Migne.
12. = M Cr. - 3 1 2: B Migne.

en disant: «*Tu as un démon; qui cherche à tu tuer?*» (Jn 7,20b). Et cependant, ce reproche-ci toucha la femme plus durement que celui-là, ceux-là. D'une part, en effet, il s'agissait du péché de celle-ci seule; d'autre part, d'une chose commune à beaucoup. Mais nous ne sommes pas blessés dans les choses communes autant que dans celles qui nous sont propres. Et eux, s'imaginaient accomplir quelques chose de grand en tuant le Christ, tandis que, en ce qui concerne la femme, tous reconnaissaient un acte mauvais. *Et cependant, la femme (elle) ne fut pas fâchée, mais elle fut frappée d'étonnement*

Et à propos de Nathanaël, le Christ agit de même. Ce n'est pas en premier qu'il introduisit la prophétie ni qu'il dit "Je t'ai vu sous le figuier", mais lorsque celui-ci dit "D'où me connais-tu", alors seulement il la donna (cf. Jn 1,48). En effet, il voulait que les déclarations et les prodiges aient leur principe en ceux qui s'approchaient de lui afin de les familiariser davantage avec les paroles prononcées et de dissiper le soupçon qu'ils auraient pu avoir qu'il agissait par vaine gloire. C'est ce qu'il fait ici. En effet, le fait d'affirmer en premier qu'elle n'a pas de mari (Jn 4,18) aurait semblé insupportable et excessif. Mais le fait qu'il l'apprend d'elle remet les choses en place et, tout normalement, rendait plus calme celle qui écoutait.

Et comment s'accorde, dit-il, (avec ce qui précède) le "Va, appelle ton mari" (Jn 4,16)? Il s'agissait d'un don et d'une faveur dépassant la nature humaine. Et la femme s'attendait à le recevoir, et il lui dit "Appelle ton mari", comme s'il indiquait que lui aussi devait en profiter. Mais elle, elle accepte avec empressement et elle cache ...

xxxii τουσα τὸ τοῦ πράγματος αἰσχράν¹, καὶ οἰομένη² πρὸς ἄνθρωπον
διαλέγεσθαι, φησίν· οὐκ ἔχω ἄνδρα. ταῦτα ἀκούσας ὁ Χριστός,
εὐκαίρως λοιπὸν ἐπάγει τὸν ἔλεγχον καὶ³ ἀμφότερα μετά ἀκριβείας λέγων. τούς τε [ ]⁴ προτέρους ἅπαντας ἠρίθμησεν⁵ καὶ τὸν
νῦν κρυπτόμενον ἤλεγξε.

170   Τί οὖν ἡ γυνή; οὐκ ἐδυσχέρανεν, οὐδὲ ἀφεῖσα ἔφυγεν,
οὐδὲ ὕβριν τὸ πρᾶγμα ἐνόμισεν εἶναι, ἀλλὰ θαυμάζει
μᾶλλον αὐτὸν καὶ προσκαρτερεῖ πλέον· θεωρῶ γάρ, φησίν,
ὅτι προφήτης εἶ σύ.

       Καὶ σκόπει αὐτῆς τὴν σύνεσιν· οὐδὲ ἐνταῦθα εὐθέως ἐπ-
175 έδραμεν, ἀλλ᾽ ἔτι περισκοπεῖται καὶ δοκιμάζει⁶· τὸ γὰρ, θεωρῶ,
τουτέστι⁷· φαίνῃ μοι προφήτης εἶναι. Εἶτα ἐπειδὴ τοῦτο ὑπώ-
πτευσεν, οὐδὲν βιωτικὸν αὐτὸν ἠρώτησεν⁸, οὐ περὶ σώματος
ὑγιείας, οὐ περὶ χρημάτων, οὐ [ ]ᵖ πλούτου, ἀλλὰ περὶ δογμάτων
εὐθέως. τί γάρ φησιν; οἱ πατέρες ἡμῶν ἐν τῷ ὄρει τούτῳ προσ-
180 εκύνησαν. τοὺς περὶ τὸν Ἀβραὰμ λέγουσα· καὶ γὰρ ἐκεῖ φασι τὸν
υἱὸν αὐτοῦ ἀνενεγκεῖν¹⁰. καὶ πῶς ὑμεῖς λέγετε ὅτι ἐν Ἱεροσολύμοις ἐστὶν ὁ τόπος ἔνθα προσκυνεῖν χρή¹¹. Εἶδες πῶς ὑψηλοτέρα
τῇ διανοίᾳ γέγονεν; ἢ γὰρ ὑπὲρ τοῦ μὴ σκύλλεσθαι διὰ τὸ διψῆν
μεριμνῶσα, καὶ ὑπὲρ δογμάτων ἐρωτᾷ λοιπόν.
185   Τί οὖν ὁ Χριστός; οὐκ ἔλυσε τὸ ζήτημα (οὐ γὰρ τοῦτο ἦν
αὐτῷ περισπούδαστον, πρὸς τὰ λεγόμενα ἁπλῶς ἀποκρίνεσθαι,

---

1. = B M Cr. - 3 1 2: Migne.
2. σημααινομένη: M.
3. = B M. - Om.: Migne.
4. = B M. - Add. γάρ: Cr Migne.
5. = B M. - 2 1: Migne.
6. = B*(vid) M. - θαυμάζει: Migne.
7. = M. - τοῦτό ἐστιν: B Migne.
8. = M. - ἐρωτᾷ: B Cr Migne.
9. = B M. - Add. περί: Migne.
10. = B M. - αὐτὸν ἀνηνοχέναι: Cr. - [ ] ἀνηνέχθαι: Migne.
11. = B M (Cr). - ὅπου χρὴ προσκυνεῖν: Migne.

ce que son état a de honteux et, pensant qu'elle s'adresse à un homme, elle dit: «Je n'ai pas de mari.» En entendant cela, le Christ produit fort à propos le reproche et, parlant avec précision de deux réalités, il a fait le compte de tous les maris précédents et il reproche celui qu'elle a maintenant en cachette.

Que (dit) donc la femme? Elle ne se fâchait pas, elle ne courut pas aussitôt (pour fuir), elle ne prit pas cela pour une insulte, mais elle l'en admire plutôt et poursuit l'entretien; «En effet, dit-elle, je vois que tu es un prophète.» (Jn 4,19).

Et considère son intelligence. Elle ne s'enfuit pas aussitôt en courant mais elle continue à s'informer et à le mettre à l'épreuve. En effet, le "Je vois" veut dire "Tu me parais être un prophète". Et puis, une fois qu'elle a soupçonné (cette réalité), elle ne lui a pas demandé ce qui sert à la vie, elle ne l'a pas interrogé sur la santé du corps, ni sur les biens ou la richesse, mais tout de suite sur les dogmes. Que dit-elle en effet: «Nos pères ont adoré sur cette montagne», parlant d'Abraham et des autres, car c'est là, dit-on, qu'il aurait offert son fils, «et comment pouvez-vous dire que c'est à Jérusalem le lieu où il faut adorer?» (Jn 4,20). Tu vois comment son esprit s'est élevé plus haut? Elle qui se souciait de la façon de ne plus être tourmentée par la soif, elle s'enquière maintenant des dogmes.

Que (dit) donc le Christ? Il n'a pas résolu le problème (car ce n'était pas pour lui urgent de répondre simplement à ce qui était dit,   ...

xxxii παρέλκον γὰρ ἦν), ἀλλὰ ἄγει τὴν γυναικὰ πάλιν ἐπὶ [ ]¹ μεῖζον ὕψος. καὶ οὐ πρότερον αὐτῇ περὶ τούτων διαλέγεται ἕως ὡμολόγησεν ὅτι προφήτης ἐστίν, ὥστε [ ]² μετὰ πολλῆς τῆς πλη–
190 ροφορίας ἀκοῦσαι [ ]³ τῶν λεγομένων. ἡ γὰρ τοῦτο πεισθεῖσα, οὐκ ἔτι λοιπὸν περὶ τῶν ῥηθησομένων ἀντιλέγειν⁴ εἶχεν.

---

1. = M. - *Add.* τό: B Migne.
2. = B M. - *Add.* καί: Migne.
3. = M. - *Add.* λοιπόν: B Migne.
4. = B M. - ἀμφιβάλλειν: Migne.

c'était superflu), mais il fait monter la femme encore plus haut. Et il ne s'est pas entretenu avec elle de ces choses-là avant qu'elle n'ait reconnu qu'il était un prophète en sorte qu'elle put écouter avec grande confiance ce qui était dit. Celle qui a cru cela, elle n'avait plus à contredire ce qui allait être dit.

ΛΟΓΟΣ ΛΓ

xxxiii   Λέγει αὐτῇ ὁ Ἰησοῦς· γύναι, πίστευσόν μοι ὅτι ἔρχεται ὥρα
ὅτε οὔτε ἐν τῷ ὄρει τούτῳ οὔτε ἐν Ἱεροσολύμοις προσκυνήσουσι[1]
τῷ Πατρί. ὑμεῖς[2] προσκυνεῖτε ὃ οὐκ οἴδατε, ἡμεῖς[3] προσκυνοῦμεν
ὃ οἴδαμεν, ὅτι ἡ σωτηρία ἐκ τῶν Ἰουδαίων ἐστίν.

5

Πανταχοῦ πίστεως ἡμῖν δεῖ, ἀγαπητοί, πίστεως, τῆς μητρὸς
τῶν ἀγαθῶν, τοῦ τῆς σωτηρίας φαρμάκου. καὶ ταύτης ἄνευ
οὐδὲν ἐστὶ τῶν μεγάλων δογμάτων κατασχεῖν[4]· ἀλλ᾽ ἐοίκαμεν[5]
τοῖς πέλαγος νεὼς[6] χωρὶς ἐπιχειροῦσι διαδραμεῖν[7], οἳ μέχρι μὲν
10   ὀλίγου [ ][8] διαρκοῦσι χερσὶ ὁμοῦ καὶ ποσὶ χρώμενοι, περαιτέρω δὲ
προελθόντες, ταχέως ὑπὸ τῶν κυμάτων βαπτίζονται. οὕτω καὶ οἱ
τοῖς οἰκείοις χρώμενοι λογισμοῖς, πρὶν ἤ τι μαθεῖν, ναυάγιον
ὑπομένουσιν. καθὼς καὶ ὁ Παῦλός φησι· οἵτινες περὶ τὴν πίστιν
ἐναυάγησαν. ὅπερ ἵνα μὴ καὶ ἡμεῖς πάθωμεν, τὴν ἱερὰν
15   κατέχωμεν ἄγκυραν δι᾽ ἧς καὶ τὴν Σαμαρεῖτιν ὁ Χριστὸς ἐπάγε-
ται νῦν.

Εἰπούσης γὰρ ἐκείνης ὅτι ἐν τῷ ὄρει τούτῳ[9] δεῖ προσκυνεῖν,
ὁ Χριστὸς ἔλεγεν· πίστευέ[10] μοι, γύναι, ὅτι ἔρχεται ὥρα ὅτε [ ][11]

---

1. = B M. - προσκυνήσετε: Migne.
2. Add. μέν: M.
3. Add. δέ: Bᶜ M.
4. = B M. - 4 1 2 3: Migne.
5. = B M. - ἐοίκασι: Migne.
6. = B M. νηός: Migne.
7. = B M. - διαπερᾷν: Migne.
8. = B M. Add. νηχόμενοι: Migne.
9. = B M. - [ ] πῶς ὑμεῖς λέγετε ὅτι ἐν τοῖς Ἱεροσολύμοις ἐστὶν ὁ τόπος ἐν ᾧ :
   Migne.
10. = B M. - πίστευσον: Migne.
11. = B*. - Add. οὔτε ἐν Ἱεροσολύμοις: Bᶜ M Migne.

Jésus lui dit: «Femme, crois-moi, l'heure vient où ni sur cette montagne, ni à Jérusalem, ils adoreront le Père. Vous, vous adorez ce que vous ne connaissez pas; nous, nous adorons ce que nous connaissons (Jn 4,21-22).

Partout il nous faut la foi, bien-aimés, la foi qui est la mère des biens, qui nous procure le salut. Et sans elle, il est impossible de rien tenir fermement des grands dogmes. Mais nous ressemblons à des gens qui entreprennent de courir à travers la mer sans bateau: ils tiennent bon quelque temps en se servant des mains et des pieds, mais, s'avançant un peu plus loin, ils sont vite engloutis par les vagues. De même ceux qui se servent de leurs propres raisonnements, avant même d'avoir appris quelque chose, ils font naufrage. Comme le dit Paul: «Certains ont fait naufrage dans la foi» (1 Tm 1,19). Afin de ne pas, nous aussi, éprouver ce mal, tenons ferme l'ancre par laquelle le Christ conduit maintenant la Samaritaine.

Une fois qu'elle eut dit qu'il faut adorer sur cette montagne, le Christ disait: «Crois-moi, femme, l'heure vient où ...

xxxiii οὔτε ἐν τῷ ὄρει τούτῳ προσκυνήσετε [ ]¹. πολὺ γὰρ² μέγα ταύτῃ³
20 δόγμα ἀπεκάλυψε, καὶ ὅπερ οὐδὲ Νικοδήμῳ οὐδὲ τῷ Ναθαναὴλ
εἶπεν. αὕτη μὲν οὖν ἐσπούδαζε σεμνότερα δεῖξαι τὰ ἑαυτῆς⁴ τῶν
Ἰουδαικῶν, καὶ τοῦτο ἀπὸ τῶν πατέρων ἐσοφίζετο· ὁ δὲ Χριστὸς
οὐ πρὸς ταύτην ἀπήντησε τὴν ἐρώτησιν. παρέλκον γὰρ τέως ἦν
τοῦτο⁵ εἰπεῖν καὶ δεῖξαι, διατὶ μὲν οἱ πατέρες ἐν τῷ ὄρει, διατὶ δὲ
25 οἱ Ἰουδαῖοι ἐν Ἱεροσολύμοις προσκυνοῦσι⁶. διὰ τοῦτο μὲν ἀπ-
εσιώπησεν. ἀμφοτέρων δὲ τῶν τόπων⁷ τὰ πρεσβεῖα ἀνελών, διαν-
ίστησιν αὐτῆς τὴν ψυχήν, δεικνὺς ὅτι οὔτε Ἰουδαῖοι οὔτε⁸ αὐτοὶ
ἔχουσί τι μέγα πρὸς τὸ μέλλον δωρεῖσθαι· καὶ τότε τὴν διαφορὰν
εἰσάγει. πλὴν καὶ οὕτω σεμνοτέρους τοὺς Ἰουδαίους ἀπέφηνεν,
30 οὐ τόπον τόπου προτιμῶν, ἀλλὰ ἀπὸ τῆς διανοίας ἐκείνοις⁹ τὴν
προεδρίαν διδούς, ὡσανεὶ ἔλεγεν· τόπου μὲν ἕνεκεν, οὐδὲν δεῖ
λοίπον φιλονεικεῖν. Ἰουδαῖοι μέντοι τῷ τρόπῳ τὸ πλέον τι¹⁰ τῶν
Σαμαρείτων ἔσχον. ὑμεῖς μὲν γάρ, φησί, προσκυνεῖτε ὃ οὐκ οἴδατε, ἡμεῖς δὲ προσκυνοῦμεν ὃ οἴδαμεν.
35   Πῶς [ ]¹¹ οὐκ ᾔδεσαν οἱ Σαμαρεῖται ὃ προσεκύνουν; ὅτι
τοπικὸν καὶ μερικὸν Θεὸν ἐνόμιζον εἶναι. οὕτω γοῦν αὐτὸν καὶ
ἐθεράπευον· οὕτω καὶ Πέρσαις πέμψαντες ἀπήγγειλαν ὅτι· ὁ τοῦ
τόπου τούτου Θεός [ ]¹², οὐδὲν πλέον περὶ αὐτοῦ κατὰ [ ]¹³ τῶν
εἰδώλων φανταζόμενοι. διὸ καὶ¹⁴ ἔμενον [ ]¹⁵ δαίμονας καὶ αὐ-

---

1. = B M. - *Add.* τῷ Πατρί: Migne.
2. = B M. - *Om.*: Cr Migne.
3. = M. - αὐτῇ: B Cr Migne.
4. = B M. - αὐτῆς: Cr Migne.
5. τοῦ: M.
6. = M. - προσεκύνουν: B Migne.
7. = B M Cr. - τύπων: Migne.
8. = B M Cr. - οὐδέ (bis): Migne.
9. = B*(vid) M. - ἐκείνης: Bᶜ Migne.
10. = B M. - *Om.*: Migne.
11. = B M. - *Add.* δέ: Cr. - *Add.* οὖν: Migne.
12. = B. - *Add.* ἀγανακτεῖ ἡμῖν: M. - *Add.* ἡμῖν ἀγανακτεῖ: Migne. - *Add.*
    αὐτοὺς λυμαίνεται: Cr.
13. = M. - *Add.* τοῦτο: B Cr Migne.
14. = B M Cr. - διόπερ: Migne.
15. = B M. - *Add.* καί: Cr Migne.

ce n'est plus sur cette montagne que vous adorerez» (Jn 4,21). *En effet, c'est un très grand dogme qu'il lui a révélé, qu'il n'avait dit ni à Nicodème ni à Nathanaël. Elle donc, elle s'efforçait de montrer que les réalités la concernant étaient plus vénérables que celles du judaïsme, et elle le prouvait habilement à partir des pères. Mais le Christ ne répondit pas à cette question. Il était en effet superflu de dire et de montrer: pourquoi les pères adorent sur cette montagne, pourquoi les Juifs à Jérusalem? Pour cette raison donc il a gardé le silence. Mais faisant fi des privilèges des deux lieux, il élève l'âme de la femme en lui montrant que ni les Juifs ni eux ne possèdent une réalité comparable à ce qui va leur être accordé. Alors seulement il en vient à la différence. Et encore, il montra que les Juifs sont plus vénérables non pas en donnant plus de prix à tel ou tel lieu, mais en leur donnant la première place en raison de leur pensée, comme s'il disait: en ce qui concerne le lieu, rien ne sert de se disputer. Les Juifs cependant avaient quelque chose de plus que les Samaritains: "vous, en effet, vous adorez ce que vous ne connaissez pas tandis que nous, nous adorons ce que nous connaissons"* (Jn 4,22).

Comment les Samaritains ne connaissaient-ils pas ce qu'ils adoraient? Parce qu'ils imaginaient Dieu comme soumis au lieu et à la division. C'est ainsi qu'ils lui rendaient un culte. C'est ainsi qu'ils avaient envoyé des gens l'annoncer aux Perses: "Le Dieu de ce lieu", n'imaginant à son sujet rien de plus que ce que l'on disait des idoles. C'est pourquoi ils continuaient à lui rendre un culte   ...

xxxiii τὸν[1] θεραπεύοντες καὶ τὰ ἄμικτα μιγνύντες. Ἰουδαῖοι δὲ ταύτης
ἦσαν ἀπηλλαγμένοι τῆς ὑπονοίας, καὶ τῆς οἰκουμένης αὐτὸν ᾔδεσαν [ ][2] Θεόν, εἰ καὶ μὴ πάντες. διὰ τοῦτό φησιν· ὑμεῖς προσκυνεῖτε ὃ οὐκ οἴδατε, ἡμεῖς δὲ προσκυνοῦμεν ὃ οἴδαμεν.

Μὴ θαυμάσῃς δὲ εἰ[3] μετὰ Ἰουδαίων ἑαυτὸν ἀριθμεῖ· πρὸς
45 γὰρ τὴν ὑπόνοιαν τῆς γυναικὸς διαλέγεται, ὡς προφήτης ὢν
Ἰουδαῖος[4]. διὸ καὶ τό· προσκυνοῦμεν[5], τέθεικεν. ὅτι γὰρ τῶν
προσκυνουμένων ἐστί, παντί που δῆλόν ἐστι[6]. τὸ μὲν γὰρ προσκυνεῖν, τῆς κτίσεως, τὸ δὲ προσκυνεῖσθαι, τοῦ τῆς κτίσεως
Δεσπότου. ἀλλὰ τέως ὡς Ἰουδαῖος διαλέγεται· τί οὖν τό[7]· ἡμεῖς,
50 ἐνταῦθα; ἡμεῖς οἱ Ἰουδαῖοι [ ][8]. ἐπάρας τοίνυν τὰ Ἰουδαίκα,
πάλιν ἀξιόπιστον ἑαυτὸν ποιεῖ καὶ πείθει μᾶλλον τοῖς ὑπ᾽ αὐτοῦ
λεγομένοις προσέχειν, ἀνύποπτον ποιῶν τὸν λόγον καὶ δεικνὺς ὅτι
οὐ τῇ πρὸς τὸ ὁμόφυλον συγγενείᾳ τὰ ἐκείνων ἐπαίρει. ὁ γὰρ περὶ
τοῦ τόπου ταῦτα ἀποφηνάμενος, ἐφ᾽ ᾧ μάλιστα ηὔχουν Ἰουδαῖοι
55 καὶ πλεονεκτεῖν πάντων ἐνόμιζον, καὶ τὰ σεμνὰ τούτων καθε-
λών, εὔδηλον ὅτι οὐδὲ τὰ μετὰ[9] ταῦτα πρὸς χάριν τινὸς ἔλεγεν,
ἀλλὰ μετὰ ἀληθείας καὶ προρρητικῇ δυνάμει.

Ἐπεὶ οὖν [ ][10] λογισμῶν τέως ἀπέστησεν εἰκότως φησί[11]·
πίστευσόν μοι, γύναι, [ ][12] ὅτι ἡ σωτηρία ἐκ τῶν Ἰουδαίων ἐστίν·
60 ὃ δὲ λέγει τοιοῦτόν ἐστιν· ἢ ὅτι τῇ οἰκουμένῃ τὰ ἀγαθὰ[13] ἐκεῖθεν
γέγονε (τὸ γὰρ εἰδέναι Θεὸν καὶ τὸ καταγινώσκειν εἰδώλων,
ἐκεῖθεν τὴν ἀρχὴν ἔσχεν· καὶ τὰ ἄλλα πάντα δόγματα, καὶ παρ᾽

---

1. αὐτοί: B.
2. = B M. - Add. εἶναι: Migne. - (Θεὸν ὄντα: Cr).
3. = B M. - ὅτι: Cr Migne.
4. = B M Cr. - Ἰουδαίων: Migne.
5. προσκυνεῖτε: B.
6. = B M. - Om.: Migne.
7. = B M. - τὸ οὖν: Migne.
8. = B M. - Add. φησίν: Migne.
9. = B. - [ ] μετά: M. - κατά: Migne.
10. =B M. - Add. τῶν τοιούτων: Migne.
11. = B M. - εἰπών: Migne.
12. = B M. - Add. καὶ τὰ ἑξῆς ἐπάγει: Migne.
13. = B M Cr. - 3 4 1 2: Migne.

en même temps qu'aux démons, à confondre ce qui devait être distingué. Mais les Juifs rejetaient cette façon de voir, et ils le savaient Dieu du monde entier, au moins le plus grand nombre. C'est pourquoi il dit: «Vous, vous adorez ce que vous ne connaissez pas; nous, nous adorons ce que nous connaissons.»

Ne t'étonnes pas s'il se compte parmi les Juifs. Car c'est en accord avec ce que pensait la femme qu'il parle comme étant un prophète juif. C'est pourquoi il a employé le mot "nous adorons". En effet, qu'il soit de ceux qui sont adorés, c'est tout à fait clair. Car adorer, c'est le fait de la créature; mais être adoré, c'est le fait du Maître de la créature. Mais il parle encore comme Juif. Que signifie donc le "nous" ici? "Nous les Juifs". *Ayant donc exalté le judaïsme, encore une fois il se rend plus digne d'être cru et il persuade davantage de s'attacher à ce qu'il dit, rendant son discours non suspect et montrant que, s'il exalte ce qui concerne ces gens-là, ce n'est pas parce qu'il est de la même race. En effet, celui qui s'est exprimé ainsi au sujet du Lieu, dont les Juifs se glorifiaient au plus haut point et qu'ils estimaient supérieur à tout, celui qui a rabaissé ce qu'ils tenaient pour vénérable, il est clair que, après cela, il ne parlait pas pour le bénéfice de quelqu'un, mais avec vérité et puissance prophétique.*

Après donc avoir écarté ces raisonnements, c'est avec raison qu'il dit: «Crois-moi, femme, le salut vient des Juifs» (Jn 4,22b). Voici le sens de ce qu'il dit. Ou bien que c'est de là que les biens sont arrivés au monde entier (car c'est de là que tire son origine le fait de connaître Dieu et de condamner les idoles; et tous les autres dogmes, et chez vous   ...

xxxiii ὑμῖν δέ, φησίν¹, αὐτὸ δὴ τοῦτο² τὸ³ τῆς προσκυνήσεως, εἰ καὶ μὴ ὀρθῶς, ἀπὸ γοῦν τῶν Ἰουδαίων τὴν ἀρχὴν ἔλαβε). σωτηρίαν οὖν
65 [ ]⁴ τὴν ἑαυτοῦ παρουσίαν καλεῖ· μᾶλλον δὲ οὐκ ἄν τις ἁμάρτοι ἀμφότερα ταῦτα σωτηρίαν καλῶν, ὡς εἶπεν ἐκ τῶν Ἰουδαίων εἶναι. ὅπερ καὶ ὁ Παῦλος αἰνιττόμενος ἔλεγεν· ἐξ ὧν ὁ Χριστὸς τὸ κατὰ σάρκα, ὁ ὢν ἐπὶ πάντων Θεός.

Ὁρᾷς πῶς συγκροτεῖ τὴν Παλαιὰν καὶ ῥίζαν δείκνυσι τῶν
70 ἀγαθῶν, καὶ διὰ πάντων ἑαυτὸν⁵ οὐκ ἐναντίον ὄντα τῷ νόμῳ, εἴγε ἐκ τῶν Ἰουδαίων τὴν ὑπόθεσιν εἶναι πάντων τῶν ἀγαθῶν φησιν;

Ἀλλ’ ἔρχεται ὥρα, καὶ νῦν ἐστιν, ὅτε οἱ ἀληθινοὶ προσκυνηταὶ προσκυνήσουσι τῷ Πατρί⁶. πλεονεκτοῦμεν μὲν ὑμῶν,
75 ὦ γύναι, φησί, τῷ τρόπῳ τῆς προσκηνήσεως· πλὴν ἀλλὰ καὶ οὗτος τέλος ἔξει λοιπόν. οὐ γὰρ τὰ τῶν τόπων ἀμειφθήσεται μόνον, ἀλλὰ καὶ τὰ⁷ τοῦ τρόπου τῆς λατρείας, καὶ ταῦτα ἐπὶ θύραις ἕστηκεν.

Ἔρχεται [ ]⁸ ὥρα καὶ νῦν ἐστιν. ἐπειδὴ γὰρ οἱ προφῆται πρὸ
80 μακρῶν ἔλεγον τῶν⁹ χρόνων ἅπερ ἔλεγον, τοῦτο ἀναιρῶν ἐνταῦθα εἶπε· καὶ νῦν ἐστι. μὴ νομίσῃς, φησί, ταύτην τοιαύτην εἶναι¹⁰ [ ]¹¹ προφητείαν ὡς μετὰ πολὺ γενέσθαι¹² χρόνον· τὸ γὰρ πρᾶγμα¹³ ἐφέστηκεν ἤδη καὶ ἐπὶ θύραις ἐστίν.

---

1. = B M Cr. - *Om.*: Migne,
2. = B M. - *Om.*: Migne.
3. *Om.*: M (hapl.).
4. = B M. - *Add.* ἢ ταῦτα ἤ: Cr Migne.
5. = B* M. - *Om.*: Migne.
6. *Add.* ἐν πνεύματι καὶ ἀληθείᾳ: Bᶜ M.
7. = Cr Bᶜ Migne. - τό: M. - *Om.*: B*.
8. = M. - *Add.* γάρ: B Migne.
9. = M. - *Om.*: B Migne.
10. *Om.* τοιαύτην εἶναι: B (même au même).
11. = M. - *Add.* τήν: B Migne.
12. = B M. - γενήσεσθαι: Migne.
13. = B* M. - τά... πράγματα: Migne.

le fait même de l'adoration, même s'il n'est pas juste, a tiré son origine des Juifs). *Ou il appelle salut son propre avènement. Bien mieux, on ne se tromperait pas en les appelant tous les deux "salut", ce salut qu'il a dit venir des Juifs. Ce que Paul insinuait en disant: «D'eux est issu le Christ selon la chair, lui qui est Dieu au-dessus de tout»* (Rm 9,5).

Vois-tu comment il se réfère à l'ancienne Alliance et montre la racine des biens, et surtout que lui-même n'est pas opposé à la Loi puisqu'il déclare que le fondement de tous les biens vient des Juifs?

«Mais l'heure vient, et elle est là, où les vrais adorateurs adoreront le Père» (Jn 4,23). *Nous l'emportons sur vous, femme, quant à la manière d'adorer. Mais toutefois elle aussi aura une fin. Car ce qui changera, ce ne sera pas seulement ce qui concerne les lieux, mais encore ce qui concerne la manière de rendre un culte, et c'est aux portes* (cf. Mt 24,33).

«L'heure vient, et elle est là.» Puisque les prophètes parlaient bien avant que n'arrive ce dont ils parlaient, pour écarter ce fait il a dit ici "et elle est là". Ne pense pas, dit-il, qu'une telle prophétie est de celles qui n'arrivent qu'après un long temps; en effet, cet événement est déjà là et il est aux portes (cf. Mt 24,33).

xxxiii　　Ὅτε οἱ ἀληθιναὶ προσκυνηταὶ προσκυνήσουσι τῷ Πατρί
85 [ ]¹. εἰπών· ἀληθινούς, συνεξέβαλε Σαμαρείταις Ἰουδαίους. εἰ
γὰρ καὶ ἐκείνων ἀμείνους οὗτοι, ἀλλὰ τῶν μελλόντων ἐλάττους
πολλῷ, καὶ τοσοῦτον ὅσον ἀληθείας τύπος. λέγει δὲ περὶ ἐκκλησίας ὅτι ἡ ἀληθὴς προσκύνησις καὶ Θεῷ πρέπουσα αὕτη
ἐστίν.

90　　Καὶ γὰρ ὁ Πατὴρ τοιούτους ζητεῖ, φησί², τοὺς προσκυνοῦντας αὐτόν. οὐκοῦν εἰ τούτους³ πάλαι ἐζήτει, οὐ βουλόμενος
ἐκείνοις συνεχώρησε τὸν τύπον⁴, ἀλλὰ συγκαταβαίνων, [ ]⁵ διὰ
τοῦτο ἵνα [ ]⁶ τούτους εἰσαγάγῃ.

　　Τίνες οὖν εἰσιν οἱ ἀληθινοὶ προσκυνηταί; οἱ μητὲ τόπῳ περι-
95 κλείοντες τὴν λατρείαν, καὶ Θεὸν πνεύματι θεραπεύοντες,
καθὼς καὶ ὁ Παῦλός φησι· ᾧ λατρεύω ἐν τῷ πνεύματί μου, ἐν τῷ
εὐαγγελίῳ τοῦ Υἱοῦ αὐτοῦ. καὶ πάλιν· [ ]⁷ παραστῆσαι τὰ σώ-
ματα ὑμῶν θυσίαν ζῶσαν⁸, εὐάρεστον τῷ Θεῷ, τὴν λογικὴν λατρείαν ὑμῶν.

100　　Ὅταν δὲ εἴπῃ· πνεῦμα ὁ Θεός⁹, οὐδὲν ἄλλο δηλοῖ ἢ τὸ
ἀσώματον. δεῖ τοίνυν οὐκ ἐστὶν σῶμα¹⁰ καὶ τὴν λατρείαν αὐ-
τοῦ¹¹ τοιαύτην εἶναι δεῖ¹², καὶ διὰ τοῦ ἐν ἡμῖν ἀσωμάτου προσ-
φέρεσθαι, τουτέστιν διὰ τῆς ψυχῆς, διὰ¹³ τῆς τοῦ νοῦ καθαρό-
τητος. [ ]¹⁴. ἐπειδὴ δὲ καὶ ἐκεῖνοι καὶ [ ]¹⁵ Ἰουδαῖοι τῆς μὲν ψυχῆς

---

1. = B M. - Add. ἐν πνεύματι καὶ ἀληθείᾳ: Migne.
2. = B M Cr. - Om.: Migne.
3. = B M. - τοιούτους: Migne.
4. = B* M. - τρόπον: Migne.
5. = M. - Add. καί: B Migne.
6. = B M. - Add. καί: Migne.
7. = B M. - Add. παρακαλῶ ὑμᾶς: Migne.
8. Add. ἁγίαν: Bᶜ M (cf. Rom 12,1).
9. Add. καὶ τοὺς προκυνοῦντας... δεῖ προσκυνεῖν: M (= Jn 4,24).
10. = B M Cr. - τοῦ ἀσωμάτου: Migne.
11. = B M Cr. - Om.: Migne.
12. = B M Cr. - Om.: Migne.
13. = B*(vid) M Cr. - καί: Migne.
14. = B M Cr. - Add. διό φησι· καὶ τοὺς προσκυνοῦντας αὐτὸν ἐν πνεύματι καὶ
ἀληθείᾳ δεῖ προσκυνεῖν: Migne.
15. = B M. - Add. οἱ: Migne.

«*Où les vrais adorateurs adoreront le Père.*» En disant "*les vrais*", il a exclu, avec les Samaritains, aussi les Juifs. En effet, si ceux-ci sont meilleurs que ceux-là, ils sont bien inférieurs quant aux réalités à venir, autant que la figure diffère de la réalité. Il parle de l'église, parce que c'est elle qui est l'adoration véritable et qui convient à Dieu.

«*Car tels sont, dit-il, les adorateurs que cherche le Père*» (Jn 4,23b). Et bien, s'il les cherchait jadis, ce n'est pas par volonté qu'il leur a accordé la figure, mais par condescendance, afin de les introduire par ce moyen.

Quels sont donc les vrais adorateurs? Ceux qui ne restreignent pas le culte à un lieu, et qui honorent Dieu en esprit, comme le dit Paul: «*À qui je rends un culte en mon esprit, en annonçant l'évangile de son Fils*» (Rm 1,9). Et encore: «*Offrir vos corps en hostie vivante, agréable à Dieu, votre culte spirituel*» (Rm 12,1).

Mais lorsqu'il dit que "*Dieu est esprit*" (Jn 4,24a), il ne veut rien montrer d'autre que l'incorporéité. Il faut donc qu'il n'y ait plus de corps, il faut que le culte soit tel, et offert par ce qui, en nous, est incorporel, c'est-à-dire par l'âme, par la pureté de l'intelligence. Mais puisque et eux et les Juifs négligeaient l'âme   ...

xxxiii ἠμέλουν, πολλὴν δὲ περὶ τὸ σῶμα σπουδὴν ἐποιοῦντο, καθαί-
ροντες αὐτὸ παντοδαπῶς, τοῦτό¹ φησιν ὅτι οὐ τῇ τοῦ σώματος
καθαρότητι, ἀλλὰ τῷ ἐν ἡμῖν ἀσωμάτῳ, τουτέστι τῷ² νῷ, ὁ
ἀσώματος θεραπεύεται. μὴ τοίνυν πρόβατα θύετε καὶ μόσχους,
ἀλλ᾿ ὅλον σαυτὸν ἀνάθες τῷ Θεῷ καὶ ὁλοκαυτώσον· τοῦτο γάρ
110 ἐστι παραστῆσαι θυσίαν ζῶσαν³. [ ]⁴. τύπος γὰρ τὰ πρότερον⁵, ἡ
περιτομή, τὰ ὁλοκαυτώματα, τὰ θύματα, τὰ θυμιάματα⁶· νυνὶ δὲ
οὐκέτι [ ]⁷ σάρκα, ἀλλὰ πονηροὺς περικόπτειν δεῖ⁸ λογισμούς,
καὶ σταυροῦν ἑαυτόν, καὶ τὰς ἀλόγους ἀναιρεῖν ἐπιθυμίας καὶ
κατασφάττειν.

115 Ἰλιγγίασεν ἡ γυνὴ πρὸς τὰ λεχθέντα καὶ ἀπηγόρευσε πρὸς
τὸ τῶν εἰρημένων ὕψος⁹, καὶ καμοῦσα ἄκουσον τί φησιν· [ ]¹⁰
ἔρχεται Μεσσίας [ ]¹¹, ὅταν ἔλθῃ ἐκεῖνος, ἀπαγγελεῖ¹² ἡμῖν πάντα. λέγει αὐτῇ [ ]¹³· ἐγώ εἰμι [ ]¹⁴.

Καὶ πόθεν Σαμαρείταις τὸ προσδοκᾶν τὴν τοῦ Χριστοῦ
120 παρουσίαν, τὸν Μωυσέα δεξάμενοι μόνον; ἀπ᾿ αὐτῶν τῶν Μωυ-
σέως γραμμάτων. καὶ γὰρ ἐν ἀρχῇ τὸν Υἱὸν ἀπεκάλυψε. τὸ γὰρ·
ποιήσωμεν ἄνθρωπον κατ᾿ εἰκόνα καὶ [ ]¹⁵ ὁμοίωσιν ἡμετέραν,
πρὸς τὸν Υἱὸν εἴρηται ¹⁶. καὶ τῷ Ἀβραὰμ ἐπὶ¹⁷ τῇ σκηνῇ οὗτός
ἐστιν ὁ διαλεγόμενος. καὶ ὁ Ἰακὼβ περὶ αὐτοῦ προφητεύων ἔλε-

---

1. = B*(vid) M. - Om.: Migne.
2. Om.: B* M* (hapl.).
3. = B M. - 2 3 1: Migne.
4. = B M. - Add. ἐν γὰρ ἀληθείᾳ δεῖ προσκυνεῖν : Migne.
5. = B M (γάρ ἐστιν). - ὡς τά γε πρότερα τύπος ἦν: Migne.
6. Om. τὰ θυμ.: B M (même au même).
7. = B M. - Add. ἀλλ᾿ ἀλήθεια τὸ πᾶν οὐ γάρ: Migne.
8. = B M. - 2 1: Migne.
9. = B M. - 3 1 2: Migne.
10. = B*. - Add. οἴδαμεν ὅτι:M. - Add. οἶδα ὅτι: Migne.
11. = B*(vid). - Add. ὁ λεγόμενος Χριστός : Bᶜ M Migne.
12. = B. - ἀναγγελεῖ: M Migne (= Jn 4,25).
13. = B. - Add. ὁ Ἰησοῦς : M Migne (= Jn 4,25).
14. = B. - Add. ὁ λαλῶν σοι: M Migne (= Jn 4,25).
15. = B M. - Add. καθ᾿ : Migne.
16. = B M Cr. - εἴρητο: Migne.
17. = B. - ἐν: M Cr Migne.

tandis qu'ils apportaient beaucoup de soin au corps, en le purifiant sans cesse, il dit que ce n'est pas par la pureté du corps, mais par ce qui en nous est incorporel, c'est-à-dire par l'intelligence, qu'est honoré l'Incorporel. Ne sacrifiez plus brebis et taureaux, mais consacre-toi et sacrifie-toi toi-même à Dieu ; c'est cela "offrir une hostie vivante" (Rm 12,1). En effet, les réalités du passé étaient des figures: la circoncision, les holocaustes, les sacrifices, les encensements; mais maintenant, il ne s'agit plus de ce qui est matériel, mais il faut couper les raisonnements mauvais, et se crucifier soi-même, et enlever les désirs irrationnels, les immoler.

La femme fut très étonnée de ces paroles et elle recula devant leur sublimité et, fatiguée, écoute ce qu'elle dit: «Le Messie vient; lorsqu'il viendra, il nous annoncera tout.» Il lui dit: «C'est moi» (Jn 4,25-26).

Et d'où les Samaritains attendaient-ils l'avènement du Christ alors qu'ils ne recevaient (comme Écriture) que Moïse? Des Écritures de Moïse elles-mêmes. En effet, dès le début il a révélé le Fils. Car la phrase "Faisons l'homme à notre image et ressemblance" (Gn 1,26) est dite en référence au Fils. Et à Abraham, près de la tente, c'est Lui qui lui parle (cf. Gn 18,1ss). Et Jacob prophétisait à son sujet ...

xxxiii   γεν· οὐκ ἐκλείψει ἄρχων ἐξ Ἰούδα οὐδὲ ἡγούμενος ἐκ τῶν μηρῶν
         αὐτοῦ [ ]¹. καὶ αὐτὸς δέ [ ]² [ ]³· προφήτην ὑμῖν ἀναστήσει Κύριος
         ὁ Θεὸς ἐκ τῶν ἀδελφῶν ὑμῶν ὡς ἐμέ, αὐτοῦ ἀκούσεσθε. καὶ [ ]⁴
         κατὰ τὸν ὄφιν, καὶ [ ] κατὰ τὴν ῥάβδον τὴν Μωυσέως, καὶ [ ]
         κατὰ τὸν Ἰσαὰκ καὶ τὸ πρόβατον, καὶ πολλὰ ἕτερα ἐνῆν βουλο–
130   μένοις ἐκλέγειν τὴν παρουσίαν αὐτοῦ ἀνακηρύττοντα.

         Ἀλλὰ⁵ οὐκ ἀπὸ τούτων ἐνῆγε τὴν γυναῖκα [ ]⁶, ἀλλὰ τῷ
         μὲν Νικοδήμῳ τὸν ὄφιν εἰς μέσον ἤγαγε καὶ τῷ Ναθαναὴλ προ–
         φητείας ἀνέμνησε, ταύτῃ δὲ οὐδὲν τοιοῦτον εἶπεν. τί δήποτε⁷; ὅτι
         ἐκεῖνοι μὲν ἄνδρες ἦσαν καὶ ἐν τούτοις ἐστρέφοντο· αὕτη δὲ γυνὴ
135   πενιχρὰ καὶ ἀμαθὴς καὶ γραφῶν ἄπειρος. διὰ τοῦτο αὐτῇ οὐκ
         ἀπὸ τούτων διαλέγεται, ἀλλ᾽ ἀπὸ ὕδατος καὶ τῆς προρρήσεως
         αὐτὴν ἐπισπᾶται, καὶ [ ]⁸ εἰς μνήμην ἄγει τοῦ Χριστοῦ καὶ ἐκ–
         καλύπτει λοιπὸν ἑαυτόν. ὅπερ ἂν εἰ παρὰ τὴν ἀρχὴν μὴ ζητησάσῃ
         τῇ γυναικὶ εἶπεν, ἔδοξεν ἂν αὐτῇ ληρεῖν καὶ εἰκῇ φθέγγεσθαι.
140   νῦν δὲ κατὰ μικρὸν αὐτὴν ἐπὶ τὴν μνήμην ἄγων, εὐκαίρως ἑαυτὸν
         ἀπεκάλυψε.

         Καὶ τοῖς μὲν Ἰουδαίοις συνεχῶς λέγουσιν· ἕως πότε τὴν
         ψυχὴν ἡμῶν αἴρεις; εἰπὲ ἡμῖν εἰ σὺ εἶ ὁ Χριστός, τοῦτο [ ]⁹ οὐκ
         ἀπεκρίνατο σαφῶς, ταύτῃ δὲ εἶπε φανερῶς αὐτὸς εἶναι. εὐγνω–
145   μονεστέρα γὰρ [ ]¹⁰ ἡ γυνὴ τῶν Ἰουδαίων. ἐκεῖνοι μὲν γὰρ οὐχ
         ὑπὲρ τοῦ μαθεῖν ἐζήτουν [ ]¹¹· εἰ γὰρ ἐβούλοντο μαθεῖν, ἱκανὴ
         [ ]¹² τῶν σημείων διδασκαλία ἦν. αὕτη δὲ ἐξ ἀδεκάστου γνώμης

---

1. = B M. - Add. ἕως ἂν ἔλθῃ ᾧ ἀπόκειται καὶ   αὐτὸς προσδοκία ἐθνῶν:
   Migne.
2. = B M. - Add. ὁ Μωυσῆς: Cr Migne.
3. = M. - Add. φησί: B Cr Migne.
4. = M. - Add. : B Migne (ter).
5. = B M. - καὶ τί δήποτε, φησίν: Migne.
6. = B M. - Add. ὁ Χριστός: Migne.
7. = B M. - τίνος οὖν ἕνεκεν καὶ διατί: Migne.
8. = M. - Add. διὰ τούτων : B Migne.
9. = B M. - τούτοις μέν : Migne.
10. = B*. - Add. ἦν: Bᶜ M Migne.
11. = B M. - Add. ἀλλ᾽ ὑπὲρ τοῦ κωμῳδεῖν αὐτὸν ἀεί : Migne.
12. = B M. - Add. καὶ ἡ διὰ τῶν ῥημάτων καὶ ἡ διὰ τῶν γραφῶν καὶ ἡ διά :
    Migne.

en disant: «Un prince ne s'éloignera pas de Juda ni un chef de ses cuisses» (Gn 49,10). Et lui-même: «Le Seigneur Dieu vous suscitera d'entre vos frères un prophète comme moi; vous l'écouterez» (Deut 18,15). Et quant au serpent (cf. Nomb 21,8ss), au bâton de Moïse (cf. Ex 4,1ss), à Isaac et à l'agneau (cf. Gn 22,1ss), et bien d'autres traits qu'il est possible de rassembler à volonté, ils proclamaient à l'avance son avènement.

Mais Il n'a pas conduit la femme grâce à ces exemples; à Nicodème il a produit le serpent (cf. Jn 3,14) et à Nathanaël il a rappelé les prophéties (cf. Jn 1,51), tandis qu'à elle, il n'a rien dit de tel. Pourquoi donc? C'est qu'eux, ils étaient des hommes et ils s'occupaient de ces choses-là; tandis qu'elle, c'était une pauvre femme, inculte et ignorant les Écritures. Aussi, il ne lui parle pas à partir de ces choses-là mais il l'attire à partir de l'eau et en affirmant, et il lui remet en mémoire le Christ et il se revèle lui-même. S'il avait commencé par dire cela à la femme alors qu'elle ne cherchait rien, il lui aurait paru déraisonner et parler pour ne rien dire. Mais en fait, lui remettant peu à peu en mémoire (le Christ), il se révèle lui-même au bon moment.

Et aux Juifs qui disaient souvent: «Jusqu'à quand vas-tu nous tenir en haleine? Dis-nous si tu es le Christ» (Jn 10,24), il ne l'a pas répondu clairement tandis qu'à elle, il a dit clairement qu'il l'était. Car la femme était mieux disposée que les Juifs. Car eux, ils ne cherchaient pas à apprendre; s'ils avaient voulu apprendre, l'enseignement venant des signes suffisait. Tandis qu'elle, c'est avec une intention sincère   ...

xxxiii καὶ ἁπλῆς διανοίας ἐφθέγγετο ἅπερ ἐφθέγγετο. καὶ δῆλον ἐκ τῶν
μετὰ ταῦτα ὑπ᾽ αὐτῆς γενομένων. καὶ γὰρ ἤκουσε καὶ ἐπίστευσε
150 καὶ ἄλλους ἐπὶ τοῦτο ἐσαγήνευσεν[1]· καὶ πανταχοῦ τῆς γυναικός
ἐστιν ἰδεῖν καὶ[2] τὸ ἠκριβωμένον καὶ τὸ πιστόν.

Καὶ ἐπὶ τοῦτο ἦλθον οἱ μαθηταὶ αὐτοῦ, φησί[3]. σφόδρα
εὐκαίρως[4] ἀπήντησαν, τῆς διδασκαλίας ἀπαρτισθείσης. καὶ
ἐθαύμαζον ὅτι μετὰ γυναικὸς ἐλάλει· οὐδεὶς μέντοι εἶπε· τί ζη-
155 τεῖς; ἤ· τί λαλεῖς μετ᾽ αὐτῆς. τί δὲ ἐθαύμαζον; τὸ ἄτυφον, τὸ
ταπεινὸν μεθ᾽ ὑπερβολῆς, ὅτι οὕτω περίβλεπτος ὤν, ἠνείχετο μετὰ τοσαύτης ταπεινοφροσύνης γυναικί διαλέγεσθαι πενιχρᾷ καὶ
Σαμαρείτιδι. ἀλλ᾽ ὅμως καὶ ἐκπλαγέντες οὐκ ἠρώτησαν τὴν
αἰτίαν· οὕτως ἦσαν πεπαιδευμένοι τὴν τῶν μαθητῶν τάξιν δια-
160 τηρεῖν, οὕτως αὐτὸν ἐδεδοίκεισαν καὶ ᾐδοῦντο. εἰ γὰρ καὶ μηδέπω τὴν ἀξίαν περὶ αὐτοῦ δόξαν εἶχον, ἀλλ᾽ ὅμως ὡς θαυμαστῶ
τινι προσεῖχον καὶ πολλὴν αὐτῷ ἀπένεμον τὴν αἰδώ. καίτοι γε
πολλαχοῦ φαίνονται πολλὰ παρρησιαζόμενοι· οἷον ὅταν ὁ Ἰωάννης ἐπιπίπτῃ αὐτοῦ τῷ σθήθει· ὅταν αὐτῷ προσιόντες λέγωσι, τίς
165 μείζων ἐστὶν ἐν τῇ βασιλίᾳ τῶν οὐρανῶν· ὅταν οἱ υἱοὶ Ζεβεδαίου
παρακαλῶσιν ἵνα εἷς εκ δεξιῶν καὶ εἷς ἐξ εὐωνύμων καθίσῃ.
τίνος οὖν ἕνεκεν ἐνταῦθα οὐκ ἠρώτησαν; ὅτι ἐκεῖνα μὲν πάντα
ὡς εἰς αὐτοὺς ἀνήκοντα ἀνάγκην εἶχον ἐξετάζειν, ἐνταῦθα δὲ
οὐδὲν αὐτοῖς [ ][5] διέφερε τὸ γιγνόμενον.

---

1. *Om.* καὶ ἄλλους ἐπὶ τοῦτο ἐσαγήνευσεν: M (même au même).
2. = B Cr. - *Om.*: M Migne.
3. = B M. - *Om.*: Migne.
4. = B M Cr. - εἰς καιρόν: Migne.
5. = B M. - *Add.* τοσοῦτον: Migne.

et toute simple qu'elle disait ce qu'elle disait. Le montre clairement ce qu'elle fit ensuite. En effet, elle entendit et elle crut et d'un coup de filet elle en amena d'autres à croire. Et dans tout cela on peut voir comment la femme a cherché avec soin et a cru.

«Et sur ce vinrent ses disciples», dit (l'évangéliste; Jn 4,27). Ils arrivèrent fort à propos, une fois l'enseignement achevé. «Et ils s'étonnaient qu'il parlât avec une femme; nul cependant ne lui dit "que cherches-tu?", ou "Pourquoi parles-tu avec elle?"» (Jn 4,28). Qu'est-ce qui les étonnait? La modestie, l'extrême simplicité avec laquelle lui, si célèbre, il acceptait de parler avec une pauvre femme, une Samaritaine. Mais cependant, bien que frappés d'étonnement, ils n'en demandèrent pas la cause. C'est qu'ils avaient appris à garder leur rang de disciples; c'est qu'ils le craignaient et qu'ils le vénéraient. En effet, même s'ils n'avaient pas encore de lui l'opinion qu'il fallait, ils s'attachaient à lui comme à quelqu'un d'étonnant et grande était la vénération qu'ils lui rendaient. Toutefois, ils paraissent souvent pleins d'assurance. Ainsi, lorsque Jean se penche sur sa poitrine (Jn 13,25); lorsqu'ils s'approchent de lui en disant: «Qui est le plus grand dans le royaume des cieux?» (Mt 18,1); lorsque les fils de Zébédée lui demandent que l'un s'asseye à sa droite et l'autre à sa gauche (Mt 20,21). Pour qu'elle raison ici n'ont-ils rien demandé? Parce que tous ces derniers cas les concernaient et il était nécessaire pour eux de s'enquérir; mais ici, ils n'étaient en rien concernés.

xxxiv   Ἀφῆκεν οὖν τὴν ὑδρίαν αὐτῆς ἡ γυνὴ καὶ ἀπῆλθεν εἰς τὴν
πόλιν καὶ λέγει τοῖς ἀνθρώποις· δεῦτε, ἴδετε ἄνθρωπον ὃς εἶπέ
μοι πάντα ὅσα ἐποίησα· μήτι οὗτός ἐστιν ὁ Χριστός;

5   Πολλῆς ἡμῖν τῆς¹ θερμότητος δεῖ καὶ σπουδῆς διεγηγερμένης·
ταύτης γὰρ ἄνευ οὐκ ἔστι² ἐπιτυχεῖν³ τῶν ἐπαγγελμένων ἡμῖν
ἀγαθῶν. καὶ τοῦτο δεικνὺς ὁ Χριστός φησι, νῦν μέν· ἐὰν μή τις
ἄρῃ τὸν σταυρὸν αὐτοῦ καὶ ἀκολουθήσῃ μοι⁴, οὐκ ἔστι μου
ἄξιος. νῦν δέ· πῦρ ἦλθον βαλεῖν ἐπὶ τὴν γῆν καὶ τί ἤθελον εἰ ἤδη
10   ἀνήφθη; δι᾽ ἀμφοτέρων τούτων τὸν διακαῆ καὶ πεπυρωμένον [ ]⁵
καὶ πρὸς πάντα κίνδυνον παρεσκευασμένον ἡμῖν⁶ παραστῆσαι
βουλόμενος. τοιαύτη τις ἦν καὶ αὕτη ἡ γυνή. οὕτω γὰρ ὑπὸ τῶν
εἰρημένων ἀνήφθη ὡς καὶ τὴν ὑδρίαν ἀφιέναι₇ [ ]⁸ καὶ δραμοῦσαν
εἰς τὴν πόλιν πάντα τὸν δῆμον ἑλκῦσαι πρὸς τὸν Ἰησοῦν. δεῦτε
15   γάρ φησι [ ]⁹, ἴδετε ἄνθρωπον ὃς εἶπέ μοι πάντα ὅσα ἐποίησα·
         Σκόπει σπουδὴν καὶ σύνεσιν. ἦλθεν ὑδρεύσασθαι· καὶ
ἐπειδὴ τῆς ἀληθινῆς ἐπέτυχε πηγῆς¹⁰, κατεφρόνησε λοιπὸν τῆς
αἰσθητῆς, διδάσκουσα ἡμᾶς, εἰ καὶ διὰ μικροῦ παραδείγματος,
ἀλλ᾽ ὅμως ἐν τῶν πνευματικῶν ἀκροάσει πάντων ὑπερορᾶν τῶν
20   βιωτικῶν καὶ μηδένα λόγον αὐτῶν ἔχειν¹¹. κατὰ γὰρ τὴν ἰδίαν

---

1. = M. - *Om.*: B Migne.
2. = B M. - ἔνεστιν: Migne.
3. = M. - τυχεῖν: B Migne.
4. ὀπίσω μου: M (= Mt 10,28).
5. = B* M. - *Add.* μαθητήν: Migne.
6. *Add.* πόθον: M.
7. = B* M. - ἀφεῖναι: Migne.
8. = B M. - *Add.* καὶ τὴν χρείαν δι᾽ ἣν παρεγένετο: Migne.
9. = B M. - *Add.* καί: Migne.
10. = B M. - 2 1: Migne.
11. = B M. - ποιεῖσθαι: Migne.

La femme donc laissa là sa cruche et elle partit à la ville et elle dit aux gens: «Venez, voyez un homme qui m'a dit tout ce que j'ai fait; ne serait-il pas le Christ?» (Jn 4,28-29).

Il nous faut beaucoup d'ardeur et un zèle vigilant; sans eux, impossible d'obtenir les biens qui nous ont été promis. Et pour le montrer, le Christ dit: tantôt "Si quelqu'un ne prend pas sa croix et ne me suis pas, il n'est pas digne de moi" (Mt 10,38); tantôt "Je suis venu jeter un feu sur la terre et comme je voudrais qu'il fût déjà allumé!" (Lc 12,49). Par ces deux phrases, il a voulu nous présenter celui qui est brûlant et enflammé, prêt à affronter tous les dangers. Telle était aussi cette femme: tellement allumée par les paroles entendues qu'elle laisse là sa cruche et que, courant à la ville, elle attire tout le peuple vers Jésus: «Venez, dit-elle, voyez un homme qui m'a dit tout ce que j'ai fait» (Jn 4,29a).

Considère zèle et intelligence. Elle est venue puiser de l'eau; et, après avoir rencontré la véritable source, elle s'est désintéressé de la source matérielle nous enseignant, même si c'est par un exemple très humble, à mépriser tout ce qui concerne la vie matérielle une fois que l'on a entendu parler des réalités spirituelles, à n'en faire aucun cas. En effet, de son propre mouvement, ...

xxxiv δύναμιν, ὅπερ ἐποίησαν...οἱ...ἀπόστολοι¹, καὶ αὐτη πεποίηκεν
μειζόνως. ἐκεῖνοι μὲν γὰρ [ ]² κληθέντες ἀφῆκαν τὰ δίκτυα· αὕτη
δὲ αὐτομάτως, οὐδενὸς παραγγείλαντος, ἀφίησι τὴν ὑδρίαν καὶ
εὐαγγελιστῶν ἔργον ποιεῖ ὑπὸ τῆς χαρᾶς³ ἀναπτερωθεῖσα. καὶ
25 οὐχ ἕνα καλεῖ καὶ δεύτερον καθάπερ καὶ⁴ Ἀνδρέας καὶ Φίλιππος, ἀλλὰ πόλιν ὁλόκληρον διαναστήσασα⁵ καὶ δῆμον τοσοῦτον, οὕτω πρὸς αὐτὸν ἤγαγε.

Καὶ σκόπει πῶς συνετῶς [ ]⁶. οὐ γὰρ εἶπε· δεῦτε, ἴδετε τὸν
Χριστόν, ἀλλὰ καὶ αὕτη μετὰ συγκαταβάσεως [ ]⁷· δεῦτε [ ]⁸,
30 ἴδετε ἄνθρωπον [ ]⁹ ὃς εἶπέ μοι πάντα ὅσα ἐποίησα. καὶ οὐκ
ᾐσχύνθη εἰπεῖν ὅτι εἶπέ μοι πάντα ὅσα ἐποίησα. καίτοι γε ἐνῆν
εἰπεῖν ἑτέρως· δεῦτε, ἴδετε προφητὴν¹⁰ προφητεύοντα. ἀλλ᾿ ὅταν
πυρωθῇ ψυχὴ τῷ πυρὶ τῷ θείῳ, πρὸς οὐδὲν τῶν ἐν τῇ γῇ λοιπὸν
ὁρᾷ, οὐ πρὸς δόξαν, οὐ πρὸς αἰσχύνην, ἀλλ᾿ ἑνός ἐστι μόνον¹¹, τῆς
35 κατεχούσης αὐτὴν φλογός.

Μήτι οὗτός ἐστιν ὁ Χριστός; [ ]¹². οὔτε ἀπεφήνατο σαφῶς,
οὔτε ἐσίγησεν. ἐβούλετο γὰρ οὐκ ἐκ τῆς οἰκείας ἀποφάσεως
εἰσάγειν αὐτούς, ἀλλὰ καὶ αὐτοὺς¹³ τῆς ψήφου ταύτης ποιῆσαι
κοινώνους, ὃ μᾶλλον εὐπαράδεκτον ἐποίει τὸν λόγον. καίτοι οὐ
40 πάντα αὐτῆς τὸν βίον ἐξήγγειλεν, ἀλλὰ ἀπὸ τῶν εἰρημένων καὶ
περὶ τῶν ἄλλων ἐπέπειστο.

---

1. = B M. - 2 3 1: Migne.
2. = B M. - Add. οἱ: Migne.
3. χάριτος: M.
4. = M. - Om.: B Migne.
5. = B M. - ἀναστήσασα: Migne.
6. = B M. - Add. λέγει: Migne.
7. = B* M. - Add. μεθ᾿ ἧς καὶ ὁ Χριστὸς αὐτὴν ἐσαγήνευσεν ἐπισπᾶται τοὺς
ἄνδρας: Bᶜ Migne.
8. = B M. - Add. γὰρ: Migne.
9. = B M. - Add. φησίν: Migne.
10. = B M. - Om.: Migne.
11. = M. - μόνου: B Migne.
12. = B* M. - Add. ὅρα πάλιν σοφίαν πολλὴν γυναικός: Bᶜ Migne.
13. = B M. - ἀλλ᾿ ἐκ τῆς ἀκροάσεως τῆς ἐκείνου: Migne.

ce qu'avaient fait les apôtres, elle l'a fait elle aussi, et mieux. Ceux-là en effet, c'est après avoir été appelés qu'ils laissèrent leurs filets (cf. Mt 4,18-22); mais elle, spontanément, sans qu'on le lui commande, elle laisse là sa cruche et elle fait œuvre d'évangélistes, la joie lui donne des ailes! Et elle n'appelle pas une seule personne, puis une deuxième, comme l'avaient fait André et Philippe, mais après avoir soulevé la ville toute entière et tant de gens, elle les a amenés à Lui.

Et considère comme (elle agit) de façon intelligente! Elle n'a pas dit: «Venez, voyez le Christ», mais en se mettant elle-même à leur niveau: «Venez, voyez un homme qui m'a dit tout ce que j'ai fait.» Et elle n'a pas eu honte de dire qu'il m'a dit tout ce que j'ai fait. Et pourtant, il était possible encore de dire: «Venez, voyez un prophète prophétisant.» Mais lorsque l'âme brûle du feu divin, elle ne fait plus attention aux réalités de la terre, ni à la réputation, ni à la honte, mais seule compte la flamme qui s'est emparé d'elle.

«Ne serait-il pas le Christ?»[1] Elle ne l'a pas déclaré clairement, elle n'a pas non plus gardé le silence. En effet, elle ne voulait pas les influencer par sa propre affirmation, mais qu'ils en viennent eux-mêmes à cette même conclusion, ce qui rendait la chose plus acceptable. Pourtant, Il n'avait pas dévoilé toute sa vie, mais à partir de ce qu'Il avait dit, elle avait été convaincue (qu'Il savait) le reste.

---

1. Addition: *Vois-tu de nouveau la grande sagesse de la femme?*

xxxiv   Καὶ οὐκ εἶπε· δεῦτε, πιστεύσατε, ἀλλὰ δεῦτε, ἴδετε, ὃ
τούτου κουφότερον ἦν καὶ μᾶλλον αὐτοὺς ἐφείλκετο. εἶδες
τῆς γυναικὸς τὴν σοφίαν; ᾔδει γάρ, ᾔδει σαφῶς ὅτι γευσά-
45 μενοι μόνον [ ]¹ τὰ αὐτὰ πείσονται ἅπερ καὶ αὐτή. καίτοι
γε εἴ τις τῶν ἄλλων ἦν τῶν παχυτέρων, καὶ συνεσκίασεν
ἂν² τὸν ἔλεγχον. αὕτη δὲ καὶ³ ἐκπομπεύει τὸν ἑαυτῆς βίον
καὶ εἰς μέσον προτίθησιν ὥστε πάντας ἐπισπάσασθαι ἐλ-
θεῖν⁴.
50   Ἐν δὲ τῷ μεταξὺ ἠρώτων αὐτὸν οἱ μαθηταὶ αὐτοῦ λέγοντες·
ῥαββί, φάγε. τό· ἠρώτων, ἐνταῦθα παρεκάλουν ἐστί, τῇ ἐγχωρίῳ
αὐτῶν φωνῇ. ὁρῶντες γὰρ αὐτὸν κεκμηκότα ὑπό τε⁵ τῆς ὁδοιπορίας καὶ τῆς φλογός τῆς ἐπικειμένης⁶, παρεκάλουν αὐτόν. οὐδὲ
γὰρ ἦν προπετείας τὸ δεῖσθαι ὑπὲρ σιτίων, ἀλλὰ φιλοστοργίας
55 τῆς⁷ περὶ τὸν διδάσκαλον. τί οὖν ὁ Χριστός; ἐγὼ βρῶσιν ἔχω φαγεῖν ἣν ὑμεῖς οὐκ οἴδατε. ἔλεγον οὖν πρὸς ἀλλήλους· μή τις ἤνεγ-
κεν αὐτῷ φαγεῖν⁸; τί [ ] θαυμαστὸν⁹ εἰ ἡ γυνή, ὕδωρ ἀκούσασα,
ἔτι ὕδωρ ἐφαντάζετο, ὅπου γε καὶ οἱ μαθηταὶ ἔτι ταῦτα πάσχου-
σι, καὶ οὐδὲν [ ]¹⁰ πνευματικὸν νοοῦσιν, ἀλλὰ ἀποροῦσι μὲν, πά-
60 λιν δὲ τὴν αἰδὼ τὴν συνήθη καὶ τὴν τίμην τῷ διδασκάλῳ νέμουσι,
πρὸς ἀλλήλους μὲν¹¹ διαλεγόμενοι, αὐτῷ δὲ πεῦσιν οὐ τολμῶντες
προσαγαγεῖν; τοῦτο καὶ ἀλλαχοῦ ποιοῦσιν, ἐπιθυμοῦντες μὲν
ἐρωτῆσαι, οὐκ ἐρωτῶντες δέ.

---

1. = B M. - Add. τῆς πηγῆς ἐκείνης: Migne.
2. Om.: M (hapl.).
3. = M. - Om.: B Migne.
4. = B* M. - ἐλεῖν: Migne.
5. = B M. - Om.: Migne.
6. = M. - 1 3: B. - 3 1: Migne.
7. Om.: B* (hapl.).
8. Add. v. 34: M.
9. = B M. - τοίνυν θαυμάζεις: Migne.
10. = B M. - Add. οὔπω: Migne.
11. Om.: B.

Et elle ne dit pas "Venez, croyez", mais "Venez, voyez", ce qui était plus facile et mieux apte à les attirer. Tu vois la sagesse de la femme. Car elle savait, elle savait clairement qu'il leur suffirait d'expérimenter pour croire ce qu'elle-même avait cru. Toutefois, s'il s'était agi de gens plus grossiers, elle aurait laissé dans l'ombre le reproche; mais elle-même, elle livre à la risée sa propre vie et elle la rend publique afin que tous soient tentés de venir.

«Entre-temps, ses disciples l'interrogeaient en disant: Rabbi, mange» (Jn 4,31). "Interrogeaient", cela veut dire ici "priaient", selon leur façon de parler. En effet, le voyant fatigué de la route parcourue (Jn 4,6) et par la chaleur qu'il faisait, ils le priaient. Car ce n'était pas par précipitation qu'ils le poussaient à se nourrir, mais par affection pour le Maître. Que (dit) donc le Christ? «J'ai à manger une nourriture que vous ne connaissez pas. Ils se disaient entre eux: Quelqu'un lui aurait-il apporté à manger?» (Jn 4,32-33). Faut-il s'étonner si la femme, ayant entendu parler d'eau, pensait encore à de l'eau, alors que même les disciples en sont au même point et n'imaginent rien de spirituel? Mais ils sont dans l'embarras et de nouveau ils rendent au Maître la vénération habituelle et la considération, discutant entre eux mais n'osant pas l'interroger? Ils le font encore ailleurs, désirant interroger mais n'interrogeant pas.

xxxiv Τί οὖν ὁ Χριστός¹; τὴν τῶν² ἀνθρώπων σωτηρίαν [ ]³ βρῶ-
65 σιν ἐκάλεσε, δεικνὺς ὅσην ἐπιθυμίαν ἔχει τῆς ἡμετέρας προνοίας.
ὥσπερ γὰρ ἡμῖν ποθεινὸν τὸ ἐσθίειν, οὕτως αὐτῷ τὸ σωθῆναι
ἡμᾶς. ἀκούε δὲ πῶς πανταχοῦ οὐκ ἐκ τοῦ προχείρου πάντα ἀποκαλύπτει, ἀλλὰ πρῶτον ἐμβάλλει εἰς ἀπορίαν⁴ τὸν ἀκροατήν,
ἵνα ἀρξάμενος ζητεῖν τί τὸ λεγόμενον, εἶτα ἀπορῶν καὶ κάμνων,
70 μετὰ πλείονος ὑποδέξηται προθυμίας φανὲν [ ]⁵ καὶ μᾶλλον
διαναστῇ πρὸς τὴν ἀκρόασιν. διατί γὰρ μὴ [ ]⁶ εἶπε· ἐμὸν βρῶμά
ἐστιν ἵνα ποιήσω τὸ θέλημα τοῦ Πατρός μου; καίτοι οὐδὲ τοῦτο
σαφὲς ἦν, ἀλλὰ τοῦ προτέρου σαφέστερον. ἀλλὰ τί [ ]⁷ φησιν;
βρῶσιν ἔχω φαγεῖν ἣν ὑμεῖς οὐκ οἴδατε. ἀλλὰ πρότερον⁸ αὐτούς,
75 ὅπερ ἔφην, τῇ ἀπορήσει⁹ προσεκτικωτέρους ἐργάσασθαι βούλεται, καὶ ἐθίσαι [ ]¹⁰ διὰ τοιούτων αἰνιγμάτων ἀκούειν τὰ λεγο-
μένα.

Τί δέ ἐστι τὸ θέλημα τοῦ Πατρός μου¹¹; λέγει αὐτὸ λοιπὸν¹²
καὶ ἑρμηνεύει· οὐχ ὑμεῖς λέγετε ὅτι ἔτι τετράμηνός¹³ ἐστι καὶ ὁ
80 θερισμὸς ἔρχεται; [ ]¹⁴ ἐπάρατε τοὺς ὀφθαλμοὺς ὑμῶν καὶ θεά-
σασθε ὅτι αἱ χῶραι¹⁵ λευκαί εἰσι πρὸς θερισμόν. ἤδη¹⁶ πάλιν τοῖς
συντρόφοις ὀνόμασιν ἐνάγει περὶ¹⁷ τὴν τῶν μεγίστων θεωρίαν

---

1. = B. - Add. ἐνταῦθά φησιν: M. - Add. ἐμὸν βρῶμά ἐστιν, φησίν, ἵνα ποιῶ τὸ
θέλημα τοῦ τοῦ πέμψαντός με καὶ τελειώσω αὐτοῦ τὸ ἔργον: Migne.
2. τὴν τῶν, om.: M.
3. = B* M. - Add. ἐνταῦθα: Migne.
4. = M. - 2 3 1: B Migne.
5. = B* M. - Add. τὸ ζητούμενον: Migne.
6. = B* M. - Add. εὐθέως: Migne.
7. = B*. - Add. ἐγώ: Migne. - φησὶν ἐγώ: M.
8. = B M. - πρότερον γάρ: Migne.
9. = M. - διαπορήσει: B Migne.
10. = B M. - Add. καί: Migne.
11. = B M. - Om.: Migne.
12. = B M. - 2 1: Migne.
13. = B M. - τετράμηνον: Migne.
14. = B*. - Add. ἰδοὺ λέγω ὑμῖν: M Migne.
15. = B M. - τὰς χῶρας ὅτι: Migne.
16. = B M. - ἰδού: Migne.
17. = B M. - ἀνάγει πρός: Migne.

Que (fait) donc le Christ? Il appela "nourriture" le salut des hommes, montrant combien il a soin de nous. En effet, comme il est désirable pour nous de manger, ainsi pour lui de nous sauver. Mais écoute comment il ne révèle jamais tout à partir de ce qui est facilement intelligible, mais il jette d'abord dans l'embarras son auditeur, afin que, commençant par chercher le sens de ce qui est dit, puis, embarassé et fatigué, il reçoive avec plus d'empressement les éclaircissements et soit mieux disposé à écouter. En effet, pourquoi n'a-t-il pas dit: «Ma nourriture est de faire la volonté de mon Père?» À vrai dire, ce n'était pas très clair, mais tout de même plus clair que la phrase précédente. Mais que dit-il? «J'ai à manger une nourriture que vous ne connaissez pas.» Mais d'abord, comme je l'ai dit, il veut les rendre plus attentifs en les embarassant et les habituer, grâce à de telles paroles obscures, à écouter ce qu'il leur dit.

Qu'est-ce que "la volonté de mon Père"? Il le dit et l'explique: «Ne dites-vous pas que encore quatre mois et vient la moisson? Levez les yeux et voyez que les champs sont blancs pour la moisson» (Jn 4,35). Encore une fois, c'est en parlant de choses courantes qu'il amène à la contemplation des réalités sublimes. ...

xxxiv [ ]¹. καὶ γὰρ τό². βρῶμα [ ]³, οὐδὲν ἕτερόν ἐστιν⁴ ἢ [ ]⁵ τῶν μελλόντων παραγίνεσθαι σωτηρία⁶ ἀνθρώπων. καὶ ἡ χώρα δὲ⁷ καὶ ὁ
85 θερισμὸς τὸ αὐτὸ τοῦτο πάλιν⁸, τὸ πλῆθος τῶν ψυχῶν τῶν ἑ-
τοίμων πρὸς τὴν ὑποδοχὴν τοῦ κερύγματος. ὀφθαλμοὺς δὲ
ἐνταῦθα λέγει, ᾗ⁹ τοὺς τῆς διανοίας, ᾗ¹⁰ τοὺς τοῦ σώματος. καὶ
γὰρ ἑώρων λοιπὸν τὸ πλῆθος ἐρχόμενον τῶν Σαμαρειτῶν, τὴν δὲ
τῆς προαιρέσεως αὐτῶν ἑτοιμότητα τὰς χώρας τὰς λευκαινομέ-
90 νας φησίν. ὥσπερ γὰρ οἱ στάχυες¹¹ ἐπειδὰν λευκανθῶσι πρὸς
ἄμητόν εἰσιν ἕτοιμοι, οὕτω καὶ οὗτοι νῦν, φησί, πρὸς σωτηρίαν
εἰσὶν παρασκευασμένοι καὶ εὐτρεπεῖς.

Καὶ διατί μὴ εἶπε σαφῶς ὅτι ἔρχονται πιστεῦσαι οἱ ἄνθρωποι, καὶ ἕτοιμοί εἰσιν πρὸς ὑποδοχὴν τοῦ λόγου, κατηχηθέντες μὲν
95 παρὰ τῶν προφητῶν, τὸν δὲ¹² καρπὸν λοιπὸν ἀποδιδόντες, ἀλλὰ
χώρας¹³ καὶ θερισμὸν ἐκάλεσε; τί βούλονται αὐτῷ αὗται αἱ τρο-
παί; οὐδὲ¹⁴ γὰρ ἐνταῦθα μόνον ἀλλὰ καὶ ἐν παντὶ τῷ εὐαγγελίῳ
τοῦτο ποιεῖ. καὶ οἱ προφῆται δὲ τῷ αὐτῷ κεχρήνται τρόπῳ,
μεταφορικῶς πολλὰ λέγοντες. τί δὴ¹⁵ [ ]¹⁶ τὸ αἴτιον; οὐ γὰρ
100 ἁπλῶς ταῦτα τοῦ Πνεύματος ἐνομοτέθησεν ἡ χάρις¹⁷· ἀλλὰ [ ]¹⁸
δυοῖν ἕνεκεν προφάσεων. μιᾶς μέν, ὥστε ἐμφατικώτερον γενέσθαι

---

1. = B M. - Add. αὐτούς: Migne.
2. = B M. - Om.: Migne.
3. = B M. - Add. εἰπών: Migne.
4. = B M. - ἐδήλωσεν: Migne.
5. = B M. - Add. τήν: Migne.
6. = B M. - σωτηρίαν: Migne.
7. Om.: B*.
8. = M. - 2 1: B*(vid). - δηλοῖ: Migne.
9. = B* M. - καί: Migne.
10. = M. - καί: Migne. - ἢ καί: B*.
11. = B M. - ἀστάχυες: Migne.
12. = B M. - καὶ τόν: Migne.
13. = B M. - χώραν: Migne.
14. = B M. - οὐ: Migne.
15. = M. - δήποτε: B Migne.
16. = B M. - Add. οὖν: Migne.
17. = B M. - 2 3 1: Migne.
18. = B M. - Add. τίνος ἕνεκεν καὶ διατί: Migne.

*En effet, cette "nourriture" n'est autre que le salut des hommes à venir,
tandis que le "champ" et la "moisson", c'est encore la même chose: la
foule des âmes qui sont prêtes à recevoir la prédication. Quant aux yeux,
ce sont soit ceux de l'esprit, soit ceux du corps. Et en effet, ils voyaient
venir la foule des Samaritains et c'est leur bonne volonté qu'il appelle "les
champs qui blanchissent". Car de même que les épis, une fois qu'ils ont
blanchi, sont prêts à être moissonnés, ainsi ces gens-là maintenant, dit-il,
sont préparés et disponibles pour être sauvés.*

*Et pourquoi n'a-t-il pas dit clairement que les gens viennent pour
croire et son prêts à recevoir la parole, bien disposés qu'ils sont par les
prophètes et donnant du fruit, mais a-t-il parlé de "champs" et de "moisson"? Dans quel intention utilise-t-il ces expressions figurées? Car ce
n'est pas ici seulement qu'il le fait, mais dans tout l'évangile. Et les prophètes aussi utilisent cette façon de faire, parlant souvent par métaphores.
Quelle en est la raison? Car ce n'est pas sans intention que la grâce de
l'Esprit l'a voulu, mais pour deux prétextes. Le premier, afin de rendre le
discours plus expressif*   ...

xxxiv τὸν λόγον, καὶ μᾶλλον ὑπ᾽ ὄψιν ἀγαγεῖν¹ τὰ λεγόμενα. ἡ γὰρ
διάνοια, τῆς συντρόφου τῶν πραγμάτων εἰκόνος ἐπιλαβομένη, διανίσταται μᾶλλον, καὶ ὥσπερ ἐν γραφῇ τὰ πράγματα ὁρῶσα,
105 κατέχεται μειζόνως. ἑνὸς μὲν οὖν ἕνεκεν² τούτου· δευτέρου δέ,
ὥστε καὶ γλυκαίνεσθαι τὴν διήγησιν καὶ μονιμωτέραν εἶναι τῶν
λεγομένων τὴν μνήμην. οὐ γὰρ οὕτως ἀπόφασις χειροῦται καὶ
ἐνάγει τὸν ἀκροατὴν τὸν πολύν, ὡς ἢ διὰ τῶν πραγμάτων [ ] πεῖ-
ρα³, ὡς ἦ⁴ διὰ τῆς παραβολῆς ὅπερ⁵ ἔστι μετὰ πολλῆς γινόμενον
110 ἰδεῖν τῆς σοφίας.

Καὶ ὁ θερίζων, φησί⁶, μισθὸν λαμβάνει καὶ συνάγει καρπὸν
εἰς ζωὴν αἰώνιον. ὁ μὲν γὰρ τοῦ ὁρατοῦ⁷ ἀμήτου [ ]⁸ καρπός, οὐκ
εἰς αἰώνιον γίνεται⁹ ζωήν, ἀλλ᾽ εἰς [ ] πρόσκαιρον [ ]¹⁰ προχωρεῖ· ὁ
δὲ πνευματικός, εἰς τὴν ἀγήρω καὶ ἀθάνατον. ὁρᾶς πῶς αἰσθητὰ
115 μὲν τὰ ῥήματα, πνευματικὰ δὲ τὰ νοήματα, καὶ δι᾽ αὐτῶν τῶν
λέξεων διαιρεῖ τὰ γήινα ἀπὸ τῶν οὐρανίων¹¹; ὅπερ γὰρ ἐπὶ τοῦ
ὕδατος διαλεγόμενος ἐποίησε¹², τὸ ἰδιάζον αὐτοῦ θείς, ὅτι ὁ πίνων τὸ ὕδωρ τοῦτο οὐ μὴ διψήσει, τοῦτο καὶ ἐνταῦθα ποιεῖ, [ ]¹³
εἰς ζωὴν αἰώνιον λέγων τὸν καρπὸν γίνεσθαι [ ]¹⁴.

120 Ἵνα καὶ ὁ σπείρων ὁμοῦ χαίρῃ καὶ ὁ θερίζων. τίς ἐστιν ὁ
σπείρων καὶ τίς¹⁵ ὁ θερίζων; οἱ προφῆται ἔσπειραν¹⁶ ἀλλ᾽ οὐκ
αὐτοὶ θερίζουσιν¹⁷, ἀλλ᾽ οἱ ἀπόστολοι. οὐ μὴν διὰ τοῦτο ἀπεστέ-

---

1. = B* M. - ἄγειν: Migne.
2. = B*(vid) M. - ἕνεκα: Migne.
3. = B M. - διήγησις καὶ ἡ ὑπογραφὴ πείρας: Migne.
4. = B. - ὅ: M Migne.
5. = B. - Om.: M Migne.
6. = Bᶜ M. - Om.: B* Migne.
7. = B M. - Om.: Migne.
8. = B M. - Add. τούτου: Migne.
9. = B M. - Om.: Migne.
10. = B M. - Add. τήν... ταύτην: Migne.
11. ἐπουρανίων: M.
12. Om.: M.
13. = B M. - Add. τό: Migne.
14. = B*(vid) M. - συνάγεσθαι τοῦτον: Migne.
15. ὁ σπείρων καὶ τίς , om.: B* (même au même).
16. = B M. - εἰσιν οἱ σπείραντες: Migne.
17. = B M. - ἐθέρισαν: Migne.

et de mieux faire voir le sens de ce qui est dit. En effet, l'esprit, en recevant l'image concise des faits, est plus excité et, voyant les faits comme par écrit, les comprend mieux. Tel est le premier prétexte. Le second, afin de rendre l'exposé plus agréable et le souvenir de ce qui est dit plus facile à retenir. En effet, une explication n'est pas reçue et ne meut pas l'auditeur aussi bien que par les faits dont nous avons l'expérience, que par la parabole; il est possible de voir que cela arrive avec beaucoup de sagesse.

«Et celui qui moissonne, dit-il, reçoit un salaire et amasse du fruit pour la vie éternelle» (Jn 4,36a). Le fruit de la récolte visible n'est pas pour la vie éternelle, mais pour la vie qui passe, mais le fruit spirituel est pour la vie impérissable et éternelle. Vois-tu combien les paroles en restent au plan matériel tandis que les pensées sont spirituelles et que, par la façon de parler elle-même, les réalités terrestres sont distinguées des spirituelles? Ce qu'il a fait en discourant au sujet de l'eau, compte-tenu de sa propriété, à savoir que "celui qui boit de cette eau n'aura plus soif" (cf. Jn 4,14), il le fait ici aussi en disant que le fruit est pour la vie éternelle.

«Afin que celui qui sème se réjouisse en même temps que celui qui moissonne» (Jn 4,36b). Quel est celui qui moissonne et quel est celui qui sème? Les prophètes ont semé mais ce ne sont pas eux qui moissonnent, mais les apôtres. Toutefois, ce n'est pas pour cela qu'ils sont privés du plaisir,   ...

xxxiv ρηνται τῆς ἡδονῆς [ ]¹ ἀλλὰ [ ] <u>καὶ σὺν ἡμῖν χαίρουσιν</u>², εἰ καὶ μὴ
σὺν ἡμῖν θερίζουσιν.   <u>ὁ γὰρ ἀμητὸς καρποῦ</u>³ ἔργον τοῦ σπόρου.
125 ἔνθα οὖν ἐλάττων [ ]⁴ ὁ πόνος, μείζων [ ]⁵ ἡ ἡδονή, ἐνταῦθα ὑμᾶς
ἐτήρησα, οὐκ ἐν τῷ σπόρῳ. πολλὴ γὰρ ἐκεῖ ἡ ταλαιπωρία καὶ ὁ
πόνος. ἐν γὰρ τῷ ἀμητῷ ἡ μὲν πρόσοδος πολλή, πόνος δὲ <u>οὐδείς·</u>
<u>πολλὴ γὰρ ἐνταῦθα ἡ εὐκολία.</u> <u>βούλεται δὲ</u>⁶ κατασκευάσαι διὰ
τούτων,   ὅτι καὶ προφητῶν θέλημα τοῦτό ἐστι, τὸ ἐμοὶ τοὺς ἀν-
130 θρώπους προσελθεῖν. τοῦτο   καὶ ὁ νόμος κατεσκεύαζεν. διὰ
τοῦτο καὶ ἔσπειραν ἵνα τοῦτον τέκωσι τὸν καρπόν. δείκνυσι δὲ
ὅτι κἀκείνους αὐτὸς ἀπέστειλε καὶ ὅτι πολλὴ ἡ συγγένεια <u>διὰ</u>
<u>τούτων</u>⁷ τῇ καινῇ πρὸς τὴν παλαιάν, καὶ πάντα ὁμοῦ διὰ τῆς
παραβολῆς ταύτης κατασκευάζει.
135   ⁸Μέμνηται δὲ <u>ἴσως</u>⁹ καὶ λόγου παροιμιώδους <u>φερομένου ἐπὶ</u>
<u>τῶν λεγόντων</u>¹⁰ [ ] <u>ὅτι</u>¹¹ ἄλλοι μὲν τοὺς πόνους ὑπέστησαν, ἄλλοι
δὲ τοὺς καρποὺς <u>ἐδρέπονται</u>¹². καὶ λέγει ὅτι οὗτος ὁ λόγος ἐνταῦθα μάλιστα τὴν ἀλήθειαν ἔχει. [ ]¹³. <u>ὥσπερ οὖν</u>¹⁴ καὶ Δανιὴλ [ ]¹⁵
παροιμίας μέμνηται λεγούσης· ἐξῆλθεν ἐξ ἀνόμων πλημμέλεια.

---

1. = B M. - *Add.* καὶ τῆς ἀμοιβῆς τῶν πόνων: Migne.
2. = B M. - συνήδονται καὶ χαίρουσι σὺν ἡμῖν: Migne.
3. = B M. - οὐδὲ γὰρ ὁ ἀμητός [ ]: Migne.
4. = B M. - *Add.* ἐστίν μέν: Migne.
5. = B M. - *Add.* δέ: Migne.
6. = B M. - οὐ τοσοῦτος ἀλλὰ καὶ πολλὴ ἡ εὐκολία. ἐνταῦθα δὲ βούλεται:
   Migne.
7. = B M. - *Om.*: Migne.
8. *Add.* Jn 4,37: M.
9. = B* M. - *Om.*: Bᶜ Migne.
10. = B M. - περιφερομένου παρὰ πολλῶν: Migne.
11. = B M. - *Add.* ἐν γὰρ τούτῳ, φησίν, ὁ λόγος ἐστὶν ὁ ἀληθὴς ὅτι ἄλλος
    ἐστὶν ὁ σπείρων καὶ ἄλλος ἐστὶν ὁ θερίζων. ταῦτα δὲ ἔλεγον οἱ πολλοὶ
    εἴποτε [ ]: Migne.
12. = B M. - ἐδρέποντο: Migne.
13. = B M. - *Add.* ἐπόνησαν μὲν γὰρ οἱ προφῆται ὑμεῖς δὲ τοὺς καρποὺς τοὺς
    ἐν τῶν ἐκείνων πόνων ἀμᾶσθε. καὶ οὐκ εἶπε τοὺς μισθούς, οὐδὲ γὰρ
    ἐκείνοις ἄμισθος ὁ πολὺς ἐκεῖνος πόνος, ἀλλὰ τοὺς καρπούς: Migne.
14. = B M. - τοῦτο: Migne.
15. = B M. - *Add.* ἐποίησε καὶ γὰρ καὶ αὐτός: Migne.

mais ils se réjouissent avec nous même s'ils ne moissonnent pas avec nous. En effet, la récolte du fruit provient des semailles. Là donc où la peine est moindre, le plaisir est plus grand; je vous ai réservé pour la récolte, non pour les semailles, où le travail est très fatiguant. Lors de la récolte, le revenu est grand mais la fatigue est nulle, car c'est très facile. Par ces exemples, il veut montrer que *telle était la volonté des prophètes: faire que les hommes s'approchent de moi.* C'est ce qu'avait préparé aussi la Loi. Ils avaient semé afin de produire ce fruit. Il montre que eux aussi, c'est lui qui les avait envoyés et que grande est la parenté entre la nouvelle et l'ancienne (Alliance), et tout cela est montré par la parabole.

Il rappelle également un proverbe donné par ceux qui disent que d'autres ont supporté les peines et d'autres recueillent les fruits (cf. Jn 4,37). Et il dit que c'est ici surtout que cette parole se vérifie. De la même manière Daniel aussi rappelle un proverbe disant: «Des méchants sort la méchanceté» (1 Sam 24,14).   ...

222   ÉVANGILE PRÉ-JOHANNIQUE

xxxiv καὶ ὁ Δαυὶδ μέμνηται ἐν τῷ θρηνεῖν¹ τοιαύτης παροιμίας.

Τί δέ ἐστιν²· ἵνα [ ]³ ὁ σπείρων ὁμοῦ χαίρῃ καὶ ὁ θερίζων; [ ]⁴
ξένον τι λέγει καὶ παράδοξον, καὶ τοῖς ἀσθητοῖς οὐ συμβαῖνον,
ἀλλὰ τῶν πνευματικῶν ἐξαίρετον ὄν· ἐν μὲν γὰρ τοῖς πράγμασι
τοῖς ἀσθητοῖς ἐὰν συμβῇ ἕτερον σπεῖραι καὶ ἕτερον θερίσαι, οὐχ
145 ὁμοῦ χαίρουσιν, ἀλλὰ ἀλγοῦσιν οἱ σπείραντες, ἅτε ἑτέροις
καμόντες, χαίρουσι δὲ οἱ θερίζοντες μόνοι. ἐνταῦθα δὲ οὐχ οὕτως,
ἀλλὰ καὶ οἱ μὴ θερίζοντες ἅπερ ἔσπειραν, ὁμοίως τοῖς ἀμῶσι
χαίρουσιν. [ ]⁵.

[ ]⁶ Ἀπέστειλα ὑμᾶς θερίζειν εἰς ἃ⁷ οὐχ ὑμεῖς κεκομιάκατε
150 [ ]⁸. ταύτῃ προτρέπεται⁹ μᾶλλον αὐτούς. ἐπειδὴ γὰρ ἐδόκει
φορτικὸν¹⁰ εἶναι τὸ πρᾶγμα [ ]¹¹, δείκνυσι ὅτι καὶ ῥᾷστὴν ἐστι. τὸ
γὰρ σφόδρα φορτικὸν¹² ἐκεῖνο ἦν, ὃ πολλοῦ πόνου¹³ ἐδεῖτο, τὸ
καταβαλεῖν τὰ σπέρματα, καὶ ψυχὴν ἀμύητον ἐναγαγεῖν [ ]¹⁴.
τίνος δὲ ἕνεκεν ταῦτα φθέγγεται; ἵνα ὅταν αὐτοὺς ἀποστείλῃ
155 [ ]¹⁵ μὴ θορυβηθῶσιν ὡς εἰς πρᾶγμα ἐπίπονον πεμπόμενοι. τὸ γὰρ
ἐπιπονώτερον τὸ¹⁶ τῶν προφητῶν ἦν, φησί, καὶ μαρτυρεῖ τὸ ἔργον
τῷ λόγῳ, ὅτι ὑμεῖς ἐπὶ τὰ εὔκολα ἤλθετε. ὥσπερ γὰρ ἐπὶ θερισ-

---

1. = M. - 2 3 4 1: B Migne.
2. = B M. - διὰ τοῦτο προλαβὼν εἶπε: Migne.
3. = B M. - Add. καί: Migne.
4. = B M. - Add. ἐπειδὴ γὰρ ἔμελλε λέγειν ὅτι ἄλλος ἔσπειρε καὶ ἄλλος θερί-
   ζει, ἵνα μή τις, ὅπερ ἔφην, ἀπεστερῆσθαι τοὺς προφήτας τοῦ μισθοῦ: Migne.
5. = B M. - Add. ὅθεν δῆλον ὅτι καὶ αὐτοὶ κοινωνοῦσι τῶν μισθῶν: Migne.
6. = B. - Add. ἐγώ: M Migne.
7. = B. - [ ] ἅ: M. - [ ] ὅ: Migne.
8. = B. - Add. ἄλλοι κεκοπιάκασι καὶ ὑμεῖς εἰς τὸν κόπον αὐτῶν
   εἰσεληλύθατε: M Migne.
9. = B M. - προτρέπει: Migne.
10. = B M. - ἐπίπονον: Migne.
11. = B M. - Add. τὸ τὴν οἰκουμένην περιελθεῖν καὶ κηρῦξαι: Migne.
12. = B M. - ἐπίπονον: Migne.
13. = B M. - καμάτου: Migne.
14. = B* M. - Add. εἰς θεογνωσίαν: Migne.
15. = B*(vid) M. - Add. εἰς τὸ κηρῦξαι: Migne.
16. = B M. - Om.: Migne.

Et David en pleurant rappelle un tel proverbe.

Mais que veut dire: «*Afin que celui qui sème se réjouisse en même temps que celui qui moissonne*»? (Jn 4,36b). *Il dit quelque chose d'étrange et de paradoxal, qui ne s'accorde pas avec les réalités matérielles, mais est réservé aux réalités spirituelles. En effet, au plan matériel, s'il arrive qu'un autre sème et qu'un autre moissonne, ils ne se réjouissent pas en même temps, mais ceux qui sèment sont tristes du fait qu'ils se fatiguent pour d'autres tandis que seuls ceux qui moissonnent se réjouissent. Il n'en va pas de même ici, mais ceux qui ne moissonnent pas ce qu'ils ont semé se réjouissent tout comme ceux qui récoltent.*

«*Je vous ai envoyés moissonner là où ce n'est pas vous qui vous êtes fatigués*» (Jn 4, 38). *Par là, il les exhorte mieux. En effet, puisque l'entreprise semblait être fatigante, il montre qu'elle est facile. Ce qui était très fatigant, ce qui demandait beaucoup de peine, c'était de jeter les semences et d'initier une âme profane. Mais pourquoi parle-t-il ainsi? Pour que, lorsqu'il les enverrait, ils ne soient pas troublés comme s'ils étaient envoyés pour une entreprise trop pénible. En effet, ce qui était beaucoup plus pénible, c'était ce qu'avaient fait les prophètes, dit-il, et il le prouve en disant que vous êtes venus pour les choses faciles. Car, de même que, lors des*   ...

xxxiv μῶν¹ μετ᾽ εὐκολίας [ ]² ὁ καρπὸς συνάγεται, καὶ ἐν μιᾷ ῥοπῇ ἡ³
ἅλως πληροῦται τῶν δραγμάτων, οὐ μενόντων καιρὸν⁴ καὶ χει-
160 μῶνα [ ]⁵ καὶ ὄμβρον· οὕτω καὶ νῦν γίνεται· καὶ τὰ ἔργα βοᾷ.
    Μεταξὺ γοῦν αὐτοῦ λέγοντος⁶ ταῦτα⁷, ἐξῄεσαν οἱ Σαμαρεῖ-
ται [ ]⁸. διὰ τοῦτο εἶπεν· ἄρατε τοὺς ὀφθαλμοὺς ὑμῶν καὶ βλέ-
πετε ὅτι αἱ χῶραι⁹ λευκαί εἰσιν.
    Τοῦτο μαρτυρῶν ὁ εὐαγγελιστὴς προσέθηκεν ὅτι¹⁰ ἐκ
165 [ ]¹¹ τῆς πόλεως [ ]¹² ἐξήρχοντο πρὸς αὐτὸν καὶ¹³ πολλοὶ [ ]¹⁴
ἐπίστευσαν εἰς αὐτὸν [ ]¹⁵ διὰ τὸν λόγον τῆς γυναικὸς μαρτυρού-
σης ὅτι εἶπέ μοι πάντα ὅσα ἐποίησα. Συνεώρων γὰρ ὅτι οὐκ ἂν
ἐχαρίσατο¹⁶ ἡ γυνή [ ]¹⁷, οὐδ᾽ ἂν ὑπὲρ τοῦ χαρίσασθαι ἑτέρῳ τὸν ἑαυτῆς ἐξεπόμπευσε βίον.

---

1. = B (M). - θερισμοῦ: Migne.
2. = B M. - *Add.* μέν: Migne.
3. *Om.*: B.
4. = B*(vid) M. - οὐκ ἀναμενόντων τὰς τῶν καιρῶν τροπάς: Migne.
5. = B M. - *Add.* καὶ ἔαρ: Migne.
6. = B M. - οὖν λέγοντος αὐτοῦ: Migne.
7. *Om.*: B*.
8. = B M. - *Add.* καὶ συνήγετο ἀθρόον ὁ καρπός: Migne.
9. = B M. - τὰς χώρας ὅτι: Migne.
10. = B M. *Om.*: Migne.
11. = B M. - *Add.* γάρ: Migne.
12. = B M. - *Add.* ἐκείνης: Migne.
13. = M. - ἐξῆλθον καὶ ἤρχοντο πρὸς αὐτὸν καί: B. - *Om.*: Migne.
14. = B M. - *Add.* φησίν: Migne.
15. = B. - *Add.* τῶν Σαμαρειτῶν: M Migne.
16. = B M. - ἐθαύμασε πρὸς χάριν: Migne.
17. = B M. - *Add.* τὸν διελέγξαντα αὐτῆς τὰ πλημμελήματα: Migne.

moissons, la récolte est rassemblée avec facilité, et en un instant l'aire est remplie de gerbes qui n'attendent pas le mauvais temps et la pluie, ainsi en est-il maitenant. Et le travail est urgent.

Tandis qu'il disait cela, les Samaritains sortirent (cf. Jn 4,30a). *C'est pourquoi il dit: «Levez vos yeux et voyez que les champs sont blancs»* (Jn 4,35b).

L'évangéliste en a témoigné en ajoutant: «De la ville ils sortaient vers lui et beaucoup crurent en lui à cause de la parole de la femme témoignant qu'il m'a dit tout ce que j'ai fait» (Jn 4,30.39). Ils comprenaient en effet que la femme n'avait pas fait une faveur, et que ce n'était pas pour faire une faveur à un autre qu'elle avait étalé en public sa propre vie.

xxxv ' Ὡς οὖν ἦλθον πρὸς αὐτὸν οἱ Σαμαρεῖται ἠρώτων αὐτὸν
μεῖναι παρ᾽ αὐτοῖς, καὶ ἔμεινεν ἐκεῖ δύο ἡμέρας. καὶ πολλῷ
πλείους ἐπίστευσαν εἰς αὐτὸν διὰ τὸν λόγον αὐτοῦ[1]. τῇ τε
γυναικὶ ἔλεγον [ ][2] οὐκ ἔτι διὰ τὴν σὴν λαλίαν ποστεύομεν· αὐτοὶ
5 γὰρ ἀκηκόαμεν καὶ οἴδαμεν ὅτι οὗτός ἐστιν ἀληθῶς ὁ σωτὴρ τοῦ
κόσμου ὁ Χριστός. μετὰ δὲ τὰς δύο ἡμέρας ἐξῆλθεν ἐκεῖθεν[3] καὶ
ἀπῆλθεν εἰς τὴν[4] Γαλιλαίαν.

Οὐδὲν φθόνου καὶ βασκανίας χεῖρον, οὐδέν κενοδοξίας
10 χαλεπώτερον. αὕτη τὰ μυρία διαφθείρειν εἴωθεν[5] ἀγαθά. οἱ
γοῦν[6] Ἰουδαῖοι πλείονα τῶν Σαμαρειτῶν γνῶσιν ἔχοντες, καὶ
τοῖς προφήταις συναναστρεφόμενοι[7], ὕστεροι τούτων ἐφάνησαν
ἐντεῦθεν. οὗτοι μὲν γὰρ [ ][8] ἀπὸ τῆς μαρτυρίας ἐπίστευσαν τῆς
γυναικὸς καὶ σημεῖον οὐδὲν ἰδόντες[9] ἐξῆλθον παρακαλοῦντες
15 τὸν Χριστὸν μεῖναι παρ᾽ αὐτοῖς· οἱ δὲ Ἰουδαῖοι καὶ θαύματα
θεασάμενοι, οὐ μόνον οὐ κατεῖχον [ ][10] ἀλλὰ καὶ ἀπήλαυνον καὶ
πάντα ἔπραττον ὥστε καὶ τῆς χώρας αὐτὸν ἐκβαλεῖν, καίτοι γε
αὕτη ἡ παρουσία δι᾽ ἐκείνους ἐγέγονε. ἀλλ᾽ ἐκεῖνοι μὲν ἀπήλαυνον, οὗτοι δὲ ἐδέχοντο[11].
20 Τούτους οὖν οὐκ ἐχρῆν προσίεσθαι παρακαλοῦντας, εἰπέ
μοι, καὶ δεομένους.

---

1. ὡς οὖν ἦλθον... λόγον αὐτοῦ: *Om.* B*.
2. = B M. - *Add.* ὅτι: Migne.
3. ἐκεῖ: B*.
4. *Om.*: B*.
5. = B M. - 2 1: Migne.
6. = B M. - οὖν: Migne.
7. = M. - συναναστραφέντες: B. - συντραφέντες: Migne.
8. = B* M. - *Add.* καί: Migne.
9. = B M. - 2 1: Migne.
10. = B M. - *Add.* αὐτὸν παρ᾽ αὐτοῖς: Migne.
11. = B M. - καὶ μεῖναι ἠξίουν παρ᾽ ἑαυτοῖς: Migne.

Lors donc que vinrent vers lui les Samaritains, ils lui demandaient de demeurer chez eux, et il y demeura deux jours. Et en beaucoup plus grand nombre ils crurent en lui à cause de sa parole. Et à la femme ils disaient: «Ce n'est plus à cause de tes dires que nous croyons, car nous-mêmes nous avons entendu et nous savons que c'est lui vraiment le Sauveur du monde, le Christ. Or après les deux jours, il partit de là et il s'en alla en Galilée (Jn 4,40-43).

Rien de pire que l'envie et la jalousie, rien de plus pernicieux que la vaine gloire: c'est elle qui a l'habitude de corrompre des myriades de biens. Ainsi les Juifs, ayant une meilleure connaissance que les Samaritains, vivant avec les prophètes, se montrèrent ici inférieurs à eux. En effet, ceux-ci crurent sur le témoignage de la femme et, sans avoir vu aucun signe, ils sortirent pour le prier de demeurer chez eux (cf. Jn 4,40); tandis que les Juifs, ayant vu des prodiges, non seulement ne le retenaient pas mais encore ils le chassaient et ils faisaient tout pour l'expulser hors du pays, bien que son avènement se soit produit pour eux. Mais ceux-là le chassaient tandis que ceux-ci le priaient de demeurer chez eux.

Alors, de ceux-là donc , il ne fallait pas s'approcher, dis-le moi, qui priaient et qui demandaient ...

xxxv   Ἀλλὰ τοῖς μὲν ἐπιβουλεύουσι καὶ διακρουομένοις
προσεδρεύειν, τοῖς δὲ ἀγαπῶσι καὶ βουλομένοις αὐτὸν
κατέχειν [ἐχρῆν] ἐναντιοῦσθαι[1] [ ][2]. τοῦτο γὰρ ὁ εὐαγγε-
25 λιστὴς ἐδήλωσεν εἰπὼν ὅτι ἠρώτων αὐτὸν μεῖναι παρ᾽
αὐτοῖς· αὐτὸς δὲ οὐκ ἠνείχετο ἀλλ᾽ ἡμέρας δύο μόνον
ἔμεινεν,

Καὶ ἐν ταύταις πολλῷ πλείους ἐπίστευσαν εἰς αὐτόν. καίτοι
γε τούτους οὐκ εἰκὸς ἦν πιστεῦσαι, τῷ τε μηδὲν ἑωρακέναι σημεῖ-
30 ον[3], καὶ τῷ πρὸς Ἰουδαίους ἀπεχθῶς[4] ἔχειν· ἀλλ᾽ ὅμως ἐπειδὴ
μετὰ ἀληθείας τοῖς λεγομένοις[5] ἐδίκαζον, οὐ προσέστη τοῦτο
αὐτοῖς, ἀλλ᾽ ὑψηλοτέραν τῶν κωλυμάτων ἔλαβον ἔννοιαν καὶ
ἐφιλοτιμοῦντο ἐπὶ τὸ μειζόνως θαυμάζειν αὐτόν· τῇ τε γυναικί,
φησίν, ἔλεγον· οὐκέτι διὰ τὴν λαλιάν σου[6] πιστεύομεν αὐτῷ,
35 αὐτοὶ γὰρ ἡμεῖς ἠκούσαμεν καὶ οἴδαμεν ὅτι οὗτός ἐστιν ἀληθῶς ὁ
Σωτὴρ τοῦ κόσμου, ὁ Χριστός. οἱ μαθηταὶ τὴν διδάσκουσαν[7]
ὑπερηκόντισαν.

Οὗτοι [ ][8] καὶ τῶν Ἰουδαίων κατηγορήσαιεν ἂν[9] δικαίως
καὶ τῷ πιστεῦσαι καὶ τῷ δέξασθαι. ἐκεῖνοι μὲν γὰρ ὑπὲρ ὧν πᾶ-
40 σαν τὴν πραγματείαν ἐνεστήσατο[10], συνεχῶς αὐτὸν ἐλίθαζον·
οὗτοι δὲ οὐδὲ πρὸς αὐτοὺς ὁρμῶντα[11] εἵλκυσαν πρὸς ἑαυτούς.
καὶ οἱ μὲν μετὰ σημείων διόρθωτοι μένουσιν· οὗτοι δὲ χωρὶς
σημείων πολλὴν περὶ αὐτὸν τὴν πίστιν ἐπεδείξαντο, καὶ τούτῳ
αὐτῷ φιλοτιμοῦνται, τῷ χωρὶς σημείων πιστεῦσαι. ἐκεῖνοι δὲ οὐ

---

1. = B M. - μὴ διδόναι ἑαυτόν: Migne.
2. = B M. - Add. ἀλλ᾽ οὐκ ἦν τοῦτο ἄξιον τῆς αὐτοῦ κηδεμονίας. διὰ τοῦτο
   καὶ ἐδέξατο καὶ ἔμεινε παρ᾽ αὐτοῖς ἡμέρας δύο. αὐτοὶ μὲν ἐλούλοντο
   διηνεκῶς αὐτὸν κατέχειν: Migne.
3. = B M. - 2 3 1: Migne.
4. = BM. - 3 1 2: Migne.
5. = B M. 3 4 1 2: Migne.
6. = B M. - σὴν λαλιάν: Migne.
7. = Cr. - τὴν διδασκαλίαν: B M. - τὸν διδάσκαλον: Migne.
8. = M. - Add. γάρ: B Migne.
9. Om.: B*.
10. = B M. - συνεστήσατο: Migne.
11. = B. - ὁρμώμενον: M Migne.

Mais (fallait-il) rester près de ceux qui dressaient des embûches et qui repoussaient, et au contraire s'opposer à ceux qui aimaient et qui voulaient le retenir?[1] En effet, c'est ce que l'évangéliste a montré en disant: «Ils lui demandaient de demeurer chez eux.» Mais lui n'y consentait pas et il ne demeura que deux jours.

Et durant ce temps, en beaucoup plus grand nombre ils crurent en lui. Toutefois, il était peu vraisemblable qu'ils crussent, et du fait qu'ils n'avaient pas vu de signes, et du fait qu'ils avaient de la haine contre les Juifs. Cependant, après qu'ils eurent jugé avec vérité des paroles entendues, ils n'en tinrent pas compte mais ils prirent une notion plus haute des empêchements et ils s'efforçaient de l'admirer davantage. «*Et à la femme, dit (l'évangéliste), ils disaient: "Ce n'est plus en raison de tes dires que nous croyons en lui, car nous avons entendu nous-mêmes et nous savons que c'est lui vraiment le sauveur du monde, le Christ"*» (Jn 4,42). *Les disciples*[2] *surpassèrent celle qui les enseignait.*

Ceux-ci pourraient à juste titre accuser les Juifs, et quant à croire, et quant à accueillir. Ceux-là en effet, pour qui (le Christ) avait entrepris toute l'affaire, le lapidaient sans arrêt; tandis que ceux-ci, celui qui ne se hâtait même pas vers eux, ils l'attirèrent à eux. Et ceux-là, malgré les signes, demeurent incorrigibles; tandis que ceux-ci, sans signes, montrèrent que leur foi en lui était grande, et ils s'efforcent sur ce point précis de croire sans signes. Ceux-là au contraire,   ...

---

1 Addition: *Mais cela n'aurait pas été digne de sa sollicitude. C'est pourquoi il accepta et il demeura chez eux durant deux jours.* Eux toutefois voulaient le retenir longuement.

2. Il s'agit des Samaritains, ils ont une foi en Jésus plus parfaite que la Samaritaine, qui avait été leur première initiatrice (cf. Jn 4,29b). Pour "celle qui les enseignait", les leçons concurrentes (cf. ligne 35, note 7) ont pris le mot "disciples" au sens habituel: les disciples de Jésus.

xxxv παύονται καὶ σημεῖα <u>αἰτοῦντες</u>[1] καὶ πειραζόντες. οὕτως εὐγνώμονος ψυχῆς πανταχοῦ χρεία. κἂν ἐπιλάβηται τοιαύτης ἡ
ἀλήθεια, κρατεῖ ῥαδίως· κἂν μὴ κρατήσῃ, οὐ παρὰ τὴν αὐτῆς
ἀσθένειαν, ἀλλὰ παρὰ τὴν <u>τῆς ψυχῆς</u>[2] ἀγνωμοσύνην τοῦτο γίνεται. ἐπεὶ καὶ ὁ ἥλιος, ὅταν λάβῃ καθαροὺς ὀφθαλμούς, φωτίζει
50 ῥαδίως· ἂν δὲ μὴ φωτίσῃ, τῆς ἐκείνων ἀρρωστίας τὸ ἁμάρτημα,
οὐ τῆς ἀσθενίας <u>τῆς</u>[3] τούτου.

Ἄκουσον γοῦν οὗτοι τί λέγουσιν· οἴδαμεν, φησίν, ὅτι οὗτός
ἐστιν ἀληθῶς ὁ Σωτὴρ τοῦ κόσμου [ ][4]. ὁρᾷς πῶς εὐθέως ἐνόησαν
ὅτι τὴν οἰκουμένην ἐπισπάσασθαι ἤμελλεν, <u>ὅτι</u>[5] ἐπὶ διορθώσει τῆς
55 κοινῆς ἦλθε σωτηρίας, ὅτι οὐκ ἐν Ἰουδαίοις ἤμελλεν ἀποκλείειν
αὐτοῦ τὴν πρόνοιαν, ἀλλὰ πανταχοῦ σπείρειν αὐτοῦ τὸν λόγον;
ἀλλ᾿ οὐκ Ἰουδαῖοι οὕτως, ἀλλὰ ζητοῦντες τὴν ἰδίαν δικαιοσύνην
στῆσαι, τῇ δικαιοσύνῃ τοῦ Θεοῦ οὐχ ὑπετάγησαν. οὗτοι δὲ ὁμολογοῦσιν ἅπαντας ἐν ἐπιτιμίοις εἶναι, ἐκεῖνο τὸ ἀποστολικὸν δη-
60 λοῦντες, ὅτι πάντες ἥμαρτον καὶ ὑστεροῦνται τῆς δόξης τοῦ
Θεοῦ, δικαιούμενοι δωρεὰν τῇ αὐτοῦ χάριτι. εἰπόντες γάρ· [ ][6]
Σωτήρ ἐστι τοῦ κόσμου, ἔδειξαν ὅτι τοῦ ἀπολωλότος.

Καὶ οὐχ ἁπλῶς Σωτήρ· [ ][7] ἦλθον μὲν γὰρ πολλοὶ σῶσαι·
καὶ προφῆται, καὶ ἄγγελοι· ἀλλ᾿ ὁ ἀληθινὸς Σωτήρ, <u>οὗτός</u>[8] ἐστιν
65 [ ][9] ὁ τὴν ἀληθῆ σωτηρίαν παρέχων, οὐ τὴν πρόσκαιρον [ ][10].
τοῦτο πίστεως εἰλικρινοῦς. καὶ [ ][11] εἰσιν ἀμφοτέρωθεν θαυμασ-
τοί, καὶ ὅτι ἐπίστευσαν, καὶ ὅτι χωρὶς σημείων. οὓς καὶ <u>μακαρίζει</u>
<u>ὁ Χριστὸς</u>[12] λέγων· μακάριοι οἱ μὴ ἰδόντες καὶ πιστεύσαντες. καὶ

---

1. = B M. - ζητοῦντες: Migne.
2. = B M. - ταύτης: Migne.
3. = B M. - Om.: Migne.
4. = B M. - Add. ὁ Χριστός: Migne.
5. = B M Cr - καί: Migne.
6. = B M. - Add. ὅτι: Migne.
7. = B* M. - Add. ἀλλ᾿ ἐν σφόδρα μεγάλοις: Migne.
8. αὐτός: B*.
9. = B M. - Add. φησί: Migne.
10. = B M. - Add. μόνον: Migne.
11. = B* M. - Add. γάρ: Migne.
12. = M. - 2 3 1: B Migne.

ne cessent de demander des signes et de mettrre à l'épreuve (cf. Mt 16,1). Ainsi, partout il faut une âme généreuse. Si la vérité s'empare d'une telle âme, celle-ci la tient facilement; si elle ne la tient pas, cela vient, non de la faiblesse (de la vérité), mais du manque de générosité de l'âme. C'est comme le soleil: lorsqu'il touche des yeux limpides, il éclaire facilement; mais s'il n'éclaire pas, la faute en est à leur opacité, non à la faiblesse de celui-ci.

Écoute donc ce que disent ceux-ci: «Nous savons, dit (l'évangéliste), que celui-ci est vraiment le sauveur du monde.» Ne vois-tu pas comment ils comprirent vite qu'Il allait attirer à lui le monde entier, qu'il est venu restaurer le salut commun, qu'il n'allait pas restreindre aux Juifs sa providence mais semer partout sa parole? Mais il n'en va pas de même des Juifs: cherchant à établir leur propre justice, ils ne se soumirent pas à la justice de Dieu (Rm 10,3). Mais ceux-ci (les Samaritains) reconnaissent que tous sont passibles de châtiment, vérifiant cette (parole) de l'apôtre: «Tous ont péché et sont privés de la gloire de Dieu, justifiés par la faveur de sa grâce» (Rm 3,23-24). Car en disant "il est le sauveur du monde", ils ont montré que c'était de ce qui était perdu.

Et pas seulement "sauveur". En effet, beaucoup vinrent pour sauver: et des prophètes, et des anges. Mais le véritable sauveur c'est celui qui apporte le véritable salut, non le temporaire. Voilà l'objet d'une foi sans mélange. Et ils sont admirables pour deux raisons: ils ont cru, et sans le secours des signes. C'est eux que le Christ proclame bienheureux lorsqu'il dit: «Bienheureux ceux qui n'ont pas vu et qui ont cru» (Jn 20,29).

xxxv ὅτι εἰλικρινῶς [ ]¹. καίτοι τῆς γυναικὸς ἀμφιβόλως λεγούσης
70 ἀκούσαντες· μητὶ οὗτός ἐστιν ὁ Χριστός; οὐκ εἶπον καὶ αὐτοὶ ὅτι·
   καὶ ἡμεῖς ὑποπτεύομεν, οὐδ᾽ ὅτι νομίζομεν, ἀλλ᾽ ὅτι οἴδαμεν. καὶ
   οὐχ ἁπλῶς, ἀλλ᾽ ὅτι οὗτός [ ]² ἀληθῶς τοῦ κόσμου [ ]³ Σωτήρ⁴.
   οὐ γὰρ ὡς ἕνα τῶν πολλῶν [ ]⁵ Χριστὸν ὡμολόγουν, ἀλλὰ τὸν ὄν-
   τως Σωτῆρα. καίτοι τίνα εἶδον σωθέντα; τῶν ῥημάτων ἤκουσαν
75 [ ]⁶ καὶ εἶπον ἅπερ ἄν, εἰ καὶ θαύματα ἐθεάσαντο πολλά καὶ
   μεγάλα [ ]⁷.

   Καὶ τίνος ἕνεκεν ταῦτα οὐ⁸ λέγουσιν ἡμῖν οἱ εὐαγγελισταὶ
   τὰ ῥήματα⁹ καὶ ὅτι θαυμαστῶς διελέχθη; ἵνα μάθῃς ὅτι πολλὰ
   τῶν μεγάλων παρατρέχουσιν, ἀπὸ δὲ τοῦ τέλους τὸ πᾶν ἐδήλω-
80 σαν. ἔπεισε γὰρ [ ] τὰ εἰρημένα¹⁰, ἔνθα δὲ μὴ πείθονται, τότε
   ἀναγκάζονται λέγειν [ ]¹¹· ἵνα μὴ ἀπὸ τῆς ἀγνωμοσύνης κατα-
   ψηφίζηταί τις τοῦ δημηγοροῦντος.

   Καὶ μετὰ¹² δύο ἡμέρας ἐξῆλθεν ἐκεῖθεν καὶ ἀπῆλθεν εἰς τὴν
   Γαλιλαίαν· αὐτὸς [ ]¹³ ὁ Χριστὸς ἐμαρτύρησεν ὅτι προφήτης ἐν τῇ
85 ἰδίᾳ πατρίδι τιμὴν οὐκ ἔχει. διὰ¹⁴ τοῦτο πρόσκειται ὅτι οὐκ εἰς
   Καπερναοὺμ¹⁵ ἀπῆλθεν ἀλλ᾽ εἰς τὴν Γαλιλαίαν κἀκεῖθεν εἰς τὴν
   Κανᾶ. ἵνα γὰρ μὴ ἐξετάσῃς, διατί παρὰ μὲν τοῖς αὐτοῦ οὐκ
   ἔμεινε, παρὰ δὲ τοῖς Σαμαρείταις ἔμεινε, τίθησι τὴν αἰτίαν λέγων
   ὅτι οὐ προσέσχον αὐτῷ· διὰ τοῦτο οὐκ ἀπῆλθεν [ ]¹⁶ ὥστε μὴ
90 μεῖζον αὐτοῖς γενέσθαι τὸ κρίμα.

_____

1. = B* . - Add. ἐπίστευσαν: M. - Add. τοῦτο: Bᶜ Migne.
2. = B. - Add. : M Migne.
3. = B. - Add. : M Migne.
4. ὁ σωτὴρ τοῦ κόσμου ἀληθῶς : M.
5. = B M. - Add. τόν: Migne.
6. = B M. - Add. μόνον: Migne.
7. = B* M. - Add. εἶπον: Migne.
8. Om.: B M (contra: Cr Migne).
9. Add. ἃ διαλέγεται αὐτοῖς ὁ Χριστός: M.
10. = B M. - δῆμον ὁλόκληρον καὶ πόλιν ὅλην διὰ τῶν εἰρημένων: Migne.
11. = B M. - Add. τὰ εἰρημένα: Migne.
12. Add. τάς: B M (= Jn 4,43).
13. = B. - Add. γάρ:M Migne (= Jn 4,44).
14. = B. - διατί: M Migne.
15. = B M Cr - 2 3 1: Migne.
16. = B* M Cr. - Add. ἐκεῖ: Migne.

Et une foi sans mélange. Bien qu'ils aient entendu la femme dire de façon dubitative "Est-ce que ce ne serait pas le Christ?", ils n'ont pas dit à leur tour "nous soupçonnons", ou "nous pensons", mais "nous savons". Et pas sans plus de précision, mais "que celui-ci est vraiment le sauveur du monde". En effet, s'ils reconnaissent le Christ, ce n'est pas comme un parmi beaucoup, mais vraiment comme le sauveur. Et pourtant, qui ont-ils vu de sauvé? Ils ont entendu les paroles et ils dirent exactement comme s'ils avaient vu de nombreux et grands prodiges.

Et pour quelle raison les évangélistes nous disent-ils ces choses, et ces propos admirables? Pour que tu apprennes que, s'ils omettent beaucoup de choses importantes, ils ont démontré le tout à partir du résultat. Ce sont les paroles qui ont persuadé, et s'ils ne sont pas persuadés, alors ils sont forcés de dire, de peur que, en raison du manque d'intelligence, quelqu'un soit tenu pour démagogue.

«Et après deux jours il partit de là et il s'en alla en Galilée. Le Christ lui-même avait attesté qu'un prophète n'a pas de considération dans sa propre patrie» (Jn 4,43-44). *Pour cela il est écrit qu'il s'en alla, non pas à Capharnaüm, mais en Galilée, et de là à Cana. En effet, afin que tu ne te demandes pas "pourquoi n'est-il pas demeuré chez les siens, mais est-il demeuré chez les Samaritains?", il en donne la raison en disant qu'ils ne s'attachaient pas à lui. C'est pour cela qu'il n'y est pas allé, pour que leur condamnation ne soit pas plus grande.*

xxxv   [ ]¹ Ἐνταῦθα πατρίδα αὐτὸν² ἡγοῦμαι λέγειν [ ]³ Καπερναύμ. ὅτι γὰρ⁴ οὐκ ἀπήλαυσεν ἐκεῖ τιμῆς, ἄκουσον τί λέγει⁵·
οὐαί σοι Χοραζείν, οὐαί σοι Καπερναύμ⁶. πατρίδα δὲ ἰδίαν καλεῖ,
τὸν τῆς οἰκονομίας δηλῶν λόγον, καὶ τούτῳ τὸν πλέον ἐνδια-
95 τρίβει⁷. τί οὖν; οὐχ ὁρῶμεν, φησί, καὶ παρὰ τοῖς οἰκείοις πολλοὺς
θαυμαζομένους; μάλιστα μὲν οὐκ ἀπὸ τῶν σπανιζόντων τὰ
τοιαῦτα δεῖ ψηφίζεσθαι. εἰ δέ τινες ἐν τῇ αὐτῶν οὐ τιμοῖντο⁸,
πολλῷ μᾶλλον ἐν τῇ ἀλλοτρίᾳ. ἡ γάρ συνήθεια εὐκαταφρονή-
τους ποιεῖν εἴωθεν.
100   Ὡς⁹ δὲ ἦλθεν εἰς τὴν Γαλιλαίαν [ ]¹⁰. ὁρᾷς ὅτι οἱ¹¹ κακιζό-
μενοι, οὗτοι μάλιστα προσιόντες αὐτῷ¹² εὑρίσκονται; ὁ μὲν γὰρ
ἔλεγεν· ἐκ Ναζαρὲτ δύναταί τι ἀγαθὸν εἶναι; ἄλλος δέ· ἐρώτησον
καὶ μάθε¹³ ὅτι ἐκ τῆς Γαλιλαίας προφήτης οὐκ ἐγήγερται. καὶ
αὐτὸν πάλιν¹⁴ ὑβρίζοντες ἔλεγον [ ]¹⁵· Σαμαρείτης εἶ σὺ¹⁶ καὶ
105 δαιμόνιον ἔχεις [ ]¹⁷. ἀλλ᾽ ἰδοὺ καὶ Σαμαρεῖται καὶ Γαλιλαῖοι [ ]¹⁸
πιστεύουσιν εἰς αἰσχύνην [ ]¹⁹ Ἰουδαίων. εὑρίσκονται δὲ καὶ

---

1. = B M. - *Add.* καὶ γάρ: Migne.
2. = B M. - 2 3 1: Migne.
3. = B* M. - *Add.* τήν: Migne.
4. = B M. - δέ: Migne.
5. = B M. - αὐτοῦ λέγοντος: Migne.
6. = B* (M). - καὶ σὺ Καπερναύμ... καταβιβασθήσῃ: Migne. - Καπερναύμ/-
    Βηθσααιδάν (cf. Mt 11,21) *et add.* καὶ πάλιν· καὶ σὺ Καπερναύμ...
    καταβιβασθήσῃ: Bᶜ M.
7. = B M. - ἐνδιατρίβων: Migne.
8. = B M. - [ ] ἐτιμῶντο: Migne. - [ ] τιμῶνταai: Cr.
9. ὅτε: B M (cf. Jn 4,45).
10. = B*. -*Add.* ἐδέξαντο αὐτόν... εἰς τὴν ἑορτήν: Bᶜ M Migne.
11. *Om.*: B.
12. = M. - προσερχόμενοι αὐτῷ: Cr. - 2 1: B Migne.
13. = B M. - ἴδε: Migne.
14. = B M. - ταῦτα δὲ καὶ αὐτόν: Migne.
15. = B M. - *Add.* ἐπειδὴ ἐκ Ναζαρὲτ ἐδόκει τοῖς πολλοῖς εἶναι καὶ τὸ
    σαμαρείτην δὲ εἶναι ὠνείδιζον: Migne.
16. = B M. - γὰρ εἶ: Migne.
17. = B M. - *Add.* φησίν: Migne.
18. = B M Cr. - *Add.* φησί: Migne.
19. = B* Cr. - *Add.* τῶν: Bᶜ M Migne

Je pense qu'ici, c'est Capharnaüm qu'il appelle "sa patrie". En effet, qu'il n'y reçut pas de considération, écoute ce que dit (le Christ): «Malheur à toi, Chorazeïn, malheur à toi, Capharnaüm» (cf. Mt 11,21). Il l'appelle sa "patrie" en raison de l'économie (du salut), et c'est là qu'il demeurait le plus souvent. Quoi donc? Ne voyons-nous pas, dit-il, que même chez les siens il y en a beaucoup qui l'admirent? Et surtout, il ne faut pas décider de telles choses à partir des exceptions. Si certains, chez eux, ne l'honoraient pas, à plus forte raison à l'étranger. En effet, l'habitude ruine d'ordinaire la considération.

«Lorsqu'il vint en Galilée» (Jn 4,45). Vois-tu comment il se trouve que ce sont ceux qui disent du mal de lui qui s'en approchent le plus. En effet, l'un disait: «De Nazareth peut-il sortir quelque chose de bon» (Jn 1,46). Et un autre: «Scrute et apprends qu'un prophète ne vient pas de Galilée» (Jn 7,52). Et encore, ils lui faisaient violence en disant: «Tu es un samaritain et tu es possédé d'un démon» (Jn 8,48). Mais voici que, à la honte des Juifs, ce sont les Samaritains et les Galiléens qui croient. Et il se trouve que   ...

xxxv Γαλιλαίων οἱ¹ Σαμαρεῖται βελτίους. ἐκεῖνοι μὲν γὰρ ἀπὸ τῶν τῆς
γυναικὸς ἐδέξαντο² ῥημάτων· οὗτοι δὲ ἑωρακότες τὰ σημεῖα ἃ
ἐποίησεν.

110   ᾿Ηλθεν οὖν πάλιν ὁ ᾿Ιησοῦς εἰς τὴν Κανᾶ τῆς Γαλιλαίας
ὅπου ἐποίησεν τὸ ὕδωρ οἶνον. ἀναμιμνήσκει τοῦ θαύματος τὸν
ἀκροατὴν τῶν Σαμαρείτων τὸ ἐγκώμιον³ ἐπαίρων. οὗτοι μὲν γὰρ
καὶ ἀπὸ τῶν ἐν ᾿Ιεροσολύμοις καὶ ἀπὸ τῶν ἐκεῖ γενομένων σημείων αὐτὸν ἐδέξαντο· οἱ Σαμαρεῖται δὲ οὐχ οὕτως, ἀλλ᾽ ἀπὸ δι-
115 δασκαλίας μόνης. ἀλλ᾽ ὅτι μὲν⁴ ἦλθεν ἐκεῖ, εἶπε· τὴν δὲ αἰτίαν οὐ
προσέθηκε δι᾽ ἣν ἦλθεν· εἰς μὲν γὰρ τὴν Γαλιλαίαν⁵ διὰ τὸν
φθόνον τὸν ᾿Ιουδαικὸν παρεγένετο. εἰς δὲ Κανᾶ τίνος ἕνεκεν;
παρὰ μὲν γὰρ τὴν ἀρχὴν καλούμενος [ ]⁶ νῦν δὲ τίνος ἕνεκεν καὶ
διατί; ἐμοὶ δοκεῖ τὴν ἀπὸ τοῦ θαύματος πίστιν ἐγγενομένην⁷ ἰσ-
120 χυροτέραν ποιῶν διὰ τῆς παρουσίας, καὶ μᾶλλον αὐτοὺς ἐφελκό-
μενος τῷ αὐτόκλητος παραγενέσθαι, καὶ τὴν μὲν ἰδίαν ἀφεῖναι
πατρίδα, προτιμῆσαι δὲ ἐκείνους.

   ᾿Ην δέ τις βασιλικός [ ]⁸. ἤτοι τοῦ γένους [ ]⁹ τοῦ
βασιλικοῦ, ἢ ἀξιωμά τι ἀρχῆς ἕτερον οὕτω καλούμενον
125 ἔχων.

   Τινὲς μὲν γὰρ αὐτὸν¹⁰ ἐκεῖνον [ ]¹¹ νομίζουσι τὸν παρὰ τῷ
Ματθαίῳ· δείκνυται δὲ ἕτερος ὢν παρ᾽ ἐκεῖνον, οὐκ ἀπὸ τοῦ
ἀξιώματος δὲ μόνον, ἀλλὰ καὶ ἀπὸ τῆς πίστεως. ἐκεῖνος μὲν γὰρ
καὶ βουλόμενον τὸν Χριστὸν ἐλθεῖν, ἀξιοῖ μένειν· οὗτος δὲ καὶ

---

1. *Om.*: B*.
2. *Add.* αὐτόν: M. - *post* ῥημάτων: Cr.
3. = B M Cr. - 3 4 1 2: Migne.
4. = B M(*Add.* οὖν). - ὅτι μὲν οὖν: Migne.
5. ᾿Ιουδαίαν: M.
6. = B* M. - *Add.* εἰς γάμον: Migne.
7. = B M. - ἐγγινομένην: Migne.
8. = B. - *Add.* οὗ ὁ υἱὸς ἠσθένει ἐν K.: M . - *Add.* οὗ ὁ υἱὸς... καὶ ἰάσηται
αὐτοῦ τὸν υἱόν: Migne.
9. = B. - *Add.* ὤν: Migne. - ὢν τοῦ γένους: M.
10. = B M. - οὖν: Cr. - οὖν τοῦτον: Migne.
11. = B M. - *Add.* εἶναι: Migne.

aux Galiléens sont supérieurs les Samaritains. En effet, ceux-ci ont reçu (le Christ) sur la foi des paroles de la femme; mais ceux-là, à la vue des signes qu'Il avait faits.

Jésus vint donc de nouveau à Cana de Galilée où il avait changé l'eau en vin (Jn 4,46a). *Il rappelle à l'auditeur le miracle pour renforcer l'éloge des Samaritains. Ceux-ci (= les Galiléens) en effet l'avaient accueilli en raison des signes accomplis, et à Jérusalem (cf. Jn 4,45), et là (à Cana); mais il n'en va pas de même des Samaritains: en raison du seul enseignement. Mais, qu'il soit venu ici, il l'a dit; toutefois, il n'a pas ajouté la raison pour laquelle il est venu. En effet, il est arrivé en Galilée à cause de l'envie des Juifs; mais à Cana, pour quelle raison? Vers le début (de son ministère), alors qu'il avait été invité (cf. Jn 2,1-2). Mais maintenant, pour quelle raison et pourquoi? C'est, me semble-t-il, afin de rendre plus forte, grâce à sa présence, la foi provoquée par le prodige, et de les attirer à lui davantage du fait qu'il est arrivé sans avoir été appelé, et, délaissant sa propre patrie, de les préférer.*

Or il y avait un fonctionnaire royal (Jn 4,46b). **Soit qu'il fût de race royale, soit qu'il eût quelqu'autre dignité de commandement appelée ainsi.**

Certains, en effet, pensent que c'est le même que celui dont parle Matthieu (cf. Mt 8,5-13). Mais qu'il soit différent, le montre non seulement la dignité, mais encore la foi. L'un en effet, alors que le Christ voulait venir, le prie de rester; l'autre au contraire,   ...

xxxv μηδὲν <u>τοιοῦτο</u>[1] ἐπαγγελλόμενον, εἰς τὴν οἰκίαν ἕλκει. κἀκεῖνος
μέν φησιν· οὐκ εἰμὶ ἄξιος ἵνα μου ὑπὸ τὴν στέγην εἰσέλθῃς· οὗτος
δὲ καὶ ἐπείγει· κατάβηθι, λέγων, πρὶν ᾖ[2] ἀποθανεῖν τὸν υἱόν μου.
κἀκεῖ μὲν ἀπὸ τοῦ ὄρους καταβὰς εἰς Καπερναύμ [ ][3], <u>νυνὶ</u>[4] δὲ
ἀπὸ <u>τῆς</u>[5] Σαμαρείας, καὶ οὐκ εἰς Καπερναὺμ ἀλλὰ εἰς Κανᾶ ἐλ-
135 θόντος παρεγένετο οὗτος. κἀκείνου μὲν ὁ παῖς παρέσει <u>κατή-
χετο</u>[6], ὁ δὲ τούτου υἱὸς πυρετῷ.

     Καὶ ἐλθὼν ἠρώτα ἵνα[7] **ἰάσηται αὐτοῦ τὸν υἱόν** [ ][8]. τί
οὖν ὁ Χριστός[9]; ἐὰν μὴ σημεῖα καὶ τέρατα ἴδητε, **φησίν**[10], οὐ
μὴ πιστεύσητε. καὶ μὴν <u>καὶ</u>[11] τοῦτο πίστεως ἦν, καὶ τὸ ἐλ-
140 θεῖν καὶ τὸ παρακαλέσαι. καὶ μετὰ ταῦτα δὲ <u>αὐτῷ</u>[12] μαρτυρεῖ ὁ εὐαγγελιστὴς λέγων ὅτι, εἰπόντος τοῦ Ἰησοῦ· πο-
ρεύου, ὁ υἱός σου ζῇ, ἐπίστευσε τῷ λόγῳ αὐτου [ ][13]. τί οὖν
ἐστιν [ ][14] ἐνταῦθα; ἤτοι τοὺς Σαμαρείτας θαυμάζων ἔλεγε
ταῦτα ὅτι σημείων χωρὶς ἐπίστευσαν, ἤ[15] τῆς [ ] <u>πόλεως</u>
145 <u>αὐτοῦ</u> [ ][16] καθαπτόμενος τῆς Καπερναὺμ <u>λέγων</u>[17], ὅθεν
<u>αὐτὸς</u>[18] ἦν.

---

1. = B. - τοιοῦτον: M Migne.
2. = B M. - *Om.*: Migne.
3. = B M. - εἰσῄει: Cr Migne.
4. = B M Cr. - ἐνταῦθα: Migne.
5. = B M Cr. - *Om.*: Migne.
6. = B M (Cr). - κατέκειτο: Migne.
7. *Add.* καταβῇ καί: M (cf. Jn 4,47).
8. = B M. - *Add.* ἤμελλεν γὰρ ἀποθνῄσκειν: Migne.
9. *Add.* πρὸς αὐτόν: M.
10. = B M. - *Om.*: Migne.
11. = B. - *Om.*: M Migne.
12. = B M. - αὐτό: Migne.
13. = B* M. - *Add.* καὶ ἐπορεύετο: Migne.
14. = B* M. - *Add.* ὅ φησιν: Migne.
15. ἤτοι: M.
16. = B M Cr. - δοκούσης αὐτοῦ πόλεως εἶναι: Migne.
17. = B M. - *Om.*: Migne.
18. = B. - οὗτος: M Migne.

alors qu'Il ne promettait rien de tel, l'attire à sa maison. L'un dit: «Je ne suis pas digne que tu entres sous mon toît»; mais l'autre le presse: «Descends, dit-il, avant que ne meure mon fils.» Et là, tandis qu'il descendait de la montagne vers Capharnaüm; mais maintenant, c'est en venant de la Samarie et en allant, non pas à Capharnaüm mais à Cana, qu'Il arrive. De l'un, le serviteur était atteint de faiblesse; mais de l'autre, le fils, de fièvre.

Et étant venu, il le priait de guérir son fils (Jn 4,47b). Que (dit) donc le Christ? «Si vous ne voyez des signes et des prodiges, dit-il, vous ne croirez pas» (4,48). Et pourtant, c'était un acte de foi et de venir, et de demander. Et plus loin, l'évangéliste lui rend témoignage lorsqu'il dit que, Jésus lui ayant dit: "Va, ton fils vit," il crut à sa parole. Qu'en est-il donc ici? Ou bien il disait cela pour mettre en valeur les Samaritains qui avaient cru sans signes, ou il le disait pour s'attaquer à sa ville de Capharnaüm, d'où il était.

xxxv   Ἐπεὶ καὶ ἕτερός τις ἐν τῷ Λουκᾷ <u>λέγει</u>[1]· πιστεύω, κύριε,
βοήθει μου τῇ ἀπιστίᾳ [ ][2], ὥστε εἰ καὶ οὗτος ἐπίστευσεν, ἀλλ᾽
οὐχ ὁλοκλήρως οὐδὲ ὑγιῶς. καὶ τοῦτο <u>δῆλον</u>[3] ἐκ τοῦ πυνθάνεσ-
150 θαι ποίᾳ ὥρᾳ ἀφῆκεν αὐτὸν ὁ πυρετός[4]. ἐβούλετο γὰρ μαθεῖν,
εἴτε αὐτομάτως, εἴτε ἐκ τῆς ἐπιταγῆς τοῦ Χριστοῦ τοῦτο γέγονε.

Ὡς οὖν ἔγνω ὅτι χθὲς ὥραν ἑβδόμην[5], ἐπίστευσεν [ ][6] αὐτὸς
καὶ ἡ οἰκία αὐτοῦ ὅλη. ὁρᾷς ὅτι τότε ἐπίστευσεν ὅτε οἱ παῖδες
εἶπον, οὐχ ὅτε ὁ Χριστός; τὴν <u>οὖν διάνοιαν ἐλέγχων</u>[7] αὐτοῦ μεθ᾽
155 ἧς <u>προσῆλθεν</u>[8], [ ][9] εἰς πίστιν [ ][10] <u>ἐφέλκεται</u>[11]. πρὸ γὰρ τοῦ σημείου οὐ σφόδρα ἦν πεπιστευκώς. εἰ δὲ καὶ ἦλθεν καὶ παρεκά-
λεσε, <u>οὐδὲν θαυμαστόν</u>[12]. εἰώθασι γὰρ οἱ πατέρες ὑπὸ πολλῆς
<u>φιλοστοργίας</u>[13] οὐ μόνον οἷς θαρροῦσιν ἰατροῖς προσιέναι, ἀλλὰ
καὶ οἷς μὴ θαρροῦσιν διαλέγεσθαι, μηδὲν ὅλως παραλιπεῖν βου-
160 λόμενοι. <u>ὅτι γὰρ</u>[14] ἐκ παρέργου προσῆλθεν, ὅτε ἦλθεν εἰς τὴν
Γαλιλαίαν, τότε αὐτὸν εἶδεν[15]· ὡς εἴ γε <u>σφόδρα ἑαυτὸν ἦν πεπει-
θὼς</u>[16] <u>ὑπὲρ τῆς τοῦ Χριστοῦ δυνάμεως</u>[17], οὐκ ἂν ὤκνησε, τοῦ
παιδὸς μέλλοντος τελευτᾶν, εἰς τὴν Ἰουδαίαν ἐλθεῖν. εἰ δὲ ἐδε-
δοίκει, οὐδὲ τοῦτο ἀνεκτόν.

165   Ὅρα γοῦν καὶ αὐτὰ τὰ ῥήματα πῶς ἐμφαίνει τὴν
ἀσθένειαν τοῦ ἀνδρός· δέον γὰρ εἰ καὶ μὴ πρότερον, ἀλλ᾽ ὅμως

---

1. = B M. - λέγων: Migne.

2. = B M. - Add. ἔλεγε πάλιν: Migne.

3. = B M. - δηλοῖ: Migne.

4. Add. Jn 4,51-52a: M.

5. Add. ἀφῆκεν αὐτὸν ὁ πυρετό: M.

6. = B M. - Add. καί: Migne.

7. = B M (Cr). - διάνοιαν τοίνυν ἐλέγχει: Migne.

8. = B M (Cr). - προσελθών: Migne.

9. = B M Cr. - Add. ταῦτα ἔλεγεν· οὕτω γὰρ μᾶλλον καί: Migne.

10. = B Cr. - Add. αὐτόν: M Migne.

11. = B M Cr. - ἐφείλκετο: Migne.

12. = B M Cr. - 2 1: Migne.

13. = B M. - φιλίας: Cr Migne.

14. = B M. - ἐπεὶ ὅτι: Migne.

15. προσῆλθεν: M.

16. = B M. - ἦν σφόδρα αὐτῷ πεπιστευκώς: Migne.

17. = B M(περί). - Om.: Migne.

Et puisque un autre dit, chez Luc, "Je crois, Seigneur, viens en aide à mon manque de foi" (Mc 9,25), de même, si celui-ci crut, ce n'était ni clairement, ni sainement. Et c'est clair du fait qu'il s'enquit de l'heure à laquelle la fièvre l'avait quitté. En effet, il voulait savoir si cela s'était produit, ou naturellement, ou sur l'ordre du Christ.

«Lors donc qu'il sut que "hier, à la septième heure", il crut lui et toute sa maison» (cf. Jn 4,52-53). Vois-tu qu'il crut au moment où parlèrent les serviteurs, et non le Christ. Lui reprochant donc l'idée qu'il avait eue en venant le trouver, il l'attire à la foi. Avant le signe, en effet, il ne croyait pas très fort. S'il est venu et s'il a demandé, il n'y a rien d'étonnant à cela. En effet, sous l'effet d'une grande tendresse, les pères ont coutume, non seulement d'aller trouver les médecins en qui ils ont confiance, mais encore de parler à ceux en qui ils n'ont pas confiance, ne voulant absolument rien négliger. En effet, parce qu'il l'aborda sans grande conviction, c'est seulement lorsqu'Il vint en Galilée qu'il le vit. S'il avait eu vraiment confiance en lui, en la puissance du Christ, il n'aurait pas craint, l'enfant allant mourir (cf. Lc 7,2), d'aller en Judée. Mais s'il avait eu peur, cela aussi aurait été intolérable.

Vois donc combien ces paroles aussi manifestent la faiblesse de l'homme. Il fallait en effet, sinon dès le début, du moins ...

xxxv μετὰ τὸ τὴν διάνοιαν¹ ἐλέγξαι, μέγα τι φαντασθῆναι περὶ αὐτοῦ,
ἄκουσον πῶς ἔτι χαμαὶ σύρεται· κατάβηθι, γάρ φησι, ὅτι μέλλει
ἀποθνήσκειν². ὡς οὐ δυναμένου μετὰ τὸν θάνατον αὐτὸν ἀνα-
170 στῆναι, καὶ ὡς οὐκ εἰδότος ποῖα³ τὰ τοῦ παιδίου πράγματα
ἔστηκε. [ ]⁴. ὁρᾷς⁵ ὅτι τὰ σημεῖα προηγουμένως τῆς ψυχῆς ἕνεκεν
ἐγίνετο⁶; ἐνταῦθα γὰρ οὐχ ἧττον τοῦ παιδὸς τὸν πατέρα ἀσθε-
νοῦντα περὶ τὴν διάνοιαν θεραπεύει, πείθων [ ]⁷ μὴ ἀπὸ σημείων,
ἀλλὰ ἀπὸ δισδασκαλίας προσέχειν αὐτῷ. τὰ σημεῖα γὰρ οὐ τοῖς
175 πιστοῖς, ἀλλὰ τοῖς ἀπίστοις καὶ παχυτέροις.

Τότε μὲν οὖν ὑπὸ τοῦ πάθους οὐ σφόδρα προσεῖχε τοῖς
λεγομένοις, ἢ μόνοις τοῖς περὶ τοῦ παιδός. ὕστερον δὲ ἤμελλε τὸ
λεχθὲν ἀναλαμβάνειν [ ]⁸. ὃ δὴ καὶ ἐγένετο⁹. τί δήποτε οὖν¹⁰ ἐπὶ
μὲν τοῦ ἑκατοντάρχου αὐτεπάγγελτος ὑπέσχετο παραγίνεσθαι,
180 ἐνταῦθα δὲ οὐδὲ καλούμενος ἄπεισιν; ὅτι ἐκεῖ μὲν ἡ πίστις
ἀπήρτιστο. διὸ καὶ ὑπέσχετο ἀπιέναι ἵνα μάθωμεν τοῦ ἀνδρὸς
τὴν εὐγνωμοσύνην· ἐνταῦθα δὲ ὅτι οὗτος ἀτελὴς ἦν. ἐπεὶ οὖν
ἄνω καὶ κάτω ἤπειγεν αὐτὸν λέγων· κατάβηθι, ὅπως εἴδη¹¹
σαφῶς ὅτι καὶ ἀπὼν θεραπεῦσαι δύναται¹², δείκνυσιν ὅτι καὶ
185 τοῦτο δυνατὸν¹³ αὐτῷ, ἵν' ὅπερ οἴκοθεν ὁ ἑκατόνταρχος ἔσχε,
τοῦτο οὗτος ἐκ τοῦ μὴ παραγενέσθαι τὸν Ἰησοῦν μάθη. ὅταν οὖν
εἴπῃ· ἐὰν μὴ σημεῖα[ ]¹⁴ ἴδητε οὐ μὴ πιστεύσητε, τοῦτο λέγει· ὅτι

---

1. *Add.* αὐτοῦ: M.
2. = B M. - πρὶν ἢ ἀποθανεῖν τὸ παιδίον μου: Migne.
3. = B M. - οἷα: Migne.
4. = B M. - *Add.* διὰ τοῦτο αὐτὸν ἐλέγχει καὶ τοῦ συνειδότος καθάπτει: Migne.
5. = B M. - δεικνύς: Migne.
6. = B M. - ἐγένετο: Migne.
7. = B M. - *Add.* ἡμᾶς: Migne.
8. = B M - *Add.* καὶ τὰ μέγιστα ἐντεῦθεν κερδαίνειν: Migne.
9. = B M. - γέγονεν: Migne.
10. = B M. - δέ: Migne.
11. = M. - καὶ οὔπω ᾔδει: B Migne.
12. = B M. - 2 1: Migne.
13. *Add.* ἦν: Bᶜ M.
14. = B*. - *Add.* καὶ τέρατα: M Migne.

après le reproche fait à sa pensée, imaginer quelque chose de grand à son sujet. Mais écoute combien il reste encore terre à terre. «Descends, dit-il en effet, car il va mourir» (cf. Jn 4,47), comme s'Il ne pouvait pas le ressusciter après la mort, et comme s'Il ne savait pas à quel point en était l'enfant. Vois-tu que les signes sont produits en principe pour l'âme. Ici en effet, non moins que l'enfant, il guérit le père qui était malade quant à sa pensée, le persuadant de s'attacher à lui, non pas en raison des signes, mais de l'enseignement. Car les signes ne sont pas pour ceux qui croient, mais pour ceux qui ne croient pas et qui sont plus obtus.

À ce moment donc, sous l'effet de ce qu'il éprouvait, il ne s'attachait pas fortement aux paroles dites, mais seulement à celles qui concernaient l'enfant. Mais plus tard, il allait comprendre ce qui était dit. Ce qui est arrivé. Pourquoi donc, dans le cas du centurion, a-t-il proposé spontanément de venir; mais ici, alors qu'on le prie, il n'y va même pas? Parce que, là, la foi était parfaite; ainsi, il proposait de venir afin que nous apprissions la bonne disposition d'esprit de l'homme. Mais ici, parce que celui-ci était imparfait. Parce que donc il ne cessait de le presser en disant "descends", pour qu'il sache clairement qu'Il peut guérir sans être présent, il montre que même cela lui est possible, afin que, ce que le centurion avait de par lui-même, il l'apprenne du fait que Jésus ne vient pas. Lorsqu'il dit donc "Si vous ne voyez des signes, vous ne croyez pas", il veut dire: ...

xxxv τὴν προσήχουσαν οὐδέπω πίστιν¹ ἔχετε, ἀλλ' ἔτι ὡς περὶ προφή-
      του διέκεισθε. ἐκκαλύπτων οὖν ἑαυτὸν καὶ δεικνὺς ὅτι [ ]² χωρὶς
  190 σημείων ἔδει πιστευθῆναι [ ]³, ἔλεγεν ἅπερ [ ]⁴ τῷ Φιλίππῳ φησίν·
      πιστεύεις ὅτι ὁ Πατὴρ ἐν ἐμοὶ κἀγὼ ἐν τῷ Πατρί⁵, εἰ δὲ μὴ, διὰ τὰ
      ἔργα πιστεύετέ μοι.
          Ἤδη δὲ αὐτοῦ καταβαίνοντος, ἀπήντησαν αὐτῷ⁶ λέγοντες
      ὅτι ὁ υἱός⁷ σου ζῇ. [ ]⁸. ὁρᾷς πῶς τὸ θαῦμα δῆλον ἐγέγετο; οὐ γὰρ
  195 ἁπλῶς, οὐδὲ ὡς ἔτυχεν, ἀπηλλάγη τοῦ κινδύνου, ἀλλὰ ἀθρόον,
      ὡς φαίνεσθαι μηκέτι φύσεως ἀκολουθίαν εἶναι τὸ γινόμενον,
      ἀλλὰ τῆς ἐνεργείας τοῦ Χριστοῦ. πρὸς γὰρ αὐτὰς ἐλθὼν τοῦ
      θανάτου τὰς πύλας, ὡς καὶ ὁ πατὴρ ἐδήλωσεν εἰπών· κατάβηθι
      ὅτι ἀποθνήσκει⁹, ἀθρόον ἀπηλλάγη τῆς νόσου· ὅπερ οὖν καὶ τοὺς
  200 οἰκέτας διανάστησεν. ἐκεῖνοι μὲν γὰρ ἴσως οὐχ ὡς εὐαγγελιζό-
      μενοι μόνον, ἀλλὰ καὶ ὡς περιττὴν λοιπὸν τοῦ Ἰησοῦ τὴν
      παρουσίαν [ ] νομίζοντες¹⁰, ἀπήντησαν· καὶ γὰρ ᾔδησαν [ ]¹¹ ἐκεῖ
      παραγενόμενον. ὅθεν καὶ κατ' αὐτὴν αὐτῷ τὴν ὁδὸν περιέτυχον.
      ὁ δὲ ἄνθρωπος, ἀνεθεὶς τοῦ φόβου, λοιπὸν πρὸς τὴν πίστιν διέκυ-
  205 ψε, θέλων δεῖξαι ὅτι τῆς ὁδοῦ αὐτοῦ τὸ ἔργον γέγονε, καὶ φιλοτι-
      μεῖται λοιπὸν ὥστε μὴ δόξαι εἰκῆ διεγηγέρθαι· ὅθεν μετὰ
      ἀκριβείας πάντα ἐμάνθανεν.

----

1. = B M. - 2 1: Migne.
2. = M. - *Add.* καί: B Migne.
3; = B M. - *Add.* αὐτόν: Migne.
4. = M. - *Add.* καί: B Migne.
5. = B M. - ἐγὼ ἐν τῷ Πατρὶ καὶ ὁ Πατὴρ ἐν ἐμοί: Migne.
6. = B*. - οἱ παῖδες: M. - οἱ δοῦλοι αὐτοῦ: Migne.
7. = B M. - παῖς: Migne.
8. = B M. - *Add.* Jn 4,52-53: Migne.
9. = B*(vid) M. - πρὶν ἀποθανεῖν τὸ παιδίον: Migne.
10. = B M. - εἶναι νομίσαντες: Migne.
11. = B M. - *Add.* αὐτόν: Migne.

vous n'avez pas encore la foi qui convient, mais vous en êtes encore à me considérer comme un prophète. Donc, en se manifestant lui-même et en montrant qu'il doit être cru sans signes, il disait ce qu'il déclarait à Philippe: «Crois que le Père est en moi et moi dans le Père, sinon, croyez-moi en raison des œuvres» (cf. Jn 14,10).

«Or, tandis qu'il descendait déjà, ils le rencontrèrent en disant: Ton fils vit» (Jn 4,51). Vois-tu combien le prodige est devenu manifeste? Ce n'est pas tout simplement, tout naturellement, qu'il fut délivré du danger, mais instantanément; ainsi, l'événement apparut être le résultat, non pas de la nature, mais de la puissance du Christ. En effet, alors qu'il arrivait aux portes même de la mort, comme l'a montré le père en disant "descends car il meurt", il fut instantanément délivré de la maladie, ce qui a excité les familiers. Ceux-ci en effet vinrent à la rencontre (du père), non seulement pour annoncer une bonne nouvelle, mais encore en pensant que la présence de Jésus était inutile. Ils savaient en effet qu'il arrivait là, aussi prirent-ils la même route que lui. Mais l'homme, toute crainte enlevée, se mit à croire, voulant montrer que ce fut l'œuvre de son voyage, et il a à cœur qu'il n'apparaisse pas qu'il et parti pour rien. Aussi se renseigna-t-il sur tout avec précision.

xxxv   Καὶ ἐπίστευσεν αὐτὸς καὶ ἡ οἰκία αὐτοῦ [ ]¹· καὶ γὰρ ἦν
ἀναμφισβήτητος ἡ μαρτυρία λοιπόν². οἱ γὰρ μὴ παρόντες μηδὲ
210 ἀκούσαντες τοῦ Χριστοῦ διαλεγομένου, μηδὲ τὸν καιρὸν εἰδότες,
οὗτοι παρὰ τοῦ δεσπότου μανϑάνοντες³ ὅτι οὗτος ἦν ὁ καιρός,
ἀναμφισβήτητον ἔσχον τὴν ἀπόδειξιν τῆς δυνάμεως αὐτοῦ⁴· διὰ
τοῦτο καὶ αὐτοὶ ἐπίστευσαν.

---

1. = B M. - *Add.* ὅλη: Cr Migne.
2. αὐτοῦ: M.
3. = M. - μαϑόντες: B Migne.
4. = B M Cr. - 2 1: Migne.

«*Et il crut, lui et sa maison*» (Jn 4,53b). *Et en effet le témoignage était indiscutable. En effet, ceux qui n'étaient pas là, qui n'avaient pas entendu le Christ parler, qui ignoraient le moment, ces gens-là, apprenant du maître que c'était bien le moment, avaient la preuve indiscutable de sa puissance; c'est pourquoi ils crurent eux-aussi.*

INDEX

CITATIONS BIBLIQUES

L'Index doit se lire de cette façon: Gn 1,20 se trouve dans le traité xxvi, page 54, et dans un texte attribué à l'homélie (H= homélie; C = commentaire; Cp = Compilateur).

Mt

9,10	xxviii	100	H
10,21	xxxiii	206	H
10,38	xxxiv	208	H
11,21	xxv	234	H
12,1ss	xxxi	156	Cp
12,13	xxiv	32	H
12,31	xxxi	144	H
10,21	xxxiii	206	H
10,38	xxxiv	208	H
11,21	xxxv	234	H
12,1ss	xxxi	156	Cp
12,13	xxiv	32	H
12,31	xxxi	144	H
13,5-6	xxiv	22	H
15,11	xxxi	162	H
15,24	xxxi	150	Cp
15,26	xxxi	150s	Cp
15,28	xxiv	32	H
16,1-4	xxiv	26	H
16,1	xxxv	230	H
16,4	xxiii B	16	H
16,22	xxxi	148	H
18,1	xxxiii	206	H
21,3	xxiv	32	H
21,13	xxiii B	10	Cp
	xxiii B	12	H
21,18ss	xxxi	156	Cp
24,33	xxxiii	198	H

Mc

2,11	xxiv	32	H
4,39	xxiv	32	H
5,8	xxiv	32	H
5,41	xxiv	32	H
7,26	xxxi	150	Cp
9,25	xxxv	240	H

Lc

12,49	xxxiv	208	H
23,43	xxiv	32	H

Lc

24,39	xxxi	148	Cp

Jn

1,11	xxx	134	H
1,13	xxvi	66	Cp
1,18	xxx	128	H
1,23	xxix	106	H
1,27	xxix	116	H
1,46	xxxv	234	H
1,48	xxxii	186	C
1,51	xxxiii	204	H
2,1-2	xxxv	236	H
2,13-15	xxiii B	10	C
2,15	xxiii B	10	H
	xxiii B	14	H
2,16	xxiii B	12	H
	xxiii B	14	C
2,17	xxiii B	16	H
2,18	xxiii B	12	H
	xxiii B	14	C
2,19	xxiii B	16	C
2,20	xxiii B	18	Cp
2,22	xxiii B	18	C
	xxiii B	18	H
2,23	xxiv	22	H
2,24-25	xxiv	24	H
2,25	xxiv	24	Cp
3,1-2a	xxiv	26	C
3,2	xxvii	74	H
3,2a	xxiv	28	H
	xxiv	30	C
3,2b	xxiv	30	C
	xxiv	34	C
3,3	xxiv	36	C
	xxiv	36	H
3,4	xxiv	38	C
	xxiv	40	H
	xxv	44	H
	xxxi	166	H
3,5	xxv	44	H
	xxv	46	C

Jn			
15,25	xxviii	98	H
17,3	xxxi	144	H
18,20	xxix	102	H
19,39	xxiv	26	Cp
20,29	xxiv	22	H
	xxxv	230	H

Act			
5,39	xxix	112	H
13,3	xxxi	158	Cp
13,46	xxxi	150	Cp
14,27	xxxi	152	Cp
19,4	xxix	106	C

Rm			
1,4	xxiii B	18	Cp
2,6	xxviii	88	H
3,23-24	xxxv	230	H
3,23	xxviii	94	H
5,7	xxvii	82	H
8,20	xxvi	60	H
9,1	xxxiii	200	H
9,5	xxxiii	198	H
10,3	xxxv	230	H
11,33	xxvi	52	H

Rm			
12,1	xxxiii	200	H
	xxxiii	202	H

1 Cor			
1,13	xxvii	76	H

2 Cor			
5,17	xxvi	52	Cp

Eph			
6,16	xxxii	174	H

Col			
2,15	xxvii	80	H

1 Tm			
1,19	xxxiii	192	H

Tt			
1,6	xxviii	96	H
3,5	xxiv	36	C
	xxviii	90	H

Hebr			
10,28-29	xxviii	90	H

1 Petr			
2,22	xxvii	80	H

TABLE DES MATIÈRES

Lavauzelle Graphic — Imp. Bontemps, 87350 Panazol — Dépôt légal : Mai 1994 — Nᵒ Imp. : 4056063-94